Curso de Gramática Avanzada del Español

Del Español

Comunicación Reflexiva

Isolde Jordan

University of Colorado—Boulder

José Manuel Pereiro-Otero

University of Texas—Austin

PEARSON

Prentice Hall

woRLd Languages

Upper Saddle River, New Jersey 07458

Library of Congress Cataloging-in-Publication Data
Jordan, Isolde J.
    Curso de gramática avanzada del español: Comunicacion reflexiva / Isolde Jordan, José Manuel Pereiro-Otero.— 1st ed.
        p. cm.
    Includes index.
    ISBN 0-13-192321-8 (alk. paper)
    1. Spanish language—Grammar. 2. Spanish language—Composition and exercises. I. Pereiro-Otero, José Manuel. II. Title.
PC4112.J67 2005
808'.0461—dc22   2005025313

Executive Editor: Bob Hemmer
Sponsoring Editor, Spanish: María García
Developmental Editor: David Stillman
Editorial Assistant: Debbie King
Executive Director of Market Development: Kristine Suárez
Executive Director of Editorial Development: Julia Caballero
Production Supervision: Claudia Dukeshire
Full-Service Project Management: Katie Ostler and Sue Toussaint, Schawk, Inc.
Assistant Director of Production: Mary Rottino
Supplements Editor: Meriel Martínez Moctezuma
Media Editor: Samantha Alducín

Media Production Manager: Roberto Fernández
Prepress and Manufacturing Buyer: Brian Mackey
Prepress and Manufacturing Assistant Manager: Nick Sklitsis
Interior Design: Schawk, Inc.
Cover Art Director: Jayne Conte
Director, Image Resource Center: Melinda Reo
Manager, Rights & Permissions IRC: Zina Arabia
Senior Marketing Manager: Jacquelyn Zautner
Marketing Assistant: William J. Bliss
Publisher: Phil Miller
Cover images: Green Abstract, photographed by Chad Baker, Getty Images

This book was set in 10.5/12 Goudy by Schawk, Inc., and was printed and bound by Hamilton Printing. The cover was printed by Phoenix Color, Hagerstown.

Credits and acknowledgments borrowed from other sources and reproduced, with permission, in this textbook appear on page 319.

Pearson Education LTD., London
Pearson Education Australia PTY, Limited, Sydney
Pearson Education Singapore, Pte. Ltd
Pearson Education North Asia Ltd, Hong Kong
Pearson Education Canada, Ltd., Toronto

Pearson Educación de México, S.A. de C.V.
Pearson Education-Japan, Tokyo
Pearson Education Malaysia, Pte. Ltd
Pearson Education, Upper Saddle River, New Jersey

Printed in the United States of America
10 9 8 7 6 5 4 3 2 1
ISBN: 0-13-192321-8

Contenido

PRÓLOGO

El libro que tiene en sus manos participa de un debate antiguo relativo a la teoría sobre el aprendizaje de las lenguas extranjeras que se resume en la siguiente pregunta: ¿es necesaria la enseñanza de la gramática en la clase para alcanzar una comunicación efectiva? Nuestra respuesta enfatiza que la enseñanza de la gramática sigue teniendo un lugar importante, sobre todo en los niveles intermedios y avanzados, donde se busca no solamente la comunicación conversacional efectiva sino también el perfeccionamiento del arte de escribir.

Desde un punto de vista general, la gramática es el estudio de la fonología, morfología, sintaxis, lexicología, semántica y pragmática de la lengua. Este texto, en una combinación de casi todas estas disciplinas —por razones de claridad expositiva y extensión no hemos incluido la fonología—, tiene fundamentalmente dos áreas de trabajo que son interdependientes. La primera, inspirada por los estudios morfológicos y sintácticos, se centra en la palabra y la oración como objeto de análisis; mientras la segunda, inspirada por la semántica y la pragmática, se enfoca en secuencias lingüísticas más complejas como el párrafo y el texto. En otras palabras: nuestro viaje comenzará en los elementos más pequeños de la lengua para llegar a un texto coherente, deteniéndonos especialmente en aquellos aspectos que, según nuestra experiencia, ofrecen mayores dificultades al/a la angloparlante que aprende español.

En este nivel de aprendizaje, el estudio de la gramática no debe ser un fin en sí mismo, sino un medio para alcanzar más rápidamente el objetivo. Éste, en el caso de un estudiante de lengua extranjera, es una competencia lingüística en la que la comunicación se desenvuelva sin interrupciones y que se acerque, en la medida de lo posible, a la competencia del hablante nativo. La enseñanza, práctica y reflexión sobre la gramática permiten que el estudiante pueda identificar y describir de la forma más precisa posible aquellos aspectos que le resultan de mayor complejidad a la hora de adquirir una segunda lengua. La gramática, en cuanto metalengua, no es sino una herramienta diseñada, desde este punto de vista, para alcanzar dicho fin.

Cada una de las unidades que forman los capítulos de este libro presenta dos partes en las que se exploran, en primer lugar, unos conocimientos teóricos y, en segundo, su aplicación práctica. La teoría ha sido reducida a lo esencial y ha sido dividida en breves bloques de contenido que organizan y estructuran la presentación del tema. Al final de cada uno se plantean algunas preguntas de discusión que tienen múltiples objetivos: (1) fomentar la adquisición de la teoría; (2) utilizar la exposición teórica como plataforma sobre la que construir o aventurar hipótesis de funcionamiento lingüístico para así (3) provocar una consideración crítica sobre el material presentado; y, finalmente, (4) promover la reflexión individual sobre la interdependencia que existe entre la teoría y su aplicación práctica.

Tras las explicaciones y sus preguntas correspondientes, cada capítulo tiene una segunda parte en la que el objetivo es el ejercicio directo y efectivo de aquello que se ha estudiado y discutido previamente. Por una parte, se ofrecen diferentes formatos y posibilidades que van desde el trabajo individual, con una estructura más o menos

cerrada, hasta ejercicios en grupo más abiertos a la discusión y a la creatividad; por otra parte, también se proponen actividades que estimulan a usar otros medios de consulta como la Red o los diccionarios. En ningún caso se trata de ejercicios mecánicos, ya que es necesario comprender claramente el marco comunicativo y semántico para poder optar por la respuesta más adecuada y, además, ser capaz de justificarla. A continuación, los ejercicios en parejas y en grupos van más allá y sugieren contextos comunicativos en los que el objetivo es trabajar de un modo menos dirigido sobre lo que se ha aprendido y practicado individualmente para fomentar el intercambio.

En las secciones de composición al final de cada capítulo los estudiantes encontrarán varios temas en cuya elaboración podrán poner en práctica de forma creativa y original no sólo los puntos gramaticales estudiados y practicados en este capítulo, sino también el conjunto de sus avances en la gramática y retórica del español, adquiridos con la ayuda de este libro. Tras preguntas generales de reflexión sobre la escritura, cada tema viene acompañado de guías detalladas para su tratamiento y desarrollo. Hemos tenido un cuidado especial en ayudar al/a la estudiante lo más posible en la composición de su ensayo o relato para que pueda expresar sus ideas y emociones. Asimismo, hemos intentado fomentar su libertad para plantear ideas originales e inventar su propio estilo. La gran variedad de temas propuestos permite encontrar un terreno fértil para su creatividad, de modo que se sienta a gusto y estimulado/a para expresarse libremente.

Precisamente en la segunda parte de cada capítulo hemos puesto un significativo esfuerzo de elaboración. Este énfasis en los ejercicios y actividades es uno de los aspectos que claramente distingue este libro de la mayoría de otros textos orientados hacia el estudio de una materia similar. La importancia otorgada a la parte práctica se debe, desde nuestro punto de vista, a dos motivos esenciales. El primero es de índole pedagógica, conforme ya ha sido explicado a lo largo de esta introducción; y el segundo, está basado en el deseo de aportar lo que frecuentemente se echa de menos en muchos libros dirigidos a los/las estudiantes y profesores/as de español intermedio o avanzado: una variedad de oportunidades para integrar, en contextos directamente orientados hacia la comunicación, la teoría gramatical.

Finalmente, queremos enfatizar la importancia del manual del profesor para la utilización provechosa de este libro. Este manual contiene guías didácticas generales y sugerencias específicas. Aquí se pueden encontrar desde comentarios a las preguntas de discusión hasta sugerencias para los ejercicios guiados y respuestas a los ejercicios que piden soluciones específicas. Así pretendemos ofrecer una ayuda al/a la profesor/a que creemos imprescindible para lograr que los/las estudiantes saquen el máximo provecho de este libro.

Agradecimientos

Les damos nuestras sinceras gracias por su ayuda a las siguientes personas involucradas en el proceso de revisión de este libro:

David Foster, Arizona State University

Bart Lewis, University of Texas at Arlington

Timothy Murad, University of Vermont

Francisca Paredes Méndez, Western Washington University

Amanda Carey, Washington University

Fernando Rubio, University of Utah

Silvana Falconi, Indiana University

Asimismo agradecemos todo el trabajo hecho por los colaboradores de Prentice Hall sin cuya dedicación este libro no habría sido posible:

Bob Hemmer, Executive Editor

Debbie King, Editorial Assistant

Julia Caballero, Director of Editorial Development

Mary Rottino, Assistant Director of Production

David Stillman, Developmental Editor

Claudia Dukeshire, Production Liaison

También agradecemos el trabajo hecho por Katie Ostler y Susan Toussaint de Schawk, Inc.

Finalmente les agradecemos a Ellen Haynes y Mary Long, University of Colorado, Boulder, José Luis Montiel, University of Texas, Austin y José Luis Dios Barcia, todo su apoyo en forma de consejos y sugerencias en la fase de elaboración de este libro.

Capítulo preliminar

1. ACTITUDES HACIA EL APRENDIZAJE

En primer lugar le proponemos un cuestionario con el objetivo de que usted, desde su propia perspectiva, reflexione sobre sus ideas con respecto a la gramática y la importancia que le asigna en el contexto de su aprendizaje del español. Escriba las respuestas a las siguientes preguntas y luego, en pequeños grupos de tres o cuatro personas, comparen y discutan sus diferentes respuestas.

1. En su opinión, ¿qué tipo de errores gramaticales perjudican la comunicación?

   _____

2. Si tuviera que señalar el aspecto gramatical del español más difícil de manejar, ¿cuál sería?

   _____

3. ¿Qué tipo de errores son los que usted realiza más a menudo?

   _____

4. ¿Hay errores gramaticales que le parezcan más importantes que otros?

   _____

5. ¿Tiene usted miedo de cometer errores cuando se está expresando? ¿Por qué?

   _____

6. Habitualmente, ¿es usted consciente de los errores gramaticales que cometen sus compañeros/as de clase u otros hablantes? ¿Hay alguno que le resulte especialmente grave o molesto?

_____

_____

7. ¿Cómo aprende y estudia las estructuras del español? ¿Estudiando reglas? ¿Leyendo? ¿Mirando la televisión? ¿Por medio de las correcciones de su instructor cuando usted habla o escribe? ¿Discutiendo ciertas estructuras con sus compañeros/as? ¿Por medio de ejercicios?

_____

_____

_____

8. ¿Existe un tipo de ejercicio que le parezca más apropiado para practicar un determinado aspecto gramatical? ¿Cuál?

_____

9. ¿Prefiere usted los ejercicios en los que solamente una respuesta es correcta o prefiere ejercicios con múltiples posibilidades de respuesta?

_____

10. ¿En qué situaciones utiliza usted el diccionario? ¿Utiliza usted más la parte de inglés o la parte de español?

_____

11. Cuando usa usted el diccionario, ¿para qué lo hace con mayor frecuencia? ¿Para buscar el significado de una palabra concreta o para buscar una expresión?

_____

12. Cuando está organizando su discurso o escritura,
    a. ¿trata usted de pensar en las reglas pertinentes antes de decir una frase (por ejemplo, si debe o no usar el subjuntivo en cierto contexto)? o
    b. ¿piensa usted en alguna frase semejante que ya haya leído u oído anteriormente para decidir como construir la frase? o
    c. ¿habla o escribe usted por intuición sin pensar ni en reglas ni en frases modelo?

_____

_____

_____

Después de haber discutido y comparado sus respuestas en pequeños grupos, traten de llegar a conclusiones consensuadas intentando responder las siguientes preguntas. Tomen nota de los aspectos que consideran más relevantes para compartirlos posteriormente con sus compañeros/as, explicando el motivo por el cual les dan mayor importancia:

1. ¿Se repiten algunas respuestas en los grupos o existe una variedad de opiniones?

   _____

2. ¿Ha señalado algún grupo un aspecto que usted considera importante, pero que no ha sido mencionado por su propio grupo?

   _____

3. ¿Qué tienen en común determinados temas o preocupaciones que se repiten a menudo?

   _____

2. LA IMPORTANCIA DE LA GRAMÁTICA

Este apartado tiene como propósito despertar la autoconciencia lingüística del/de la estudiante en la clase de lengua española. En este momento interesa, sobre todo, reconocer cuáles son sus actitudes, conscientes o inconscientes, hacia la enseñanza y el aprendizaje de la gramática.

Todos hemos oído con mucha frecuencia en las clases de español afirmaciones similares a las siguientes:

A mí no me interesa la gramática.

Prefiero hablar el idioma que estudiarlo.

Mi objetivo es la práctica oral del español.

Me aburre estudiar los aspectos gramaticales.

Yo lo que quiero es poder comunicarme.

No me importa si lo que digo es correcto siempre y cuando me entiendan.

Estas afirmaciones reflejan ciertas ideas preconcebidas con las que nos acercamos al aprendizaje de un segundo idioma. Semejantes estereotipos son especialmente frecuentes en relación con la gramática, su utilidad y su importancia.

¿Podría usted añadir alguna generalización similar a las anteriores que haya dicho o haya oído?

_____

_____

_____

_____

A continuación le proponemos una breve encuesta que revela esas concepciones previas que usted tiene de la utilidad de la gramática, su relación con la lengua hablada y la importancia que puede dársele a su estudio. Usted puede comprobar cuáles son sus posturas clasificando las siguientes afirmaciones según el número que describa mejor su posición:

0 = No

1 = Así, así

2 = Sí

1. La gramática es para la lengua lo que el esqueleto es para el cuerpo: representa el sistema estructural de reglas que sostiene la lengua.   `0` `1` `2`

2. No es posible enseñar una lengua extranjera si se desconoce su gramática.   `0` `1` `2`

3. No es posible aprender una lengua extranjera si se desconoce su gramática.   `0` `1` `2`

4. Se aprende una lengua extranjera para hablar como un nativo.   `0` `1` `2`

5. Los hablantes nativos estudian gramática para poder explicar su lengua.   `0` `1` `2`

6. Los hablantes nativos saben tanta gramática como los estudiantes de una lengua extranjera.   `0` `1` `2`

7. Sabiendo la gramática de una lengua, los hablantes pueden expresarse con mayor corrección.   `0` `1` `2`

8. La gramática simplifica el aprendizaje de una lengua extranjera.   `0` `1` `2`

9. Cuando usted escribe en español, normalmente piensa en las reglas gramaticales.   `0` `1` `2`

10. Saber gramática ayuda a comprender el funcionamiento de la lengua.   `0` `1` `2`

11. Es provechoso utilizar términos gramaticales en las clases de lengua extranjera.   `0` `1` `2`

12. El conocimiento gramatical influye en la capacidad de producir estructuras apropiadas.   `0` `1` `2`

13. Existen muchas y diferentes maneras de estudiar gramática.   `0` `1` `2`

14. La gramática ayuda a razonar los motivos por los que los hablantes nativos usan determinadas formas y estructuras.   `0` `1` `2`

15. Conocer la gramática de una lengua extranjera mejora el conocimiento de la lengua nativa.   `0` `1` `2`

16. Conocer la gramática de una lengua extranjera ayuda a comprender la cultura en la que se ha desarrollado.   `0` `1` `2`

Sume los puntos obtenidos antes de mirar la clave de interpretación que aparece al final del capítulo. Tras leerla, busque compañeros/as que estén en la misma categoría de la clave para formar un grupo. Comparen sus respuestas teniendo en mente las siguientes preguntas:

1. ¿Pueden hacer una estadística acerca de los resultados?

   _____

   _____

2. ¿Afirmarían ustedes que estos resultados son significativos y que revelan una tendencia general en los estudiantes de español a este nivel?

   _____

   _____

3. ¿Añadirían ustedes alguna otra pregunta a la encuesta? ¿Cuál?

   _____

   _____

4. Debatan aquellas afirmaciones que les hayan parecido más polémicas o menos apropiadas.

   _____

   _____

3. CONOCIMIENTOS GRAMATICALES

Finalmente, les proponemos un ejercicio que prueba el conocimiento gramatical previo que ustedes tienen (por favor, no miren el apéndice terminológico antes de contestar):

1. Diga si los siguientes ejemplos son palabras, frases, cláusulas u oraciones:
   a. Un _____
   b. Un coche _____
   c. Un coche rojo _____
   d. Un coche rojo ha tenido un accidente _____
   e Un coche rojo ha tenido un accidente pero nadie ha resultado herido

   _____
   f. Nadie ha resultado herido _____
   g. Nadie ha resultado herido en el accidente _____
   h. En el accidente _____
   i. El accidente _____
   j. Accidente _____

2. Escriba una definición para las siguientes categorías. ¿Cuáles de ellas pueden contener otras, es decir, cuáles pueden combinarse para formar otras más complejas?

a. Palabra: _____
   _____

b. Cláusula: _____
   _____

c. Frase: _____
   _____

d. Oración: _____
   _____

3. En la siguiente lista de términos, separe los que se refieren a palabras, frases,
cláusulas y funciones. Dé un ejemplo de cada uno en un contexto:

a. Adjetivo   j. Artículo
b. Objeto directo   k. Complemento circunstancial
c. Verbo   l. Nombre
d. Dependiente   m. Preposicional
e. Adverbial   n. Independiente
f. Sujeto   o. Objeto indirecto
g. Preposición   p. Adverbio
h. Adjetival   q. Nominal
i. Pronombre   r. Conjunción

	Términos	**Ejemplo**
Palabra		
Frase		
Cláusula		
Función		

4. Una de las distinciones fundamentales al tratar de analizar las formas verbales es la que se establece entre las formas personales y las no personales. ¿Cuáles son las formas del verbo que no admiten terminación personal?

_____

_____

5. Con respecto a las formas personales, ¿cuántos modos hay en español?

_____

_____

6. Escriba una definición de modo verbal. ¿Qué expresa cada uno de los modos?

_____

_____

7. ¿Cuántos tiempos tiene cada modo? Use el verbo **conjugar** en la tercera persona del singular.

Modo	Tiempos simples	Tiempos compuestos

Compare sus resultados con los de sus compañeras o compañeros:

1. ¿Tienen aproximadamente las mismas definiciones?

_____

2. Anoten las definiciones diferentes a las suyas y que les parecen más apropiadas. ¿Por qué las consideran mejores?

_____

_____

_____

_____

3. Anoten aquellas que les resulten inapropiadas y expliquen sus razones.

_____

_____

_____

_____

_____

_____

4. ¿Han identificado de la misma forma los diferentes modos y tiempos del español?

_____

_____

_____

Clave para las preguntas de la sección 2

Entre 32 y 20 puntos: usted es alguien que afirma que la gramática, su estudio y su práctica consciente influirán de un modo muy positivo en su competencia lingüística. Desde su punto de vista, la gramática es un medio que le ayudará como apoyo a sus conocimientos sobre la segunda lengua que está adquiriendo. Este libro le ayudará a profundizar en el conocimiento activo del español y, al mismo tiempo, le ofrecerá herramientas con las que enfrentarse de un modo más seguro a su actuación en esta lengua.

Entre 19 y 10 puntos: usted es alguien que cree que, en algunos aspectos, el conocimiento gramatical es una herramienta útil para el aprendizaje de la lengua extranjera, pero, en otros aspectos, duda de su utilidad y su pertinencia. En todo caso, parece que usted siente que el estudio y el conocimiento gramatical son un mal necesario para alcanzar sus objetivos, sin que acabe de estar plenamente convencido/a de su utilidad. Este libro le ayudará a ampliar sus conocimientos y a definir de un modo más claro su postura.

Entre 9 y 0 puntos: usted es alguien que tiene serias dudas a la hora de creer en la gramática y en su utilidad. Desde su punto de vista, la lengua oral y el conocimiento gramatical son dos áreas casi sin relación. Sin embargo, es necesario reconsiderar su postura hasta cierto punto, ya que solamente los niños pequeños aprenden otro idioma de un modo adecuado sin recurrir a la gramática. Los adultos, incluso cuando ya han pasado muchos años en un país hispanohablante, todavía hablan el idioma con errores que afectan seriamente su competencia lingüística. Sólo alguien a quien no le importa hablar el español muy imperfectamente y que tiene como objetivo expresarse de una manera básica y muy limitada puede aprender sin estudiar la gramática de la segunda lengua. Uno de los principales problemas de este acercamiento es que, sin conciencia gramatical, un hablante ni se expresa, ni comprende adecuadamente lo que le están diciendo. Por ejemplo, ¿podría usted explicar la diferencia de uso y de significado entre "Le dije que venía" frente a "Le dije que viniera", o entre "Le daremos el que quiere" y "Le daremos el que quiera"? La correcta interpretación de la diferencia puede llegar a ser muy importante en determinados contextos.

Capítulo
1

El tiempo y el aspecto verbal

INTRODUCCIÓN

Marco Denevi (1922–1998), nacido en Buenos Aires (Argentina), se dedicó sobre todo a escribir narrativa, por la cual recibió varios premios literarios. En sus cuentos siempre encontramos un elemento de sorpresa que provoca en el lector reacciones tanto emocionales como intelectuales. En el siguiente cuento, este elemento se encuentra al final del diálogo entre los dos jóvenes, el que explica el título "Génesis". Presten especial atención al uso de los tiempos pasados, cuya distribución, frecuencia y efecto podrán describir e interpretar al contestar las preguntas de la discusión.

Con la última guerra atómica, la humanidad y la civilización desaparecieron. Toda la tierra fue como un desierto **calcinado**. En cierta región de Oriente sobrevivió un niño, hijo del piloto de una nave espacial. El niño se
5 alimentaba de hierbas y dormía en una caverna. Durante mucho tiempo, **aturdido** por el horror del desastre, sólo sabía llorar y **clamar** por su padre. Después, sus recuerdos se oscurecieron, se disgregaron, se volvieron arbitrarios y cambiantes como un sueño, su horror se transformó en un
10 vago miedo. A ratos recordaba la figura de su padre, que le sonreía o lo **amonestaba**, o ascendía a su nave espacial, envuelta en un fuego y en ruido, y se perdía en las nubes. Entonces, loco de soledad, caía de rodillas y le **rogaba** que volviese. Entretanto la tierra se cubrió nuevamente de
15 vegetación; las plantas se cargaron de flores; los árboles, de frutos. El niño, convertido en muchacho, comenzó a explorar el país. Un día vio un **ave**. Otro día vio un lobo. Otro día, inesperadamente, se halló frente a una joven de su edad que, lo mismo que él, había sobrevivido a los
20 **estragos** de la guerra atómica.
    —¿Cómo te llamas? —le preguntó.
    —Eva —contestó la joven—. ¿Y tú?
    —Adán.

quemado, reducido a cenizas

muy perturbado
gritar

reprendía, regañaba

pedía, imploraba

pájaro

destrucción

Discusión sobre el texto ·····························

Subrayen todos los verbos, usando colores diferentes para el pretérito y el imperfecto. ¿Aparecen estas dos formas alternadamente o en grupos? Discutan si hay algo que tienen en común las acciones en pretérito y las que están en imperfecto. ¿Qué efecto logra el narrador con la manera en que agrupa estos tiempos?

Escriba aquí sus ideas antes de hablar con sus compañeros/as:

_____

_____

_____

_____

1. PRELIMINARES

En cada forma del verbo en español aparecen simultáneamente dos tipos de información que ayudan a especificar (1) el tiempo en el que ocurre la acción y, además, (2) la estructura temporal, como, por ejemplo, la duración de esa acción; la primera sitúa la acción en uno de los ámbitos temporales y la segunda expresa el aspecto, o sea, cómo el hablante/narrador percibe esta acción en ese ámbito y en relación a otras acciones.

> Las formas verbales, como, por ejemplo, las del pretérito, imperfecto, presente, presente perfecto, futuro simple, etc., sitúan la acción en el ámbito temporal del presente, pasado o futuro y, simultáneamente, contienen la información del aspecto, la persona, el modo, etc.

La información aspectual del verbo español es mucho más importante en el ámbito del pasado que en los otros. Los dos aspectos del verbo son: la **progresividad**, expresada por el imperfecto y los tiempos progresivos, y la **perfectividad**, expresada por el pretérito y los tiempos compuestos perfectos.

> El niño se **alimentaba** de hierbas y **dormía** en una caverna
> (Tiempo: pasado; Aspecto: imperfectivo/progresivo).

En este ejemplo, no existe información acerca de la duración de las acciones: no se sabe ni cuando comienzan, ni cuando terminan, sugiriendo un paralelismo y una duración indefinida. El énfasis está en las acciones en progreso.

> Un día **vio** un ave. Otro día **vio** un lobo. (Tiempo: pasado; Aspecto: perfectivo)

Las acciones de los dos verbos están relacionadas, pero son independientes. Para que la segunda ocurra, la primera tiene que estar terminada. El énfasis está en lo **perfecto**, o sea, en lo acabado.

Estas diferencias aspectuales entre el pretérito y el imperfecto serán explicadas en las Notas adicionales (Apartado 5) de este capítulo.

En este capítulo nos limitaremos a las formas verbales del modo indicativo. En el modo subjuntivo existen variantes correspondientes a algunas formas del indicativo.[1]

---

[1]Véase el Capítulo 3 para la discusión de los modos en español.

Discusión 1 ••

¿Qué estaba haciendo el profesor cuando ustedes entraron hoy en clase? En su respuesta observen qué forma verbal expresa la progresividad y qué forma expresa la perfectividad.

 Escriba aquí sus ideas antes de hablar con sus compañeros/as:

_____

_____

_____

_____

2. LOS ÁMBITOS TEMPORALES

EL PRESENTE: puede ser expresado por el presente simple y por el presente progresivo. Se interpreta el presente simple de tres maneras diferentes:

1. El presente específico: este uso de la forma verbal del presente se refiere al momento preciso de habla.

   Desde las siete de la mañana no he comido nada y ahora **tengo** hambre.
   No **tengo** tiempo para hablar porque **voy** al médico.

2. El presente general, **eterno** o **histórico**: este uso se refiere a un hecho que es, siempre fue y siempre será igual.

   La tierra **es** redonda.
   El agua **hierve** a cien grados centígrados.
   Cuando **leo** demasiado, **tengo** ganas de dormir.
   La Guerra Civil española **dura** tres años (1936–1939).

3. El presente con significado futuro: en este caso la forma del presente se refiere a un futuro explícito (mañana, el año próximo) o en general a un futuro que es percibido como cercano.

   Mañana **almorzamos** juntos.
   El año próximo **queremos** ir de vacaciones a Venezuela.
   Estoy muy contenta porque **me gradúo en dos días**.

El presente progresivo y su componente aspectual serán ejemplificados más adelante.

EL PASADO: puede ser expresado por dos formas simples —el pretérito (estudió) y el imperfecto (estudiaba)— y tres compuestas —el presente perfecto (ha estudiado), el pluscuamperfecto (había estudiado) y el pasado anterior (hubo estudiado, usado muy raramente). Puesto que todas las formas contienen información aspectual, serán presentadas más adelante.

EL FUTURO: como ya se ha dicho arriba, puede ser expresado por el presente; también por el futuro simple (estudiará), el futuro compuesto (habrá estudiado) —presentado en el apartado sobre el aspecto perfectivo—, el condicional —el cual expresa un futuro desde un punto de vista del pasado (estudiaría)— y la forma perifrástica con **ir a**: No sé a qué hora **vamos a estudiar** para el examen del jueves.

A continuación examinaremos las formas verbales que contienen información aspectual.

Discusión 2 ••

Comparen las tres oraciones siguientes:

1. Mañana compro el vestido para la graduación.

2. Mañana compraré el vestido para la graduación.

3. Mañana voy a comprar el vestido para la graduación.

¿Les parece que las tres versiones expresan exactamente lo mismo? Si no, ¿cuáles son las diferencias entre ellas? Traten de añadir elementos a cada oración que aclaren la posible intención del hablante al utilizar cada versión.

Escriba aquí sus ideas antes de hablar con sus compañeros/as:

_____

_____

_____

_____

3. EL ASPECTO: PROGRESIVIDAD

En español la progresividad se expresa a través de una forma simple —el imperfecto— y varias construcciones verbales que utilizan el gerundio.

> Se utiliza una forma que expresa la progresividad para una acción cuyo enfoque deseado es su *desarrollo* en un contexto en el que al hablante no le interesa enfatizar ni el principio ni el final, sino el proceso.

EL IMPERFECTO: expresa la simultaneidad y la continuidad sin poner énfasis ni en el principio ni en el final de la acción en el pasado, sino en su duración indeterminada:

_____   • (*Momento de habla*)

Hablaba por teléfono mientras

    me preparaba para salir.

       PASADO (Ayer)

Mientras **vivían** los dinosaurios, muchos animales **tenían** miedo de ellos.
    (**vivir** y **tener miedo** ocurren al mismo tiempo sin más información que el ámbito temporal del pasado)
Cuando **estábamos** en la escuela primaria nos **daban** mucha tarea.
    (**estar** y **dar tarea** son simultáneos)
Mi madre siempre **lloraba** cuando **veía** películas románticas.
    (**llorar** y **ver** suceden al mismo tiempo)

Discusión 3 •••••••••••••••••••••••••••••••••••••••

¿Por qué la siguiente pregunta necesita contestarse usando el imperfecto?:
¿Qué les gustaba hacer a ustedes cuando eran niños?

Escriba aquí sus ideas antes de hablar con sus compañeros/as:

_____

_____

_____

LAS FORMAS VERBALES PROGRESIVAS: siempre representan acciones **en progreso** y utilizan un verbo auxiliar conjugado en cualquier tiempo verbal junto al gerundio. La forma más utilizado es: ESTAR + gerundio:

Escuché la noticia justo en el momento en que **estaba comiendo**.
Por favor, no me mires mientras **estoy trabajando** porque me distraes.
Mañana a esta hora **estaré tomando** el sol en la playa de Acapulco.

Recuerden que el presente progresivo en español se refiere únicamente al presente, al contrario del inglés, donde puede expresar un futuro: *Tomorrow I am going to Acapulco.*

La forma del gerundio también puede aparecer en combinación con otros verbos en estructuras similares.

1. Con verbos de movimiento como IR, LLEGAR o VENIR, CONTINUAR, SEGUIR:

   Llegaron caminando hasta el final de la carrera.

   Como siempre, **vendrá cantando** su canción favorita.

   De niño, me gustaba **ir comiendo** el bocadillo a pequeños mordiscos.

   ¡**Continúa practicando** hasta que sepas esa canción de memoria!

   Seguía mirándome fijamente y no decía ni una palabra.

2. Con verbos de percepción como OÍR, VER, MIRAR, SENTIR, OBSERVAR:

   A Juan lo **oímos cantando** en la ducha.

   No he vuelto a hablar con su amiga desde que la **vi esperando** el autobús.

   Ten la enciclopedia y **mírala pensando** en lo que has estudiado para tu clase.

   La música estaba tan alta que la **sentía latiendo** al ritmo de su corazón.

   La disciplina de partido la **observaron votando** exclusivamente por su candidato.

Aunque formalmente similares a los casos de las formas progresivas con **estar**, en algunos de estos ejemplos se ve una función del gerundio análoga a la del adverbio: **A Juan lo oímos cantando en la ducha.** —**Oímos a Juan** cuando cantaba en la ducha— **Oímos a Juan** así. Fíjense que frecuentemente la entidad involucrada en la acción del gerundio es distinta del sujeto del primer verbo.[1]

Discusión 4 ••

Describan la relación que existe entre las dos acciones de la siguiente pregunta: ¿Qué sienten ustedes mientras están viendo las noticias en la tele?

Escriba aquí sus ideas antes de hablar con sus compañeros/as:

_____

_____

_____

_____

---

[1]Para una discusión detallada de las correspondencias del gerundio inglés en español, véase el Capítulo 8.

4. EL ASPECTO: PERFECTIVIDAD

En español la **perfectividad** se expresa a través de una forma simple —el pretérito— y las formas compuestas.

> **Usamos el aspecto perfectivo para expresar que la acción tiene un principio y/o un final determinado. En ese momento nuestro foco es precisamente ese principio o final, el que puede situarse en cualquiera de los ámbitos temporales del presente, pasado o futuro.**

EL PRETÉRITO: concibe las acciones como hechos acabados en el pasado, independientes y, en ocasiones, en una secuencia:

_____ → | _____ → | _____ → | → _____ • (*Momento de habla*)

Me levanté, me duché, me afeité y trabajé todo el día, por eso ahora estoy cansado.

PASADO

Cuando **empezó** a llover **entré** en la tienda de paraguas.
(la acción de **entrar** es consecuencia de **empezar**)

No **entendí** nada de esa conferencia y por eso me **levanté** y me **fui** del auditorio.
(**levantar** e **ir** son consecuencia de no **entender**; para que ocurra **ir**, ya tiene que haber ocurrido **levantar** y **no entender**)

En la Guerra Civil Española **lucharon** y **murieron** muchos soldados extranjeros.
(el hablante considera las acciones de **luchar** y **morir** como terminadas; para que **morir** ocurra, tiene que ocurrir **luchar** primero)

Discusión 5 ••

En "Génesis" encontramos la siguiente oración: **Después, sus recuerdos se oscurecieron, se disgregaron, se volvieron arbitrarios y cambiantes como un sueño.** ¿Cómo se interrelacionan en el tiempo pasado las acciones expresadas aquí?

Escriba aquí sus ideas antes de hablar con sus compañeros/as:

_____

_____

_____

_____

LAS FORMAS COMPUESTAS PERFECTAS: consisten en una forma del verbo HABER más el participio pasado (la forma **–ado**, para la 1ª conjugación, **–ido**, para la 2ª y 3ª conjugación). En español, las formas más utilizadas son:

Presente perfecto = Presente del verbo HABER + Participio pasado del verbo

Pluscuamperfecto = Imperfecto del verbo HABER + Participio pasado del verbo

Futuro perfecto = Futuro del verbo HABER + Participio pasado del verbo

Condicional perfecto = Condicional del verbo HABER + Participio pasado del verbo

Existe en español el pasado anterior del indicativo (pretérito del verbo HABER + participio pasado del verbo principal), pero se usa muy raramente. Aparece a veces en el estilo literario o formal después de ciertas conjunciones de tiempo:

> **Después de que** el técnico hubo terminado la reparación, pude ver la televisión sin problemas.

Recuerde que el modo subjuntivo tiene dos formas compuestas: el presente perfecto (**haya cantado**) y el pasado perfecto o pluscuamperfecto (**hubiera o hubiese cantado**).

Las formas perfectas siempre implican que una acción terminó, termina o terminará en un determinado momento.

EL PRESENTE PERFECTO: expresa siempre una acción en el pasado más inmediato y contiguo al presente. Por eso necesita siempre una referencia implícita o explícita al momento de habla.

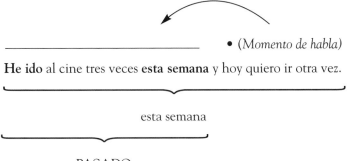

• (*Momento de habla*)

He ido al cine tres veces **esta semana** y hoy quiero ir otra vez.

esta semana

PASADO

¿Por qué decimos: He visitado París dos veces, la última vez fue hace dos años?

En este caso el hablante no se refiere explícitamente al presente sino que implica lo siguiente: **Hasta ahora** he visitado París dos veces (y quizás visitaré París de nuevo en el futuro). El uso del presente perfecto indica que el hablante toma el presente como punto de referencia para decir cuántas veces ya ha visitado París.

Nunca te **he dicho** cuánto te quiero, pero **hoy** te lo digo y te lo repito.
(**Nunca** proyecta la acción de **decir** en el presente de **hoy**)

He vivido en esta ciudad durante **veinte años** y me preocupa cómo **ha crecido** en los últimos **cinco.**
(en el momento de habla, han pasado cinco años desde **crecer** y veinte desde **vivir**)

Todavía estoy esperando que me digas la verdad; hasta **ahora** no **has dicho** sino mentiras.
(**decir mentiras** afecta el pasado que llega hasta este momento)

Discusión 6 ••

¿Qué actividades especiales han hecho ustedes últimamente? ¿Qué palabra de la pregunta se relaciona con el uso del presente perfecto? Piensen en otras palabras o expresiones que podrían conducir a este uso.

Escriba aquí sus ideas antes de hablar con sus compañeros/as:

_____

_____

_____

_____

EL PLUSCUAMPERFECTO: es el pasado del pasado. Es decir, representa una acción en el pasado que es anterior a otra acción en el pasado.

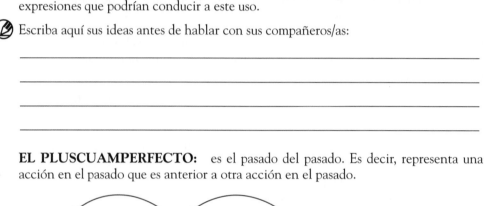

_____ • (*Momento de habla*)

Había hablado con el profesor **antes de salir de viaje,** pero no pudo tomar el examen.

Anteayer habló con él   ayer salió de viaje

PASADO (Ayer + anteayer)

Ya **había colgado** el teléfono cuando me **acordé** de lo que le **quería** preguntar a mi madre.
(**colgar** ocurre antes que **acordar**; fíjense en que la acción de **querer** en el imperfecto incluye el pasado de esos dos verbos sin referencia al principio o al final)

Le **pedí** a Pablo que me **prestara** el libro de Historia, pero él me **dijo** que ya se lo **había prestado** a María.
(En el momento en el que ocurren las acciones de **decir**, **prestar** y **pedir**, ya ha ocurrido la segunda acción de **prestar**)

Discusión 7 ••

El pluscuamperfecto necesita una referencia en el pasado respecto a la cual se orienta. En "Génesis" encontramos el siguiente ejemplo: **Otro día, inesperadamente, se halló frente a una joven de su edad que, lo mismo que él, había sobrevivido a los estragos de la guerra atómica.** ¿Cuál es el verbo que marca ese momento de referencia y cuál es la acción expresada por él. Si ustedes añadieran un adverbio de tiempo para clarificar esa relación temporal, ¿cuál sería?

Escriba aquí sus ideas antes de hablar con sus compañeros/as:

_____

_____

_____

_____

EL FUTURO PERFECTO: expresa un futuro que debe ocurrir antes de otro futuro.

(*Momento de habla*) • _____

Sé que **habrá regresado antes de las dos** de la tarde de **mañana.**

habrá regresado   las dos

FUTURO

Mañana por la noche ya **habré terminado** este maldito trabajo y podré descansar.

(la acción de **terminar** va a completarse antes del límite de **mañana por la noche**)

Antes de que **llegue** mi madre, mis hermanos y yo **habremos puesto** la mesa; si no, ella se va a enojar conmigo porque soy el mayor.

(la acción de **poner** debe suceder antes de la de **llegar** para que la madre no se enoje)

¿Cómo puedes decir que **habrás leído** todo el libro para **esta noche** si todavía te faltan 400 páginas?

(la acción de **leer** ocurrirá antes de **esta noche** aunque el hablante lo crea muy difícil)

Discusión 8 ••

¿Qué piensan que habrá pasado antes de terminar el año? Comparen el contexto temporal de esta pregunta con el del pluscuamperfecto. Señalen las semejanzas y las diferencias.

 Escriba aquí sus ideas antes de hablar con sus compañeros/as:

_____

_____

_____

_____

EL CONDICIONAL PERFECTO: expresa una acción en el pasado que debe terminar antes de un momento posterior también situado en el pasado.

_____ • (*Momento de habla*)

Creía de que **habría regresado** antes de las dos de ayer, pero todavía no ha llegado.

Creía habría regresado las dos

(Ayer)

Estoy preocupadísima porque mi hijo me **dijo** que me **habría llamado esta mañana** y ahora ya son las tres de la tarde.
(**llamar** debería haber ocurrido en el pasado mucho antes del momento de habla a **las tres de la tarde**)

Pensábamos que el profesor **habría devuelto** los exámenes en la clase del día siguiente, pero **hoy** nos dijo que todavía no los ha corregido.
(**devolver** debería haber ocurrido antes de la **clase** anterior a la de hoy)

Me **prometiste** el lunes que **habrías llamado** antes del jueves, y **hoy** ya es viernes.
(el día anterior al momento de habla era el tiempo límite para la llamada, tal y como **prometer** indica)

También se utiliza esta forma del modo condicional para situar acciones hipotéticas en el ámbito del pasado:[1]

Presente: Si tuviera suficiente dinero me **compraría** un coche nuevo.

Pasado: Si el año pasado hubiera tenido suficiente dinero, me **habría comprado** un coche nuevo.

Discusión 9 •

Comparen y señalen las diferencias en cuanto al marco temporal de las dos preguntas siguientes:

a. Nuestro planeta está deteriorándose, ¿cómo habrían podido evitar esta situación nuestros padres?

b. ¿Qué podríamos hacer nosotros?

Escriba aquí sus ideas antes de hablar con sus compañeros/as:

_____

_____

_____

_____

---

[1]Véase el Capítulo 3 sobre los modos verbales.

5. NOTAS ADICIONALES

El contraste entre el pretérito y el imperfecto

En referencia a los dos aspectos, la perfectividad y la progresividad, nos interesa considerar especialmente las relaciones y los contrastes que existen entre dos formas verbales simples utilizadas para hablar del ámbito temporal del pasado: el imperfecto y el pretérito. Aquí tal vez sea útil mencionar los términos que algunas gramáticas utilizan para estas formas: imperfecto = pretérito imperfecto; pretérito = pretérito perfecto. **Pretérito** significa simplemente **pasado**. La noción de **imperfecto** sugiere algo inacabado, mientras que la de **perfecto** implica algo acabado.

Se suelen comparar y contrastar con el ejemplo de una acción en imperfecto que es interrumpida por una en el pretérito:

• (*Momento de habla*)

Cuando **veía** el final de la película, **llamaron** a la puerta. Ahora no sé quién es el asesino.

PASADO (Ayer)

Tanto en el caso del pretérito como del imperfecto se trata de acciones que tuvieron lugar antes del momento de habla. Lo importante es saber si una acción está terminada en relación al punto de referencia establecido en el pasado, normalmente definido por el pretérito. En el ejemplo anterior, ese punto de referencia es cuando **llamaron a la puerta** y la acción en progreso en ese momento es **la película no había terminado todavía**. Es decir, como la acción de **ver** fue interrumpida por la de **llamar**, el hablante no pudo terminar de verla.

> María me **interrumpió** mientras yo **contaba** el chiste y me **dijo** que ya lo **conocía**.
> (la acción de **contar** es cortada por la de **interrumpir**; **decir** ocurre, necesariamente, cuando **interrumpir** y **contar** ya han terminado; **conocer** abarca una porción indeterminada del ámbito temporal del pasado que incluye todas las acciones anteriores sin límites específicos)
>
> Los tres cerditos **miraban** la televisión cuando el lobo **abrió** la puerta y **entró**.
> (**mirar** ha sido interrumpida por **abrir** y **entrar**; asimismo, para que ocurra **entrar**, **abrir** ya ha terminado)
>
> **Estábamos** en la misa cuando de repente le **dio** un dolor de cabeza horrible a mi madre y **tuvimos** que salir a la calle.
> (**estar** ha sido cortada por **dar**; **tener** ocurre después de **dar**)

Otra posible manera de contrastarlos es decir que el pretérito es absoluto mientras que el imperfecto es relativo. Esto significa que la acción expresada en pretérito está fijada en un momento preciso, **absoluto**, del pasado, mientras que lo que está expresado por el imperfecto se interpreta **relativamente** al momento expresado por el pretérito. Todavía existe otro modo de verlo: el imperfecto es indeterminado, impre-

ciso, no tiene ningún foco concreto de comienzo o de final, sino que describe una acción que se estaba realizando, o sea, expresa el desarrollo de la acción; en cambio el pretérito se enfoca en el inicio o el final concretos de la acción.

> En 1713 se **fundó** la Real Academia Española de la Lengua mientras en Europa **triunfaba** el espíritu racionalista.
> (El pretérito marca un momento cronológico específico y absoluto que queda asimilado dentro del imperfecto, el que se orienta relativamente al primero)

No sorprende que la forma favorita de las descripciones en el pasado sea el imperfecto, ya que éste presenta un momento indeterminado. Así, comienzan los cuentos para los niños con: **Érase una princesa que vivía en un castillo**; no importan ni el principio ni el fin de la acción, sino el desarrollo de ésta. En cambio, cuando empieza la acción del cuento **Un día apareció a la puerta del castillo un príncipe hermoso**, el narrador pasa a usar el pretérito para la secuencia de los acontecimientos. **Y vivieron felices para siempre** sirve para señalar el final.

Comparen en los siguientes ejemplos la determinación del pretérito frente a la indeterminación del imperfecto:

> El Museo Nacional de Arqueología de México se **creó** en 1910. (Foco en 1910)
> Con esta institución se **quería** centralizar la conservación de obras arqueológicas en el país. (No hay foco cronológico específico, solamente ambiente temporal que precede a 1910 y continúa después de esta fecha)

Otro ejemplo que nos puede servir para contrastarlos de un modo práctico es el siguiente: **Cuando era pequeña, me encontraba muy feliz hasta que me mudé a otra ciudad**. Aquí el objetivo es describir dos acciones que son simultáneas y que duran un tiempo indeterminado marcado por los imperfectos **era** y **encontraba**, aunque una tiene un ámbito temporal más amplio que la otra: la hablante era todavía pequeña cuando se mudó. Fíjense en que **era** no se ve interrumpida por **mudé**, en cambio **encontraba** sí es interrumpida por el pretérito.

Observen ahora los dos siguientes ejemplos y las relaciones entre los verbos en negrillas. Ambos ejemplos se sitúan en el pasado histórico y hablan de la muerte de un personaje importante para la independencia de Latinoamérica, pero solamente uno de los ejemplos trata la muerte como un hecho. ¿Cuál es cuál?

> Simón Bolívar **liberó** cinco países latinoamericanos en el período 1810–1825 y **murió** en 1830 sin haber conseguido su sueño político de una unión sudamericana.
> Mientras Simón Bolívar **moría** de tuberculosis, los virreinatos que había liberado de España **luchaban** por declararse países independientes.

En ejemplo 1 **morir** presupone la existencia de **liberar**. En ejemplo 2 se constata que **morir** y **luchar** ocurren simultáneamente sin importar ni cuando empezaron, ni cuando terminaron las dos.

Para el angloparlante puede ser una ayuda pensar que en todos los casos en los que el inglés utiliza el pasado progresivo (*while I **was watching** the movie*), en español se usa el imperfecto. Así, si se puede usar esta forma en inglés, la que le corresponderá en español será el imperfecto, no el pretérito. Además, es importante enfatizar que el *would* del inglés contiene el mismo contenido aspectual que el imperfecto cuando habla de una acción del pasado repetida en varias ocasiones: *When I was a kid, I **would go** to that place on vacation with my parents*, corresponde a: Cuando yo era niño, **iba** a ese lugar de vacaciones con mis padres.

Los ejercicios que siguen a esta parte teórica les darán múltiples oportunidades para practicar y asimilar el uso de estas dos formas del español.

> El pretérito, también llamado *pretérito perfecto simple*, expresa la perfección, los hechos terminados. En cambio el imperfecto, o *pretérito imperfecto*, como su propio nombre indica, expresa la imperfección; es decir, habla de una acción o un estado que, en cierto momento del pasado, no estaban terminados.

Discusión 10 ••

Respondan las siguientes preguntas y expliquen el uso de las formas verbales. ¿Adónde solían ir de vacaciones con sus padres? ¿Adónde viajaron la primera vez que fueron solos/as?

Escriba aquí sus ideas antes de hablar con sus compañeros/as:

_____

_____

_____

_____

ⓐ *Ejercicios individuales*

1. **Ejercicio guiado.** Lea el siguiente párrafo prestando especial atención a cómo se relacionan temporalmente las acciones representadas por las formas verbales **en negrillas**. A continuación sitúe en una línea temporal semejante a la que le damos las acciones indicadas por esos verbos:

   Ayer por la noche (1) **estuve estudiando** los tiempos del pasado del español para el examen que tomaré en dos días. (2) **Pensaba** que (3) **habría terminado** antes de las doce, pero me (4) **quedé** dormido alrededor de las once. (5) **Soñé** que (6) **estaba** en el examen final de mi clase de español y me (7) **sentía** muy nervioso porque no (8) **sabía** muchas de las preguntas. Particularmente, (9) **había** un ejercicio para utilizar el pretérito y el imperfecto que (10) **era** muy, muy difícil. Afortunadamente, cuando me (11) **desperté** (12) **comprobé** que sólo (13) **había sido** un sueño. Por desgracia, todos mis papeles (14) **estaban** arrugados, ya que (15) **había dormido** toda la noche sobre ellos. Ahora (16) **he pasado** toda la

mañana planchándolos, porque entre ellos (17) **está** el trabajo que le (18) **daré** al profesor pasado mañana. Es decir, que para el viernes ya (19) **habré entregado** el trabajo y ya (20) **habré tomado** el examen. ¡Ojalá todo sea más fácil que en mi sueño!

PASADO   Momento de habla   FUTURO

2. Complete el siguiente párrafo con el tiempo que se indica entre paréntesis y las palabras apropiadas para que pueda aplicarse a su experiencia. Explique por qué motivo esos tiempos verbales son los correctos en dicho contexto:

Cuando era niña/o decía que antes de cumplir los quince años yo (**condicional compuesto**) _____.
Cuando tenía quince años, yo ya (**pasado perfecto**) _____
_____.Y ahora digo que antes de que hayan pasado cinco años yo (**futuro perfecto**) _____.

3. Cambie el siguiente párrafo al pasado

Guernica

El 26 de abril de 1936 aviones de la Alemania nazi (1) **bombardean** _____ el lugar donde la tradición del País Vasco (2) **dice** _____ que los reyes de España (3) **deben** _____ jurar respeto a las leyes y tradiciones propias de esa región. La ciudad (4) **es** _____ una de las más antiguas de las provincias vascas y no (5) **tiene** _____ ninguna importancia estratégica, sin embargo (6) **es** _____ elegida por los fascistas como una preparación de lo que luego (7) **serán** _____ los bombardeos sobre objetivos civiles de la Segunda Guerra Mundial. Durante cuarenta y cinco minutos los aviones nazis (8) **arrojan** _____ bombas al mismo tiempo que los cazas (9) **ametrallan** _____ a la población civil que (10) **huye** _____ de la masacre. Como consecuencia, tres cuartos de la ciudad (11) **se quedan** _____ en ruinas y, entre ellas, (12) **está** _____ un número indeterminado de muertos que oscila entre las 300 y las 1.500 personas. El gobierno franquista nunca (13) **llega** _____ a reconocer su responsabilidad en el bombardeo. De hecho, le (14) **echa** _____ la culpa al bando republicano en la Guerra Civil con el argumento que (15) **se debe** _____ a fines propagandísticos.

Ese mismo año Pablo Picasso (16) **pinta** _____ El *Guernica*. En enero, el Gobierno de la República le (17) **ha encargado** _____ un cuadro para la exposición universal que (18) **se va** _____ a celebrar en París. Picasso (19) **escoge** _____ ese tema porque (20) **se siente** _____ sobrecogido por la brutalidad y el sinsentido del acontecimiento. El reconocimiento universal a la fuerza del cuadro (21) **es** _____ inmediato. Cuando Picasso (22) **muere** _____, en su testamento, (23) **deja** _____ escrito que la pintura no (24) **regresará** _____ a la España de la dictadura del general Franco. Por ese motivo, el cuadro (25) **pasa** _____ cuarenta años en el MOMA de Nueva York. En los años ochenta, cuando la democracia ya (26) **está** _____ consolidándose en España, el gobierno (27) **reclama** _____ la posesión del cuadro y éste (28) **es** _____ trasladado al Museo del Prado en Madrid. En ese momento (29) **resulta** _____ necesario transportar el gigantesco cuadro en un avión especial para evitar su deterioro puesto que, debido a todos los viajes que (30) **ha sufrido** _____ durante su existencia y a su gran tamaño, (31) **está** _____ en condiciones muy frágiles. Unos años después, (32) **se crea** _____ el Museo de Arte Moderno Reina Sofía y el cuadro (33) **se coloca** _____ en su emplazamiento definitivo hasta la fecha.

El cuadro y el pueblo representan desde entonces el horror de la guerra y el deseo de paz. En 1997, el presidente de Alemania (34) **reconoce** _____ la culpa de los aviones alemanes durante el sexagésimo aniversario del bombardeo.

4. Complete los espacios en blanco del siguiente párrafo con el tiempo adecuado del infinitivo dado.

La ciudad perdida de Machu Picchu 〰〰〰〰〰〰〰〰〰

En julio de 1911 un profesor de la Universidad de New Haven (1. hacer) _____ un descubrimiento que (2. ir) _____ a revolucionar las investigaciones arqueológicas sobre el imperio de los incas. El profesor Hiram Bingham ya (3. pasar) _____ mucho tiempo buscando el lugar legendario del que tanto le (4. hablar) _____ anteriormente: una ciudad perdida que los conquistadores españoles nunca (5. conseguir) _____ conquistar.

Le (6. decir) _____ que esa ciudad perdida (7. encontrarse) _____ en lo alto de una montaña. Entonces el profesor Bingham (8. dirigir) _____ sus pasos hacia ese lugar y finalmente (9. cumplir) _____ su sueño en el momento en el que (10. tropezar)

_____ con una ciudad en ruinas de la que nadie (11. conocer)
_____ la existencia. El profesor (12. darse) _____ cuenta
de que (13. tener) _____ ante sí la legendaria ciudad de Machu
Picchu ("Vieja cumbre" en quechua).

Allí, a más de 9.000 pies, los incas (14. construir) _____ una
pequeña aunque extraordinaria ciudad que no se (15. poder) _____
ver desde el nivel del río. Sus habitantes (16. cultivar) _____ su
comida en terrazas y el agua (17. ser) _____ distribuida a través de un
complicado sistema de acueductos. En la ciudad todavía (18. conservarse)
_____ los palacios, casas, baños y templos que los incas (19. edificar)
_____ con grandes bloques de granito.

Dada la magnífica arquitectura de sus edificios, Bingham pudo deducir que allí
(20. vivir) _____ personas de la clase alta o realeza. Bingham también (21. descubrir) _____ un palacio con tres ventanas orientadas
hacia el este, de donde, según la leyenda, (22. salir) _____ el primer
inca. Estos y otros elementos sugerían que el lugar (23. ser) _____
extraordinariamente importante para el imperio.

Desgraciadamente, como los incas no (24. tener) _____ escritura,
casi todo lo relacionado con la ciudad sigue siendo un misterio. Con certeza
solamente puede afirmarse que una de las funciones principales del lugar
(25. ser) _____ funcionar como observatorio astronómico y lugar de
culto.

La historia dice que a partir de 1532 una gran epidemia de viruela se (26. extender) _____ desde el norte y (27. causar) _____ la muerte
de miles de indígenas desde México hasta Perú. Todavía no (28. llegar)
_____ los españoles al lugar y ya las enfermedades europeas
(29. estar) _____ matando a la población. Aunque los conquistadores
(30. sospechar) _____ de la existencia de Machu Picchu, nunca
(31. encontrar) _____ la ciudad y por eso no (32. ser)
_____ destruida.

Durante más de 700 años el lugar (33. permanecer) _____ oculto por
la vegetación y el silencio. Pero antes del fin del siglo XX se (34. transformar)
_____ en uno de los principales atractivos turísticos del país. Aún en
la actualidad Machu Picchu es un lugar que (35. producir) _____
innumerables creencias, esperanzas, leyendas y sueños.

5. ¿Es una acción que expresa el aspecto perfectivo o una acción que expresa el aspecto progresivo? Identifique cada tiempo:

1. **Habrá hablado** con su amor, antes de que el sol se ponga.

   TIEMPO: _____ ASPECTO: _____

2. Más tarde, el diputado **afirmó** que la ley **habría sido aprobada** antes de votar.

   TIEMPO: _____ ASPECTO: _____

3. Siempre **descansaba** en el momento más inoportuno.

   TIEMPO: _____ ASPECTO: _____

4. Ya **había llegado** antes del amanecer y **estaba esperando** junto a la puerta.

   TIEMPO: _____ ASPECTO: _____

5. **Fue contando** todas las escaleras hasta llegar al quinto piso.

   TIEMPO: _____ ASPECTO: _____

6. Era increíble, mientras **discutía** por teléfono, **podía** cocinar y ver la tele.

   TIEMPO: _____ ASPECTO: _____

7. Durante todo el camino **vino señalando** todos los árboles que **veía**.

   TIEMPO: _____ ASPECTO: _____

8. El abogado lo **había confirmado** el día anterior: no **iba** a haber ningún juicio.

   TIEMPO: _____ ASPECTO: _____

9. El jefe le **comunicó** a la secretaría que **habría llamado** antes de salir de viaje.

   TIEMPO: _____ ASPECTO: _____

10. Me **encantaba** ir a la tienda de la esquina y comprar un montón de golosinas.

    TIEMPO: _____ ASPECTO: _____

11. Hacía una hora que el sol se **había puesto,** cuando **sonó** el teléfono.

    TIEMPO: _____ ASPECTO: _____

12. Tan pronto como **pudo,** el mecánico **aseguró** que el problema **habría estado resuelto** a las seis de la tarde.

    TIEMPO: _____ ASPECTO: _____

13. Los días **eran** largos y las tardes no **tenían** fin.

    TIEMPO: _____ ASPECTO: _____

14. A estas horas, ya le **habrá comunicado** su decisión.

    TIEMPO: _____ ASPECTO: _____

15. El presidente **llegó caminando** al centro de la ciudad.

    TIEMPO: _____ ASPECTO: _____

16. El electricista lo **llamó** para decirle que **habría comprobado** el estado de los circuitos antes del anochecer.

    TIEMPO: _____ ASPECTO: _____

6. Observe el tiempo usado en las siguientes preguntas sobre hechos históricos. Contéstelas y escriba usted cinco ejemplos adicionales.

    1. ¿Qué sucedió en 1898?

       _____

    2. ¿Qué se había descubierto antes del año 1600?

       _____

    3. ¿Qué pasaba en España entre l936 y 1939?

       _____

    4. ¿Qué creían los seres humanos que habría sucedido antes del fin del milenio?

       _____

    5. ¿Qué estaba ocurriendo en los EEUU durante los años sesenta?

       _____

    6. Especule, ¿qué problemas se habrán resuelto antes del fin de la década?

       _____

    1. ¿ _____ ?
    2. ¿ _____ ?
    3. ¿ _____ ?
    4. ¿ _____ ?
    5. ¿ _____ ?

7. **Ejercicio guiado.** Existen muchas palabras derivadas de participios. Todos los verbos de la siguiente lista tienen una forma regular utilizada como parte de un tiempo compuesto y otra forma que es utilizada solamente como un adjetivo. Complete los cuadros buscando en su diccionario los ejemplos que desconozca, seleccione diez verbos y, siguiendo el ejemplo, escriba dos oraciones para cada uno: 😁

   Modelo: Abstraer → abstraído (**Participio pasado**); abstracto (**adjetivo**)

           El equipo químico *ha abstraído* los componentes del compuesto.

           No entiendo ese cuadro porque es demasiado *abstracto*.

Verbos en –ar

Verbo	Participio pasado	Adjetivo	Ejemplo
Confesar			
Expresar			
Fijar			
Hartar			
Juntar			
Manifestar			
Salvar			
Soltar			
Sujetar			

Verbos en –er

Verbo	Participio pasado	Adjetivo	Ejemplo
Atender			
Convencer			
Corromper			
Extender			
Poseer			
Suspender			
Torcer			

Verbos en –ir

Verbo	Participio pasado	Adjetivo	Ejemplo
Bendecir			
Concluir			
Confundir			
Convertir			
Corregir			
Difundir			
Elegir			
Extinguir			
Incluir			
Maldecir			
Presumir			
Recluir			
Teñir			

8. Hemos aprendido que la forma de un verbo puede estar enfocada en el principio o el final (aspecto perfectivo), o en el desarrollo (aspecto imperfectivo) de la acción. El imperfecto y el pretérito de algunos verbos del español se corresponden en inglés con entradas léxicas distintas. Aquí tienen ustedes los ejemplos más significativos de este fenómeno. Fíjense que estos significados se adecúan a la descripción que hemos hecho de los dos tiempos verbales y su correspondiente información aspectual. Estúdienlos y describan una situación en la que se contrasten ambos en un contexto significativo:

   Modelo: En la boda de mi primo ya conocía a todas las personas excepto a la novia. A ella la conocí en ese momento.

Verbo	Imperfecto	Pretérito
Conocer	To know/To be acquainted with	To meet/To make the acquaintance of
Costar	To cost (before the purchase)	To cost (after the purchase)
Poder	To be able to (before the action took place)	To be able to (after the action has been completed)
No poder	To be incapable of	To try (but fail)
Querer	To want to/desire to	To try to/To be determined to
No querer	Not to want to	To refuse
Saber	To know	To learn/To find out
Tener	To have (in someone's possession)	To have/To receive
Tener que	To have the obligation to (before the action took place)	To have to (after the action has been completed)

1. ¿Conocías mi padre?
   Conozco tu amiga, Anita.
2. ¿Cuánto costabas la camisa en la tienda?
   ¿Cuánto costó tu camisa?
3. Rocío
   Pudó correr dos kilometr
4. No podía ir a la luna.
   No pudó completar mis tareas.
5. Quería ir a la tienda.
   Queró pasar mis classes.
6. No quería ir a la classe.
   No queró completar mis tareas.
7. Sabía que el cielo es azur.
   Supó el alfabeto.
8. Tenía tres dollares.
   Tenvó un perro para mis cumpleaños.
9. Tenía que comer el desayuno.
   Tuvó que hacer mi cama.

9. La siguiente lista de usos contiene una determinada información aspectual. Identifique los que se relacionan conceptualmente con la progresión (imperfecto) y con la perfectividad (pretérito). Teniendo en cuenta la distribución que resulta, escriba una definición que resuma las características de cada aspecto:

	Imperfecto	Pretérito
Descripción		
Acción continua interrumpida por otra		
Acción completa		
Acción repetida indeterminado número de veces		
Cambio mental		
Estado mental, físico o emocional		
Varias acciones sucesivas		
Anticipación		
Información acerca del contexto (el tiempo —cronológico o meteorológico—, la edad)		
Acción continua		
Acción limitada en el tiempo		
Varias acciones simultáneas		
Acción finalizada en el pasado		
Acción en proceso		
Acción empezada en el pasado		
Acción habitual		

DEFINICIÓN DE PERFECTIVIDAD: _____

_____

DEFINICIÓN DE PROGRESIÓN: _____

_____

10. ¡A todos nos ocurren accidentes cuando estamos haciendo algo! Describa qué es lo más inesperado o más normal que le puede pasar a alguien cuando está realizando las siguientes acciones. Utilice el gerundio con uno de los siguientes verbos:

continuar   ir   seguir
estar   llegar   venir

Modelo: Abrir una bebiba con gas

    Cuando alguien **está abriendo** una bebida con gas, puede mojarse completamente si no tiene cuidado.

    Perder su agenda

    Cuando alguien **sigue perdiendo** su agenda, nunca se va a acordar de las citas importantes.

1. Beber sin un vaso

   _____

2. Caminar sin prestar atención

   _____

3. Hablar por teléfono sin mirar por donde camina

   _____

4. Oír la música demasiado alta en la biblioteca

   _____

5. Correr a la primera clase de la mañana por levantarse tarde

   _____

6. Fumar cuando alguien ha pedido que se apague el cigarrillo

   _____

7. Dejar los trabajos de clase para el último día

   _____

8. Pensar en las musarañas en la clase de español

   _____

9. Gritar a alguien en un aparcamiento

   _____

10. Esperar a alguien que tiene mucha prisa para ir al baño

    _____

11. Leer el periódico de otra persona por encima del hombro

    _____

12. Correr un escalofrío por la espalda

    _____

13. Anticipar una respuesta positiva de su jefe

14. Comer con alguien que no tiene una buena educación

15. Mirar a los ojos de otra persona que se ama con locura

Ejercicios en parejas

1. **Ejercicio guiado.** Formen sustantivos derivados de los verbos del ejercicio 7 individual. ¿Qué es más frecuente, el sustantivo producido por el participio o por el adjetivo?

Modelo: Abstraído/abstracto → Abstracción

Atender	Fijar
Bendecir	Hartar
Concluir	Incluir
Confesar	Juntar
Confundir	Maldecir
Convencer	Manifestar
Convertir	Poseer
Corregir	Presumir
Corromper	Recluir
Difundir	Salvar
Elegir	Soltar
Expresar	Sujetar
Extender	Suspender
Extinguir	Torcer

2. Escriba cinco afirmaciones acerca de la niñez de su compañera/o, alternando entre el pretérito y el imperfecto. Pregúntele si usted tiene razón o no.

   Modelo: Cuando eras niño/a, jugabas al baloncesto todos los días, ¿verdad?
   Cuando eras niño/a, ¿cambiaste de colegio alguna vez?

   1. _____
      _____
   2. _____
      _____
   3. _____
      _____
   4. _____
      _____
   5. _____
      _____

3. **Ejercicio guiado.** Vuelvan al texto de la introducción. Donde sea posible, traten de sustituir los verbos en imperfecto por formas progresivas y los verbos en pretérito por formas compuestas que indiquen un cambio. Si es factible hacer estos cambios, expliquen las circunstancias concretas que llevan a que se pueda determinar que existe progresividad o perfectividad en cada caso.

   Modelo: el niño **se alimentaba** de hierbas → el niño **estaba/seguía/iba alimentándose** de hierbas

   toda la tierra **fue** como un desierto → toda la tierra **se transformó en** un desierto

   _____
   _____
   _____
   _____
   _____
   _____
   _____
   _____
   _____

4. **Ejercicio guiado.** Piense en una persona histórica famosa y descríbala con cinco oraciones en el pasado sin mencionar su nombre. Después pregúntele a su compañero/a si sabe quién es.

   Modelo: a. Se desconoce claramente dónde nació.
   b. Viajaba mucho en barco.
   c. Vivió entre el siglo XV y el siglo XVI.
   d. Fue un famoso descubridor y explorador.
   e. Conocía personalmente a los Reyes Católicos.

   1. _____
   2. _____
   3. _____
   4. _____
   5. _____

5. Escojan cinco ejemplos del ejercicio 5 del apartado anterior y añádanles una oración que continúe el contexto.

   Modelo: El presidente llegó caminando al centro de la ciudad y todo el mundo le aplaudió.

   1. _____
      _____
   2. _____
      _____
   3. _____
      _____
   4. _____
      _____
   5. _____
      _____

6. Busquen una tira cómica en un periódico (preferiblemente en español) o en la Red y preparen una presentación contando la historia en el pasado en forma de cuento y sin hacer referencias directas a los dibujos.

_____

_____

_____

_____

_____

_____

_____

_____

7. Observen las diferencias de significado entre las dos versiones que se dan de las situaciones. Discutan esas diferencias y contesten la pregunta prestando especial atención a lo que se dice y también a lo que no se dice.

a. ¿Dónde estudió mi amiga?

1. Mi amiga no iba a estudiar en Oxford porque no tenía dinero suficiente, así que cuando llegó la aprobación de la beca se alegró mucho.

_____

2. Mi amiga no fue a estudiar a Oxford porque no tenía dinero suficiente.

_____

b. ¿A cuál de las dos oraciones siguientes podemos añadirle el siguiente pensamiento? **pero afortunadamente el presidente les hizo cambiar de idea** ¿Por qué?

1. El gabinete de crisis quiso endurecer las sanciones a los países de ideología diferente.

_____

2. El gabinete de crisis quería endurecer las sanciones a los países de ideología diferente.

_____

c. ¿Había allí un castillo cuando el guía habló? ¿Cómo lo sabemos?

1. Nuestro guía turístico comentó: **El castillo que estuvo en este lugar fue famoso antes de la rebelión de los campesinos.**

_____

2. Nuestro guía turístico comentó que el castillo que estaba en aquel lugar había sido famoso antes de la rebelión de los campesinos.

_____

d. ¿Qué asume el hablante respecto a las costumbres de los invitados a la fiesta? ¿Cuánto alcohol se ha bebido en la fiesta?

1. Un camarero dice: **Me di cuenta de que los invitados ya no bebían alcohol en las fiestas**.

   _____

2. Un camarero dice: **Me di cuenta de que los invitados ya no bebieron más alcohol en la fiesta**.

   _____

e. Especule el motivo y las circunstancias por las cuales el pintor pensaba o pensó de esta manera:

1. El pintor a veces pensaba que a la sociedad no le gustaba su pintura.

   _____

2. El pintor en aquel momento pensó que a la sociedad no le gustaba su pintura.

   _____

f. ¿Sabemos si el pianista estuvo en el concierto?

1. El pianista tenía que llegar a tiempo al concierto porque a las nueve cerraban las puertas.

   _____

2. El pianista tuvo que llegar a tiempo al concierto porque a las nueve cerraron las puertas.

   _____

g. ¿Cuánto tiempo dura esta acción?

1. Los miembros de la familia desayunaban a la misma hora todos los días.

   _____

2. Los miembros de la familia desayunaron a la misma hora el día del funeral.

   _____

h. El jefe de una expedición arqueológica da explicaciones al regreso de su viaje. ¿Qué implican las siguientes oraciones respecto a los restos cerca del río? ¿Pudieron investigarse?

1. A causa de la inundación no fue posible estudiar los restos arqueológicos cerca del río, pero estudiamos los más alejados.

   _____

2. A causa de la inundación no era posible estudiar los restos arqueológicos a orillas del río, pero empezamos estudiando los más alejados.

   _____

i. ¿Qué sabemos del tipo de comida que le gusta a mi prima si no ha cambiado de costumbres? ¿A cuál oración se le puede añadir la palabra **nunca** y por qué? ¿A cuál oración se le puede añadir **en la cena de anoche** y por qué?

1. A mi prima no le gustaba comer carne.

   _____

2. A mi prima no le gustó comer carne.

   _____

j. ¿Era el ganador de la lotería pobre o rico cuando lo conocí?

1. Cuando lo conocí me dijo: **Yo tuve mucho dinero.**

   _____

2. Cuando lo conocí me dijo que tenía mucho dinero.

   _____

k. Dados estos inicios de oración, ¿en cuál podemos asumir que el atleta ganó la carrera y en cuál podemos dudar? Pruebe a completar las oraciones con la secuencia **tuvo un accidente**.

1. En el maratón de los Juegos Olímpicos, el atleta ganaba la carrera cuando...

   _____

2. En el maratón de los Juegos Olímpicos, el atleta ganó la carrera cuando...

   _____

l. ¿Cuál de las siguientes situaciones revela un hecho cotidiano y cuál revela un hecho circunstancial?

1. Si la mamá acostaba a los niños a las siete de la tarde, podía ver las noticias tranquilamente.

   _____

2. Como la mamá acostó a los niños a las siete de la tarde, pudo ver las noticias tranquilamente.

   _____

m. ¿Cuál de los siguientes senadores no ha asistido definitivamente a la convención y quién todavía no lo ha decidido? ¿Cómo lo sabemos?

1. El senador dijo que no quería ir a la convención porque no estaba de acuerdo con las decisiones que su partido estaba tomando.

   _____

2. El senador dijo que no quiso ir a la convención porque no estaba de acuerdo con las decisiones que su partido estaba tomando.

   _____

8. Ustedes son biólogos que deben dar un informe acerca de la situación del cóndor andino y necesitan explicar su importancia cultural y biológica con el objetivo de evaluar su importancia. A continuación aparecen una serie de datos acerca de este animal que ustedes deben utilizar para redactar un breve informe con las indicaciones que abajo se les dan. No es necesario que los usen todos. Pueden escoger solamente dos o tres representativos para cada párrafo. Presten mucha atención a la selección de tiempos verbales que les pide cada uno de los párrafos:

1. El dominio del cóndor se extiende por toda América del Sur.

2. Los países donde vive son Venezuela, Colombia, Ecuador, Perú, Bolivia, Paraguay, Argentina y Chile.

3. Su hábitat lo forma principalmente la región andina.

4. Su nombre aparece en la lista de especies amenazadas de extinción (*endangered species*) de la organización *BirdLife*.

5. Su presencia ya es rara en Venezuela y Colombia, donde se intenta reintroducir su presencia.

6. El número de ejemplares se desconoce porque se estudian poco sus costumbres reproductoras, su ciclo vital y de alimentación.

7. Su baja tasa de natalidad (*birth rate*) y su tardía edad de reproducción lo hacen muy vulnerable.

8. Desde el año 2000 el número de ejemplares disminuye en el Ecuador, Perú y Bolivia.

9. Aparece en el escudo nacional de Bolivia, Chile, Colombia y Ecuador.

10. Protagoniza canciones populares como "El cóndor pasa".

11. Para los incas era símbolo del poder celestial.

12. En la mitología actuaba como mensajero de los dioses.

13. La cultura andina le daba el papel de intermediario entre los seres humanos y los dioses.

14. Es el ave más grande de todas las existentes y también una de las más frágiles.

15. Su vuelo no hace ruido. Prefiere no mover las alas y volar entre tres y cinco mil metros de altura.

16. El tabú de no matarlo está vigente en muchas culturas tradicionales.

17. Representa el espíritu mismo de los Andes.

18. Dentro de cien años ya no se podrá hablar de esta gran ave si no se protege ahora.

19. Algunos cazadores sin escrúpulos lo escogen como presa de trofeo.

20. Su dieta consiste principalmente en otros animales muertos.

21. Uno de los factores que provoca su extinción es el envenenamiento (*poisoning*) causado por comer plomo (*lead*) de munición.

22. Otro factor que influye en su desaparición es que come restos de otros animales que son envenenados.

23. Finalmente, el otro problema que amenaza su existencia es la alteración del ambiente en el que vive debido a la expansión de la actividad humana.

24. Hace 100 años en Argentina se podía encontrar hasta el Atlántico, pero ahora solamente se encuentra en la zona oeste.

25. Los biólogos intentarán reintroducir su presencia en los Andes.

26. En los programas de reproducción asistida estará el futuro de esta especie amenazada.

27. La supervivencia del cóndor andino depende de las decisiones que tomamos en este momento.

Tradicionalmente, (**Presente perfecto**) _____

_____

_____

_____

_____.

Antes de la llegada de los conquistadores, para la cultura andina
(**Pluscuamperfecto**) _____

_____

_____

_____

_____.

Por su carácter sagrado y mítico, los incas no podían imaginar que
(**Condicional perfecto**) _____

_____

_____

_____

_____.

Antes del año 2000, (**Pluscuamperfecto**) _____

_____

_____

_____

_____.

La situación presente no es muy optimista porque (**Presente perfecto**) ⎯⎯

⎯⎯⎯⎯⎯⎯⎯⎯⎯⎯⎯⎯⎯⎯⎯⎯⎯⎯⎯⎯⎯⎯⎯⎯⎯⎯⎯⎯⎯⎯⎯⎯⎯

⎯⎯⎯⎯⎯⎯⎯⎯⎯⎯⎯⎯⎯⎯⎯⎯⎯⎯⎯⎯⎯⎯⎯⎯⎯⎯⎯⎯⎯⎯⎯⎯⎯

⎯⎯⎯⎯⎯⎯⎯⎯⎯⎯⎯⎯⎯⎯⎯⎯⎯⎯⎯⎯⎯⎯⎯⎯⎯⎯⎯⎯⎯⎯⎯⎯⎯

⎯⎯⎯⎯⎯⎯⎯⎯⎯⎯⎯⎯⎯⎯⎯⎯⎯⎯⎯⎯⎯⎯⎯⎯⎯⎯⎯⎯⎯⎯⎯⎯ .

Por eso, nosotros creemos que antes de que termine el siglo XXI (**Futuro perfecto**) ⎯⎯⎯⎯⎯⎯⎯⎯⎯⎯⎯⎯⎯⎯⎯⎯⎯⎯⎯⎯⎯⎯⎯⎯⎯⎯⎯

⎯⎯⎯⎯⎯⎯⎯⎯⎯⎯⎯⎯⎯⎯⎯⎯⎯⎯⎯⎯⎯⎯⎯⎯⎯⎯⎯⎯⎯⎯⎯⎯⎯

⎯⎯⎯⎯⎯⎯⎯⎯⎯⎯⎯⎯⎯⎯⎯⎯⎯⎯⎯⎯⎯⎯⎯⎯⎯⎯⎯⎯⎯⎯⎯⎯⎯

⎯⎯⎯⎯⎯⎯⎯⎯⎯⎯⎯⎯⎯⎯⎯⎯⎯⎯⎯⎯⎯⎯⎯⎯⎯⎯⎯⎯⎯⎯⎯⎯⎯

⎯⎯⎯⎯⎯⎯⎯⎯⎯⎯⎯⎯⎯⎯⎯⎯⎯⎯⎯⎯⎯⎯⎯⎯⎯⎯⎯⎯⎯⎯⎯⎯ .

Ejercicios en grupos o para toda la clase

1. **Ejercicio guiado.** Comparen los resultados del ejercicio 3 de parejas. ¿Qué tienen en común las formas que reemplazan el imperfecto y las que están en el lugar de los pretéritos?

2. Les ofrecemos el principio y el final de algunas historias. ¿Qué sucede en el medio? Nos sentaremos en círculo y cada persona debe añadir un detalle nuevo.

   1. Érase que se era...   ...la princesa se divorció.
   2. El despertador sonó a las seis...   ...le dio un beso y se despidió.
   3. Solía comer en la cafetería...   ...sonrió y se fue.
   4. Se había vuelto a quedar sin agua caliente...   ...¡por fin podía ducharse!
   5. El perro miró al gato...   ...se juraron amistad eterna.

3. **Ejercicio guiado.** Cada pareja propondrá a la clase la persona histórica que describió en el ejercicio 4 del apartado anterior y la clase deberá adivinar quién es. ¿Cuál ha sido la más difícil de adivinar? ¿Se ha repetido algún nombre? Traten de aportar nuevos datos para completar la biografía de esa persona.

4. Busquen en un periódico en español de la Red una noticia que ustedes consideren relevante. En aproximadamente un minuto presentarán los hechos fundamentales de su noticia. ¿Qué tipo de información es la más buscada?

5. Comparen y discutan las respuestas que las parejas han dado al ejercicio 1 anterior. Si existen discrepancias argumenten a favor de su respuesta y en contra de la respuesta de otras parejas.

6. La obra "Sinfonía", de Pedro Antonio de Alarcón (1833–1891), fue publicada póstumamente en *Cuentos amatorios* en 1905. Repártanse los papeles por toda la clase incluyendo varias personas en las partes de **coro**. Pueden, incluso, disfrazarse como su personaje y actuar su línea de diálogo. Presten atención a la

relación que existe entre los hablantes y las formas verbales que utilizan. Expliquen el sentido de estas formas y hagan referencia a las circunstancias de cada uno de ellos explicando el motivo por el cual las usan.

Conjugación del verbo AMAR 〰〰〰〰〰〰〰

Coro de adolescentes	—Yo amo, tú amas, aquél ama; nosotros amamos, vosotros amáis; ¡todos aman!	*mujer u hombre joven que tiene entre 12 y 18 años*
Coro de niñas	—(A media voz) Yo amaré, tú amarás, aquélla amará; ¡nosotras amaremos! ¡vosotras amaréis! ¡todas amarán!	
Una fea y una **monja**	—(A dúo) ¡Nosotras hubiéramos, habríamos y hubiésemos amado!	*mujer en un convento*
Una **coqueta**	—¡Ama tú! ¡Ame usted! ¡Amen ustedes!	*mujer joven y vana*
Un **romántico**	—(**Desaliñándose el cabello**) ¡Yo amaba!	*arrancándose, tirándose del cabello*
Un anciano	—(Indiferentemente) Yo amé.	
Una bailarina	—(**Trenzando** delante de un banquero) Yo amara, amaría… y amase.	*saltando*
Dos esposos	—(En la **menguante** de la luna de miel) Nosotros habíamos amado.	*decreciente*
Una mujer hermosísima	—(Al tiempo de morir) ¿Habré yo amado?	
Un **pollo**	—Es imposible que yo ame, aunque me amen.	*hombre joven y vano*
El mismo pollo	—(De rodillas ante una **titiritera**) ¡Mujer amada, sea usted amable, y permítame ser su amante!	*acróbata, mujer que representa obras de teatro con muñecos*
Un **necio**	—¡Yo soy amado!	*hombre estúpido*
Un rico	—¡Yo seré amado!	
Un pobre	—¡Yo sería amado!	
Un **solterón**	—(Al hacer testamento) ¿Habré yo sido amado?	*hombre que nunca se ha casado y no tiene intención de casarse*
Una lectora de novelas	—¡Si yo fuese amada de este modo!	
Una **pecadora**	—(En el hospital) ¡Yo hubiera sido amada!	*mujer que ha cometido una inmoralidad*
El autor	—(Pensativo) ¡AMAR! ¡SER AMADO!	

7. Debate. Expresen su punto de vista sobre la siguiente afirmación:

La colonización de América ha mejorado

la vida de los habitantes nativos.

Composición

1. Preliminares: reaccione por escrito a las siguientes afirmaciones desde su propio punto de vista.

   a. Un buen lector es un buen escritor.

   b. No hay temas aburridos, sólo hay composiciones aburridas.

   c. Los escritores escriben sólo para sí mismos.

   d. Se puede tener un párrafo con una sola oración.

2. Los tiempos verbales son fundamentales para la creación de narraciones, historias y noticias periodísticas, etc. en las que el objetivo es construir y narrar una secuencia temporal de acciones.

   Herramientas: utilice adverbios y/o conjunciones temporales que le servirán para articular su composición. Algunas expresiones y palabras útiles son: **a medida que, cuando, después (de), antes (de), en seguida, mientras, en cuanto, hasta que, tan pronto (como); en primer / segundo lugar; anteriormente / posteriormente; ayer, la semana / el mes / el año pasado/a; al día siguiente**, etc. Tenga especial cuidado con el uso del pretérito pluscuamperfecto para hablar de acciones que habían ocurrido antes del contexto de su narración.

   Estrategias:

   1. Su objetivo principal es no cansar a su lector y hacer que se interese. Analice su narración desde varios puntos de vista y escoja el que sea más interesante.

   2. Anticipe el vocabulario que va a necesitar y búsquelo en el diccionario.

   3. Piense en el tiempo que va narrar: presente, pasado o futuro.

   4. Decida si va a utilizar la primera o la tercera persona.

   5. Piense en la secuencia de los acontecimientos y organícelos en una línea cronológica.

   6. Marque en la línea cronológica que ha dibujado el lugar en el que va a comenzar su narración. Puede seguir un orden temporal o puede adoptar una secuencia retrospectiva (*flashback*).

   7. Busque una motivación para su narración: ¿qué quiere que el lector extraiga de ella? ¿Por qué está narrando? Escríbala en una tarjeta y no la pierda de vista nunca porque es lo que va a dar coherencia a su trabajo.

8. Las narraciones están basadas en un personaje que sufre una transformación: no es el mismo al principio que al final. Piense en la transformación que sufre o ha sufrido el suyo.

9. Piense también en los personajes secundarios y ordénelos por importancia. Si no son relevantes o no añaden nada, no los utilice.

10. Piense si va a utilizar o no el diálogo, palabras textuales o citas. Si va a usar estas técnicas, asegúrese de que la narración no se ve perjudicada por el diálogo y que el habla directa de los personajes explica algo importante.

11. Utilice un estilo variado. No siga siempre la secuencia Sujeto + Verbo + Complementos. Por ejemplo, empiece la oración con un adverbio (**Rápidamente, Desafortunadamente**) o con un circunstancial (**En aquel instante, Por aquel lugar**).

3. Escoja uno de los siguientes temas para escribir su composición y, para alcanzar su objetivo satisfactoriamente, tenga en cuenta las estrategias que se han mencionado arriba.

Opción A

Escoja un cuento o leyenda conocida y modifíquelo/la de cualquier manera cambiando el punto de vista, los personajes, el tiempo o el espacio. Sugerencias: re-escriba el cuento de *Caperucita Roja* desde el punto de vista del lobo, escriba la autobiografía del jinete sin cabeza, sitúe el cuento de *Blancanieves* en el siglo XXIII, etc.

Introducción

1. Piense en una primera oración que sorprenda al lector y le interese.

2. Hable de su personaje. Descríbalo. Dé características físicas y de personalidad.

3. Hable del espacio donde vive. Intente conectar con la subjetividad del lector: transmita los sentimientos del personaje.

Desarrollo

1. Exponga lógica y ordenadamente los pasos que encadenan los acontecimientos.

2. Dedíquele a cada uno de esos pasos un párrafo.

3. Alterne narración y descripción para darle variedad a su escritura

4. En las descripciones utilice imágenes sensoriales (visuales, auditivas, olfativas) que ayuden a que el lector se conecte con la narración.

5. Piense con cuidado en los tiempos verbales que va a utilizar, sobre todo la alternancia entre pretérito e imperfecto y el pluscuamperfecto.

6. Articule los párrafos con las palabras que le hemos dado al principio.

Conclusión

1. El final debería dejar claro el cambio que ha sufrido su personaje, pero de una forma indirecta.

2. Trate de conectar el final con el principio: si ha escogido un desarrollo retrospectivo, conecte el resultado final con el estado del párrafo introductorio; si ha escogido un desarrollo cronológico, enfatice lo que ha cambiado desde el principio.

Opción B

Escoja uno de los siguientes titulares y escriba el artículo de periódico relacionado. Antes de empezar a escribir, le sugerimos que haga una lista de vocabulario relacionado con la noticia que va a redactar usted.

1. Antes de que termine el año, habrán vuelto a subir los precios.

2. El petrolero accidentado comenzó a verter ayer su carga.

3. El desempleo ha aumentado por tercer año consecutivo.

4. El congreso terminó ayer sin conclusiones claras.

5. Los delincuentes se dedicaban a atracar bancos pequeños.

Introducción

1. Piense en una primera oración que sorprenda al lector y le interese.

2. Todo artículo periodístico debe contestar las siguientes preguntas lo antes posible:

    A. ¿Quién?

    B. ¿Qué?

    C. ¿Dónde?

    D. ¿Cuándo?

    E. ¿Por qué?

    F. ¿Cómo?

Desarrollo

1. Los artículos periodísticos exploran diferentes factores de las preguntas de arriba ordenándolos del más importante al menos importante.

2. Dedique un párrafo a cada una de las ideas de arriba.

3. Ofrezca datos objetivos que demuestren que usted es un buen periodista.

4. Mencione sus fuentes de información: la policía, testigos, organismos nacionales o internacionales.

5. De vez en cuando deje que hablen otras personas transcribiendo sus palabras textuales y utilizando las comillas (" ").

Conclusión

1. Normalmente los artículos periodísticos no concluyen porque el editor decide donde cortarlos, pero usted puede terminar su trabajo hablando de la importancia de su noticia en el contexto del mundo contemporáneo.

Opción C

Busque y añada información complementaria sobre uno de los personajes del ejercicio 3 del apartado anterior y escriba una composición sobre ella/él. Usted puede escribir solamente sobre un acontecimiento significativo en su vida o escribir toda su biografía.

Introducción

1. Piense en una primera oración que sorprenda al lector y le interese.

2. Hable de la importancia del personaje o acontecimiento en el momento en el que vivió o sucedió.

3. Defienda la importancia de su preferencia justificando por qué lo ha elegido sin manifestarlo explícitamente. Deje que sean los acontecimientos los que justifiquen su elección.

Desarrollo

1. Establezca el contexto histórico en el que se enmarca la vida o el acontecimiento que va a narrar.

2. Hable de las causas del/de los acontecimiento/s más importantes y significativos del pasado que contribuyeron a la importancia de su personaje o hecho histórico.

3. Separe el/los hechos en sus elementos más valiosos y dedique a cada uno de ellos un párrafo.

4. Como va a ser imposible contarlo todo, escoja solamente aquellos aspectos más trascendentales o más significativos.

5. Intente conectar con la sicología de su personaje a través de sus acciones documentadas históricamente.

Conclusión

1. Hable de la importancia del personaje o acontecimiento que usted ha narrado para el mundo actual, justificando su elección una vez más, pero ahora de una forma más explícita.

Capítulo 2

El verbo *"to be"* en español

INTRODUCCIÓN

Sor Juana Inés de la Cruz (1651–1695), una de las figuras más destacadas de la literatura latinoamericana, nació en el pueblo de San Miguel Nepantla y fue llevada a la Corte de los virreyes de Nueva España (México) a la edad de quince años. Más tarde decidió hacerse monja para poder continuar con su gran pasión: dedicarse al estudio. Su obra literaria se difundió ya durante su vida por España y partes de Latinoamérica alcanzando una gran notoriedad. Desde su celda en el convento Sor Juana mantuvo un constante diálogo con importantes figuras científicas, literarias y religiosas de la época. A pesar de desenvolverse en un ámbito dominado exclusivamente por los hombres, siempre defendió su independencia intelectual y sus propios derechos en la restrictiva sociedad contemporánea. Por estos y otros motivos se considera a Sor Juana una pionera del feminismo.

SONETO

(Procura desmentir los elogios que a un retrato de la
poetisa inscribió la verdad, que llama pasión)

Éste que ves, engaño colorido,
que del arte ostentando los **primores**,   *perfecciones*
con falsos **silogismos** de colores   *argumentos lógicos*
es **cauteloso** engaño del sentido;   *prudente*

5   éste, en quien la **lisonja** ha pretendido   *halago, adulación*
excusar de los años los horrores,
y venciendo del tiempo los rigores
triunfar de la vejez y del olvido,

es un vano artificio del cuidado,
10 es una flor al viento delicada,
es un **resguardo** inútil para el **hado**:   *protección; destino*

es una **necia** diligencia errada,   *estúpida*
es un **afán caduco** y, bien mirado,   *esfuerzo pasajero,*
es cadáver, es polvo, es sombra, es nada.   *efímero*

Discusión sobre el texto ••••••••••••••••••••••••••••••

En todo este poema encontramos diversas metáforas que describen un retrato en términos negativos y lo equiparan a un esfuerzo artístico fútil y a un transitorio engaño
de los sentidos. Subrayen las formas del verbo **ser** y determinen la categoría gramatical de la(s) palabra(s) que siguen. Si se trata de un grupo de palabras, fíjense en la
palabra principal; por ejemplo, en un grupo constituido por un sustantivo y uno o
más adjetivos la palabra dominante es el sustantivo. ¿Cómo se puede describir la función del verbo **ser** en este soneto? ¿Cuál es su valor semántico?

Escriba aquí sus ideas antes de hablar con sus compañeros/as:

_____

_____

_____

_____

1. PRELIMINARES

Hay

Estas formas del verbo **haber** solamente se deben utilizar en tercera persona del singular: **hubo, había, habrá, haya**, etc.; sin embargo, en algunos dialectos también se oye la tercera persona del plural, aunque este uso no se considera un estilo cuidado: **Habían muchos estudiantes. Hay** puede ser sinónimo de **existe**, normalmente corresponde al inglés *there is, there are* y sirve para introducir información nueva.

> **Hay** palabras que no entiendo.
> Mañana no **habrá** clase.
> En las civilizaciones antiguas **había** muchos dioses.

Discusión 1 •••

Pongan esta oración en el plural: **En la clase hay un chico mexicano**.
¿Por qué creen que **hay** no cambia?

Escriba aquí sus ideas antes de hablar con sus compañeros/as:

_____

_____

_____

_____

Ser

Se utiliza para **identificar** o **clasificar** una entidad.

> María **es** estudiante.
> Tú **eres** muy inteligente.
> **Soy** latinoamericano.

Discusión 2 ••

¿Cómo explicarían el significado del verbo **ser**? ¿Tiene un significado concreto, tangible? ¿Para qué creen que sirve este verbo sintácticamente?

Escriba aquí sus ideas antes de hablar con sus compañeros/as:

_____

_____

_____

_____

Estar

Se utiliza para **ubicar** una entidad en el espacio o en una situación.

Mi casa **está** en una calle hermosa.
Mario **estaba** muy enfermo ayer.
Mañana a esta hora ya **estaré** en París.

Discusión 3 ••

Busquen en su diccionario sinónimos y palabras que contengan la misma raíz del verbo **estar** y también su etimología, así como el significado del verbo **ser**. ¿En qué manera son diferentes los significados de **ser** y **estar**? ¿Cuál de los dos verbos parece tener más contenido semántico?

Escriba aquí sus ideas antes de hablar con sus compañeros/as:

_____

_____

_____

_____

2. CONTRASTE ENTRE SER Y ESTAR

Si a los estudiantes de español se les hace la siguiente pregunta: ¿Cuándo debemos utilizar el verbo **ser** y cuándo el verbo **estar**?, frecuentemente se obtiene la siguiente respuesta: Se usa **ser** para una condición permanente y **estar** para una condición temporal.

Los dos ejemplos que siguen pueden servir para demostrar **el error** de esta regla única:

1. ¿Por qué no se puede decir **Nuestra profesora hoy no viene. Hoy Alicia** *está **la profesora?** ¿No se trata aquí de una situación temporal?

2. Y ¿por qué no se puede decir **Mi abuelo murió hace diez años.** *Es **muerto?** ¿No se trata aquí de una situación permanente?

---

*Identifica palabras o estructuras incorrectas, no gramaticales.

La explicación es la siguiente:

> **El uso de** *ser* **y** *estar* **es determinado tanto por la categoría gramatical de las palabras que siguen a estos verbos (sustantivos, adjetivos, adverbios o expresiones de lugar = locativos, gerundios, participios pasados) como por su valor semántico.**

SUSTANTIVOS: no se puede usar **nunca** el verbo **estar** antes de un sustantivo o pronombre. Ésta es la respuesta a la pregunta 1: se usa exclusivamente el verbo **ser** entre el sujeto (sustantivo o pronombre) y otro sustantivo o pronombre con el propósito de identificar o clasificar el sujeto:

> El examen **fue** una composición sobre la Revolución Mexicana.
>
> La primera parte **fue** una pregunta general sobre el trasfondo histórico.
>
> Por desgracia, las notas en este examen **fueron** un desastre.

ADJETIVOS: con los adjetivos **sí** se puede aplicar la regla de lo **permanente** y lo **temporal**, o sea cambiante:

> María no **es** muy atractiva, pero ayer se puso un vestido nuevo y **estaba** muy guapa.
>
> Antes Pedro **era** muy flaquito, pero ahora no sé qué le pasa, **está** gordo.
>
> Este libro **es** muy viejo ya que se publicó en 1554, sin embargo, gracias al cuidado del museo y a la labor de restauración ahora **está** nuevo.

Aquí **ser** con el adjetivo denota una cualidad inherente, mientras que **estar** con el adjetivo presenta una comparación de un estado de la entidad con otro estado de la misma entidad y señala un cambio implícito. Es algo circunstancial que no identifica ni clasifica el sujeto. **Estar** solamente nos da información del sujeto en una situación concreta y limitada.

LOCATIVOS: con los locativos se usa el verbo **ser** para identificar el sujeto y **estar** para situarlo:

> El cine antiguo **estaba** en la calle Madrid.
>
> Madrid **está** en España. **Está** en el centro del país.
>
> La salida del cine **es** allá. (se identifica una de las puertas del cine como la salida)
>
> Cuando llegamos, el chofer del taxi dijo: Su casa **es** aquí.

GERUNDIOS: con estas formas verbales **nunca** se usa **ser**, sólo es posible ESTAR + gerundio para formar los tiempos progresivos:

> Cuando llegues a casa **estaré** trabajando todavía.
>
> Mientras **estoy** escribiendo mi trabajo de historia no puedo hacer otra cosa.
>
> **Estaba** mirando una película en la tele y no me di cuenta de que ya era tarde.

PARTICIPIOS PASADOS: la voz pasiva, la que consiste en una forma conjugada del verbo **ser** y el participio pasado del verbo principal en concordancia con el sujeto, sólo funciona con verbos transitivos[1], ya que el objeto directo de una oración activa se convierte en el sujeto de la voz pasiva:

> Voz activa: Mi primo vende muchos coches de lujo.
>> (Sujeto: mi primo; objeto directo: muchos coches de lujo)
>
> Voz pasiva: Muchos coches de lujo **son** vendid**os** por mi primo.
>> (Sujeto: muchos coches de lujo; objeto de una preposición: por mi primo)
>
> Voz activa: Gabriel García Márquez ha escrito novelas maravillosas.
>> (Sujeto: G. G. Márquez; objeto directo: novelas maravillosas)
>
> Voz pasiva: Novelas maravillosas han **sido** escrit**as** por G. G. Márquez.
>> (Sujeto: novelas maravillosas; objeto de una preposición: G. G. Márquez)
>
> Voz activa: Mi abuelo construyó esta casa en 1950.
>> (Sujeto: mi abuelo; objeto directo: esta casa)
>
> Voz pasiva: Esta casa **fue** construida por mi abuelo en 1950.
>> (Sujeto: esta casa; objeto de una preposición: mi abuelo)

Se reconoce una oración en voz pasiva por su contenido y también porque es posible mencionar el agente de la acción, expresado por: **POR** + agente.

Otra manera de expresar la voz pasiva es con el pronombre **se**[2]; sin embargo, la voz pasiva verdadera, la que acabamos de presentar aquí, es la única modalidad en que es posible mencionar la entidad que hace la acción.

Usamos el verbo **estar** con un participio pasado para indicar el **resultado** de una acción:

> En 1952, la casa ya **estaba** construida.

Observen los siguientes contrastes:

> Las tareas deben **ser** hechas por los estudiantes en casa, sin la ayuda de nadie. Cuando ellos llegan a clase ya deben **estar** hechas. Al profesor no le gusta que las hagan después de llegar a la escuela.
>
> Por la manera en que **está** escrito este ensayo ya puedes ver que **fue** escrito por un experto.
>
> Los platos tienen que **ser** lavados pronto porque ya no tenemos ninguno limpio. Mira, puedes utilizar uno de estos que ya **están** lavados.

---

[1]Véase el Capítulo 4
[2]Véase el Capítulo 5

Discusión 4 ••••••••••••••••••••••••••••••••••••

Expliquen los usos de **ser** y **estar** en los siguientes ejemplos según las reglas que acaban de estudiar. Tengan en cuenta que la secuencia habitual es Sujeto + Verbo + Objeto:

1. Son hermanos pero casi nunca se ven.

2. Manuel es mexicano pero ahora vive en Estados Unidos.

3. En la conclusión del ensayo está el argumento principal.

4. Me dices una cosa pero tus ojos están diciendo algo muy diferente.

5. Si estamos unidos no hay quien nos pueda hacer daño.

Escriba aquí sus ideas antes de hablar con sus compañeros/as:

_____

_____

_____

_____

3. NOTAS ADICIONALES

Usos especiales de SER y ESTAR

Aquí tienen algunos casos particulares en los que aparecen **ser** y **estar**:

a. **Ser de** indica material, origen o posesión:

Este anillo **es de** plata. **Es de** México. **Es de** mi novia.

b. **Estar de** se utiliza en expresiones como: **estar de** vacaciones, **estar de** luto (*in mourning*), **estar de** viaje.

Cuando **estoy de** vacaciones nunca pienso en mi trabajo.

María está vestida de negro porque **está de** luto. Su marido murió hace poco.

Lo siento mucho, pero el señor Ramírez **está de** viaje hasta la semana que viene. Cuando regrese, le devolverá su llamada.

c. Con frases adverbiales de tiempo siempre se usa **ser**:

Es tarde, **es** pronto y **es** temprano.

Ahora **es** invierno y me gustaría estar lejos de aquí en un país tropical.

Ayer **fue** lunes, el día más deprimente de la semana.

d. Se usa **ser** en la mayoría de las expresiones impersonales:

Es posible, **es** importante, **es** necesario, etc.

Era preferible que no cambiaran las fechas de los exámenes.

Será mejor que no me llames en el trabajo.

Sin embargo, cuando estas palabras califican a una entidad específica, se usa **estar** o **ser**, según el caso:

No **estoy** segura si puedo venir a tu fiesta.

Hoy ya **estoy** mucho mejor.

e. Se usa **ser** para indicar **realizarse, tener lugar** (*to take place*):

La fiesta **es** en casa de Juan y **es** a las ocho.

El concierto **será** en el Teatro Municipal.

f. Algunos adjetivos tienen significados distintos cuando son usados con **ser** o cuando se usan con **estar**:

SER presenta características inherentes		ESTAR presenta características sujetas a un cambio	
Es aburrido	*boring*	**Está** aburrido	*bored*
Es listo	*clever*	**Está** listo	*ready*
Es vivo	*lively, clever*	**Está** vivo	*alive*
La manzana **es** verde	*green*	La manzana **está** verde	*not ripe*

Cuando leo un libro que **es** aburrido, **estoy** tan aburrido que no puedo continuar.

Piensas que **eres** muy listo, pero nunca **estás** listo para admitir que cometiste un error.

Mi abuelo es tan viejo que apenas **está** vivo, pero sus reacciones **son** todavía muy vivas.

Algunos tipos de manzanas siempre **son** verdes, no importa si **están** verdes o maduras.

Discusión 5 ••

¿Creen ustedes que estos casos especiales confirman las funciones que ustedes les han dado a **ser** y a **estar** al principio del capítulo?

Escriba aquí sus ideas antes de hablar con sus compañeros/as:

_____

_____

_____

_____

🧑 *Ejercicios individuales*

1. La voz pasiva. Transforme las estructuras **en negrita** de la voz activa a la pasiva, conservando el mismo tiempo verbal de la construcción activa:

   Modelo: El meteorólogo predijo una tormenta de nieve para esta noche. →
   Una tormenta de nieve fue predicha por el meteorólogo para esta noche.

   Ayer fue la fiesta de mi cumpleaños. (1) **Mi familia y yo habíamos invitado a todos nuestros familiares y amigos.** Como no podíamos cocinar para toda esta gente, (2) **los invitados trajeron mucha comida.** También, (3) **mis mejores amigas hicieron unos postres deliciosos.** (4) **Una banda tocó todas mis canciones favoritas** y bailamos hasta muy tarde. (5) **Todos me dieron regalos** y ahora (6) **voy a escribir tarjetas de agradecimiento** a todos. Esta es la parte de los cumpleaños que menos me gusta, pero si (7) **uno recibe regalos**, no hay manera de escaparse. Fue una fiesta muy divertida y (8) **la recordaré** por mucho tiempo.

   1. <u>Todos nuestros familiares y amigos</u>.
   2. <u>Mucha comida fue traído</u> por los invitados.
   3. <u>Unos postres delicioso fueron hicido para mis</u> mejores amigas
   4. <u>Todas mis canciones favoritas fueron tocado de</u> una banda.
   5. _____.
   6. _____.
   7. _____.
   8. _____.

2. **Ser** o **estar** con participios pasados. Decida con cada oración si se trata de un caso de voz pasiva o del resultado de una acción y rellene los espacios en blanco con la forma correcta de uno de estos verbos. Si los dos son posibles, explique la diferencia de significado entre las dos versiones:

   1. —¡Haz tu tarea, hijo!

      —No te preocupes, mamá, ya terminé; mi tarea para mañana ya ___está___ hecha.

   2. —¿Fuiste a la fiesta de cumpleaños de José?

      —No, no fui porque no ___fui___ invitado por nadie.

   3. —¿Te parece que se puede cambiar la fecha del examen?

      —No, la profesora me dijo que mirara el programa, que las fechas ya habían ___sido___ determinadas por la universidad el semestre pasado.

4. —Permítame que le ayude a arreglar su coche.

   —No, gracias. Mi coche ya funciona. Mi hermano me ayudó y ahora el problema ya _____está_____ resuelto.

5. —¿Crees que algún día encontrarán una cura para el cáncer?

   — No sé, pero me parece increíble que, con todo el dinero que ha _____sido_____ gastado en estas investigaciones, una cura definitiva para la mayoría de los casos todavía no haya _____sido_____ encontrada.

6. —¿Vive alguien en esta casa?

   —No, el antiguo propietario murió hace unos años y desde entonces hasta hoy la casa ha _____sido estado_____ abandonada.

7. —¿Te gustaría vivir en ese país?

   —No, porque hace años que _____está es_____ gobernado por un dictador y si yo viviera ahí, _____estaría_____ preocupado por mis derechos de ciudadano libre.

8. —¿Estás seguro de que no quieres ir a Las Vegas con nosotros?

   —Sí, ya te lo dije la semana pasada, y lo que digo, _____está_____ dicho, no voy a cambiar de idea.

9. —Parece que María no presta atención a lo que dicen los profesores.

   —Sí, últimamente ha _____estado_____ muy distraída.

10. —¿Este puente es medieval?

    —No, _____fue_____ construido durante la época de los romanos.

3. **Ser** y **estar** con adjetivos. Decida en cada caso si se trata de una característica inherente de la entidad o de una comparación de un estado de la entidad con otro estado de la misma entidad y rellene los espacios en blanco con la forma correcta de uno de estos verbos. Piense también en los distintos significados que ciertos adjetivos tienen cuando están acompañados de **ser** o **estar**.

   Marta   —¿Adónde fuiste a pasar tus vacaciones de Navidad, Teresa?

   Teresa —Fui a Puerto Vallarta, México. La ciudad (1) _____es_____ encantadora. Durante esta época (2) _____está_____ llena de gente, pero eso no me molesta porque los chicos que una ve (3) _____son_____ guapos, los bares (4) _____son_____ muy numerosos, el tiempo (5) _____es_____ magnífico, así que ese lugar (6) _____es_____ divertido y yo (7) _____estoy/soy_____ feliz ahí todo el tiempo. Lo bueno es también que el agua (8) _____es_____ pura y por eso no (9) _____estuve_____ enferma ni un solo día. Todos los días (10) _____estaba_____ lista para nuevas aventuras. El pescado (11) _____estaba_____ muy fresco y los platos típicos siempre (12) _____estaban_____ muy ricos. Comí tanto que la ropa que antes me (13) _____estaba_____ grande, ahora (14) _____está_____ muy apretada. Tengo que hacer dieta, lo que aquí en la universidad, donde la comida (15) _____es_____ muy mala, no (16) _____es_____ difícil. Y tú, ¿adónde fuiste?

> **Marta** —Yo pasé las vacaciones en casa de mis padres. Vinieron también mis dos hermanas. ¡La menor ahora (17) _está_ insoportable! Critica a todo el mundo y parece que siempre (18) _es_ segura de que tiene razón. Sólo tiene 15 años y el año pasado todavía era una niña, pero ahora (19) _está_ muy alta y, debo admitirlo, bonita. Mi mamá piensa que ella debería (20) _ser_ más reservada y callada. Pero por lo demás, lo pasamos muy bien, todos (21) _estábamos_ muy contentos.
>
> **Teresa** —De vez en cuando (22) _es_ bueno pasar tiempo con la familia, pero en la primavera tienes que venir con nosotros a acampar. Hay que aprovechar estas oportunidades mientras que todavía (23) _estamos_ solteras.

4. **Ejercicio guiado.** Tras leer el texto, escriba las explicaciones de los ejemplos dados:

"Frida y Diego / vivieron en / esta casa / 1929–1954"

La inscripción anterior (1) **está** en un lugar muy significativo para la cultura mexicana contemporánea, dentro del distrito de Coyoacán, en México D. F. El nombre del edificio (2) **es** "La Casa Azul" porque ése (3) **es** el color con el que (4) **están** pintadas sus paredes. La importancia de la casa reside en que éste (5) **es** el lugar donde nació, vivió parte de su vida y murió la famosa pintora Frida Kahlo Calderón.

La casa (6) **fue** construida en 1904, tres años antes del nacimiento de Frida. Aquí (7) **fue** donde (8) **estuvo** enferma de poliomielitis en 1918 y también donde, entre 1925 y 1927, (9) **estuvo** recuperándose del accidente de camión que le dejaría secuelas para toda la vida. Durante su convalecencia, su cuerpo (10) **estaba** cubierto de yeso y contenido en un aparato ortopédico que la mantuvo inmovilizada mucho tiempo. (11) **Estando** acostada en cama, le regalaron un juego de pinturas y pinceles y, en estas largas temporadas, (12) **fue** cuando empezó a (13) **ser** consciente de su talento para el arte pictórico.

La casa indudablemente (14) **está** vinculada a las relaciones entre Frida y Diego Rivera, su esposo. No puede decirse que su relación (15) **fue** divertida, ni que (16) **fue** aburrida. Todo lo contrario: (17) **fue** un poco triste y, sobre todo, (18) **fue** muy dinámica. El matrimonio entre Frida y Diego (19) **fue** en agosto de 1929 y, aunque se divorciaron once años más tarde, se volvieron a casar de nuevo en 1941. En esos once años la pareja (20) **estuvo** viviendo esporádicamente en la casa, dependiendo de factores como sus viajes al extranjero, circunstancias familiares e invitados ilustres. De hecho, aunque la casa no (21) **estuvo** cerrada nunca, ésta no (22) **fue** la única residencia del matrimonio.

No solamente el matrimonio Rivera-Kahlo (23) **estuvo** viviendo entre sus paredes. Otros muchos personajes importantes (24) **fueron** invitados a (25) **estar** allí gracias a que sus dueños (26) **estaban** interesados en el ambiente cultural contemporáneo y, además, (27) **estaban** muy comprometidos con la política de izquierdas. Entre otros, allí (28) **estuvieron** pasando tiempo figuras importantes como León Trotsky, su esposa y André Bretón.[1]

Frida Kahlo murió en el piso superior de la casa el 13 de julio de 1954, a la edad de cuarenta y siete años. El velorio (29) **fue** en "La Casa Azul" y, posteriormente, el cuerpo (30) **fue** llevado al Palacio de Bellas Artes. Diego Rivera (31) **estuvo** encargado de hacer cumplir las últimas voluntades de la artista de fama internacional y, así, al día siguiente, (32) **fue** cremada.

La Casa Azul (33) **es** ahora un museo que (34) **está** todavía celebrando la vida, la obra y la magia de Frida Kahlo gracias a que el edificio y su contenido (35) **fueron** donados por Diego Rivera a la nación mexicana. La casa (36) **está** abierta al público y (37) **está** como nueva desde que el 12 de julio de 1958 (38) **fue** inaugurada como museo. El arte, los objetos y los muebles que la casa contiene (39) **están** conservando el legado cultural de la pintora y (40) **están** directamente relacionados con su vida. De hecho, se dice que (41) **está** decorada de la misma forma que en 1951, cuando Frida todavía (42) **estaba** viviendo allí. Ahora que hace años que ella (43) **está** muerta, el azul, un color que (44) **es** vivo, además de (45) **ser** alegre, todavía (46) **está** celebrando el milagro de su arte y su vida a través de las paredes de su casa. De todo ello es testimonio la inscripción que puede (47) **ser** leída en el muro izquierdo del patio de La Casa Azul: "Frida y Diego / vivieron en / esta casa / 1929–1954".

(1) _____.

(2) _____.

(3) _____.

(4) _____.

(6) _____.

(7) _____.

(8) _____.

(9) _____.

(13) _____.

---

[1]Trotsky (1879–1940), dirigente comunista soviético y Bretón (1896–1966), fundador del movimiento surrealista.

(15) _____ .

(22) _____ .

(25) _____ .

(26) _____ .

(29) _____ .

(30) _____ .

(34) _____ .

(36) _____ .

5. Sustituya la expresión **en negrillas** por la forma apropiada de **ser**, **estar** o **haber**:

El teatro barroco en España 〰〰〰〰〰〰〰〰〰

En los inicios del teatro en España, el espacio de las representaciones (1) **resultaba** ___era___ bastante diferente de los que (2) **existen** ___hay___ en la actualidad. No (3) **se trataba de** ___era___ un lugar construido expresamente para este fin, sino que las obras (4) **se representaban** ___eran___ en el cuadrilátero que (5) **quedaba** ___estaba___ vacío entre varias casas. Así se conseguía un espacio que (6) **permanecía** ___estaba___ aislado del exterior y de la vida cotidiana. Los actores (7) **actuaban** ___estaban___ en un pequeño tablado elevado que (8) **hacía las veces de** ___era___ la escena y una de las paredes de las casas (9) **servía de** ___era___ el decorado ya que los elementos escenográficos estaban muy poco desarrollados. Consecuentemente, tanto las condiciones acústicas como las de la propia representación (10) **se mostraban** ___eran___ muy deficientes. Para el público la situación no (11) **parecía** ___eran___ mejor, porque los espacios donde (12) **se celebraban** ___eran___ las funciones (13) **resultaban** ___eran___ muy incómodos y ni siquiera (14) **podía encontrarse** ___había___ un lugar para sentarse. Uno tenía que (15) **permanecer** ___estar___ de pie y, además, no podría (16) **quedarse** ___estar___ sentado si quería escuchar de una forma aceptable la obra que (17) **aparecía** ___era___ representada en ese momento. Con estas condiciones tan precarias probablemente (18) **se haría** ___sería___ muy complicado entender con claridad lo que (19) **iba** ___estaba___ pasando en escena. Pese a todas estas dificultades, el teatro posterior (20) **alcanzó** ___fue___ una de las cumbres de la literatura escrita en castellano porque en estos patios o corrales de comedias (21) **se encuentran** ___están___ los inicios del espectáculo que luego (22) **aparecería** ___sería___ consolidado por nombres como Lope de Vega o Calderón de la Barca: el teatro del Siglo de Oro.

tener que + inf.

6. **Ejercicio guiado.** Rellene los espacios en blanco con la forma apropiada de **ser** o **estar**:

Una historia del tango 〜〜〜〜〜〜〜〜〜〜

(1) ___Es___ cierto que la cultura de Argentina hace años que ha adoptado la música del tango como uno de los signos que la definen y la representan en el exterior. Aunque hoy en día los investigadores no saben exactamente en que momento nació, no hay duda que el tango (2) ___es___ la música y el baile típicos de Argentina.

(3) ___Es___ bastante polémico el tema del origen. Para unos, la influencia del chotis de Madrid y el ritmo de la habanera (4) ___fueron___ las principales influencias, pero para otros el ritmo del tango no (5) ___Está___ vivo sin los bailes africanos. (6) ___Es___ evidente que a mediados del siglo XIX Buenos Aires (7) ___era___ una ciudad que (8) ___estaba___ cambiando y creciendo de forma alarmante debido a la gran cantidad de inmigrantes que continuamente (9) ___estaba___ llegando para encontrar una nueva vida, formando una nueva clase social cuya característica común (10) ___era___ la marginalidad. (11) ___Fue/vo___ allí, en las afueras de la gran ciudad, donde vivían miles de personas sin un sentimiento de comunidad, que se (12) ___estaba___ produciendo la mezcla de culturas que creó el tango.

gerundio

En este ambiente, el tango no (13) ___era___ solamente un baile, sino una cultura, directamente relacionada con el lunfardo, el lenguaje de los delincuentes bonaerenses, y, por supuesto, con el ambiente de los arrabales. Estas circunstancias confirman que los primeros compositores de tangos (14) ___eran___ personas que no solamente no habían estudiado música, sino que también (15) ___eran___ completamente autodidactas. La gran mayoría de ellos componía sin saber qué (16) ___era___ una partitura o las notas musicales.

persona de Buenos Aires
dialecto del italiano, frances, espognol
más pobres/peregrinos de la ciudad

El baile en el tango (17) ___es___ siempre un elemento crucial. Al principio (18) ___es___ una danza improvisada con dos características muy definidas. La primera (19) ___es___ la disociación entre lo que (20) ___está___ pasando en la parte inferior del cuerpo y la superior. Es decir, en el baile del tango las piernas (21) ___están___ continuamente moviéndose mientras los torsos de los bailarines (22) ___están___ inmóviles. La segunda característica fundamental en el tango (23) ___es___ la importancia de la melodía.

Hasta 1917 el tango (24) _____fue_____ solamente una música instrumental. El mérito de haber promovido el paso del tango de la música a las palabras (25) _____fue_____ de Carlos Gardel, conocido también en su ambiente con el apodo de "El Morocho del Abasto". Su primera composición cantada (26) ___ fue___ "Mi noche triste". A partir de entonces, y hasta su desgraciada y prematura muerte en 1935, el nombre de Gardel (27) ___estaba___ indisolublemente ligado al tango y a su difusión internacional.

En la década de los cincuenta se produjo el momento de mayor esplendor del género. Entonces (28) ___está___ compuesta la mayor parte de los 50 mil tangos del repertorio fundamental del género.

En cuanto a la temática, ésta (29) ___está___ caracterizada por un gran énfasis en el hombre común y sus circunstancias. En sus letras (30) _____ representados los problemas de la vida en la gran ciudad, entre ellos la soledad y los recuerdos de un pasado más feliz. Estos contenidos han ayudado a que el tango cantado haya (31) _____ tan bien adoptado en otros países de habla hispana.

En contraste, el tango bailado no se limita solamente al mundo hispano, sino que, como se decía al principio, (32) ___está___ uno de los iconos culturales de Argentina reconocido en todo el mundo. Este (33) ___es___ el largo camino que ha recorrido hasta nuestros días: de los barrios marginales de Buenos Aires y sus circunstancias particulares, ha pasado a (34) ___ser___ un fenómeno musical internacional.

7. Teniendo en cuenta lo dicho acerca de los adjetivos que cambian de significado al usarse con **ser** o con **estar**, escoja la opción más correcta según el contexto:

   1. La última película que hemos visto **era / estaba** muy aburrida y, como consecuencia, mi novio y yo **éramos / estábamos** muy aburridos.

   2. Las personas que **son / están** calladas no hablan nunca. Ni siquiera protestan por el retraso, ya que si el auditorio **fuera / estuviera** callado, el concierto habría empezado hace tiempo.

   3. Si el político **fuera / estuviera** decente, no actuaría de esa manera. Y, sobre todo, se habría cambiado de ropa para **ser / estar** más decente.

   4. Para ser un buen conductor es necesario **ser / estar** muy atento al tráfico y, siempre que sea posible, **ser / estar** atento con los demás conductores.

   5. La noticia decía que el dictador iba a morir en breve porque **era / estaba** muy mal. El líder de la oposición se alegró, aunque hubiera preferido que muriera en la cárcel, ya que su dictadura había **sido / estado** muy mala para el progreso del país.

6. San Patricio se celebra el 17 de marzo, tres días antes del comienzo de la primavera. Aunque la ropa que los irlandeses se ponen **es / está** verde, los árboles y la hierba todavía no **son / están** verdes.

7. El jefe de policía **fue / estuvo** muy grave en sus declaraciones, teniendo en cuenta que los heridos del accidente **son / están** todos muy graves.

8. El ritmo de la canción **es / está** muy vivo. Oyéndolo parecería que uno **fuera / estuviera** más vivo.

9. Los delfines **son / están** muy listos porque tienen un cerebro muy grande que les permite aprender rápidamente. De hecho, en el acuario siempre han **sido / estado** listos para actuar.

8. En español existen muchas adivinanzas que utilizan los verbos **ser** y **estar**. Por ejemplo: **Oro parece**, plata no **es** = el plátano; o **¿Qué cosa no ha sido y tiene que ser, y que cuando sea dejará de ser?** = el día de mañana. Para poder conectar las adivinanzas con su solución correspondiente, primero tendrá que rellenar los espacios con la forma apropiada de **ser** o **estar**.

a. Nosotros (1) _____ doce hermanitos, yo segundo nací; si yo (2) _____ el más chiquito, ¿cómo puede (3) _____ así?

1. Cuando (a) _____ llena.

b. ¿Qué (4) _____ más delgado que una hoja, (5) _____ en el río y no se moja?

2. (b) _____ las horas.

c. Cuando esto (6) _____ blanco, (7) _____ sucio, y cuando (8) _____ negro (9) _____ limpio, ¿qué (10) _____?

3. Esto (c) _____ un pizarrón/una pizarra.

d. Ellas (11) _____ cuatro hermanas y todas tienen cuartos y medias pero no tienen zapatos ¿Quiénes (12) _____?

4. (d) _____ la letra **i**.

e. ¿Cuándo la luna no puede comer más?

5. (e) _____ la planta de los pies.

f. Cuido la casa como león, aunque (13) _____ pequeño como un ratón. ¿Quién (14) _____?

6. (f) _____ la sombra.

g. Una cosa que (15) _____ en el medio del río, no se moja y no tiene frío ¿Qué (16) _____?

h. ¿Cuál (17) _____ la planta que uno siempre lleva?

7. Yo (g) _____ febrero y mis hermanitos (h) _____ los meses del año.

8. Yo (i) _____ el candado.

9. Complete las siguientes oraciones con una expresión que contenga una forma de **ser**, **estar** o **haber**:

1. Cuando le preguntan a Pablo lo que quiere hacer después de graduarse, él contesta que _____.

2. Pablo se siente muy indeciso. Tiene buenas notas en todas sus clases y no sabe _____.

3. Le gustaría trabajar en un país sudamericano; siempre dice que ahí _____

4. Sus padres quieren que estudie para médico pero él no quiere porque _____

5. Pablo espera que pronto llegue el momento en que _____

10. **Ejercicio guiado.** ¡Vayámonos al diccionario! Con **ser** y **estar** se forman muchas expresiones que tienen un significado especial. Explique e inserte las siguientes expresiones en un contexto comunicativo específico: 😛

1. Estar de pie.
2. Érase que se era.
3. Estar de más.
4. Lo que será, será.
5. Estar al caer.

Busque en su diccionario más expresiones que utilicen **ser** y **estar**. Va a encontrar muchas diferentes y algunas con significados muy curiosos. Escriba cinco de ellas a continuación y prepárese para explicarlas a su compañero/a sin traducirlas al inglés.

1. _____.
2. _____.
3. _____.
4. _____.
5. _____.

Ejercicios en parejas

1. **Ejercicio guiado.** Compartan su lista de expresiones escritas en el Ejercicio 10 del apartado anterior. Escriban una sola lista con los ejemplos más significativos y sigan las instrucciones del/de la profesor/a.

   Escriban aquí su lista:

   _____

   _____

   _____

   _____

   _____

2. Discutan sus elecciones del Ejercicio 7 en el apartado anterior. Los adjetivos **maduro, distraído** y **entretenido** son los antónimos de tres de los adjetivos usados. Busquen las oraciones correspondientes y escriban un ejemplo similar con el opuesto. ¿Funcionan estos adjetivos de forma similar con **ser** y **estar**?

   1. _____

   2. _____

   3. _____

   _____

   _____

3. **Ejercicio guiado.** Según las instrucciones de su profesor/a, preparen cinco o más preguntas para una entrevista utilizando los verbos **ser, estar** y **haber**. Entrevístense entre ustedes, con los datos obtenidos escriban un párrafo sobre su compañero/a y preséntenlo a la clase de forma oral.

   1. ¿_____?

   2. ¿_____?

   3. ¿_____?

   4. ¿_____?

   5. ¿_____?

4. **Ejercicio guiado.** Preparen una biografía de una persona famosa de origen hispánico (como por ejemplo Jennifer López, Benicio del Toro). Si lo prefieren pueden hablar de personajes políticos actuales (como Fidel Castro o el rey Juan Carlos I de España) o de personajes históricos (como Simón Bolívar, Benito Juárez o José Martí). Traigan el resultado a clase para compartirlo en grupos.

Escriban aquí su biografía:

_____

_____

_____

_____

_____

5. **Ejercicio guiado.** Entre los alumnos de la clase se decide un tema (sugerencias: la familia, los amigos, los anuncios publicitarios, las tradiciones hispánicas, las ciudades del mundo). Cada pareja traerá a clase su aportación y la mostrará a sus compañeras/os en una breve presentación en la que aparezcan los verbos **ser**, **estar** y **haber**. Al final de la presentación tendrán que dirigir una serie de preguntas a la clase y aclarar las dudas que puedan surgir.

Escriban aquí sus notas:

_____

_____

_____

_____

_____

Ejercicios en grupos o para toda la clase

1. **Ejercicio guiado.** Intercambien las biografías del Ejercicio 4 anterior y discutan el uso de los verbos **ser**, **estar** y **haber**. ¿Hay algún uso que resulte especialmente problemático o que se repita con frecuencia?

2. En preparación para este ejercicio, les proponemos que hagan una búsqueda de adivinanzas en la Red. Seleccionen cinco ejemplos en los que encuentren formas de los verbos **ser** o **estar**. Con ellos preparen un ejercicio similar al 8 individual y hagan copias para los otros grupos. En la clase, intercámbienselos y pongan en marcha un reloj sincronizado para ver qué grupo es capaz de completar la tarea en menos tiempo y de la manera más apropiada.

3. **Ejercicio guiado.** Dividan la clase en dos grupos para un debate sobre el estado actual del mundo (la situación política, la calidad del medio ambiente, el papel de su generación en la sociedad, etc.). Antes de empezar hay que definir bien el/los tema/s y establecer las reglas del debate.

Composición

1. Preliminares: reaccione por escrito a las siguientes afirmaciones desde su propio punto de vista.

    1. Un lector no debe prestar atención a los errores de ortografía, ya que todo el mundo los comete.

    2. Una conclusión adecuada debe repetir exactamente lo que se ha dicho en la introducción.

    3. Un buen escritor no necesita repasar lo que escribe.

    4. Es necesario tener un plan antes de empezar a escribir.

2. Los verbos aquí tratados se utilizan mucho en descripciones. Antes de redactar una descripción, el/la autor/a debe establecer el propósito y a quién se dirige. Estos dos criterios son fundamentales para determinar el contenido, la estructura y el tono del ensayo. Una descripción debe lograr que el/la lector/a pueda visualizar lo descrito y despertar su interés en conocerlo.

    Herramientas: es buena idea repasar la estructura de las expresiones comparativas: **más/menos... que, tan/tanto... como**. Ejemplos: **la figura central del cuadro es mucho más alta que los personajes secundarios, el segundo plano está dibujado con tanto detalle como el grupo de personajes en el primer plano**. También le pueden ser muy útiles los superlativos: **grandísimo, el más grande de todos, sumamente grande**.

    Estrategias: decida cuál de los siguientes principios organizadores puede ser útil para su descripción.

    1. Características espaciales: divida el objeto de su descripción en secciones y decida la progresión que debe seguir en el tratamiento de esos espacios.

    2. Características sensoriales o estéticas: el hilo de su descripción puede ser guiado por las sensaciones o reacciones estéticas que provoca lo que se pretende describir.

    3. Aspectos psicológicos: aquí la descripción se guía por las emociones que su tema pueda causar en su lector/a.

    Hay varias técnicas apropiadas para estructurar una descripción. Por ejemplo:

    1. Se puede describir algo o a alguien comparándolo y/o contrastándolo con un objeto o una entidad relacionada, de modo que en la comparación o el contraste surjan las características de su tema más claramente.

    2. La descripción puede ser encabezada, como cualquier otro ensayo, por una tesis, o sea, una observación que resuma el propósito del/de la escritor/a o la impresión que se quiere crear en el/la lector/a.

    3. Escoja uno de los siguientes temas para escribir su composición y, para alcanzar su objetivo satisfactoriamente, tenga en cuenta las estrategias que se han mencionado arriba. El último tema es un poco más especulativo y, por lo tanto, las técnicas descriptivas pueden ser sustituidas por unas más argumentativas.

Opción A

Seleccione y describa una pintura o escultura encontrada en la Red o en un libro de arte.

Introducción

1. Describa las características físicas de la obra: dimensiones, materiales utilizados, etc.

2. Sitúela en su contexto histórico o artístico, por ejemplo, el cubismo, el clasicismo, el impresionismo, el expresionismo, etc.

3. Incluya datos biográficos sobre el artista que le parezcan relevantes para esta obra.

Desarrollo

1. Describa lo que está representado concretamente: las figuras o los objetos, el trasfondo (*background*), la perspectiva, las proporciones relativas, los colores, la técnica utilizada, etc.

2. Intente interpretarla describiendo las emociones que suscita y el estado mental o psicológico que usted piensa que el artista quiso representar. Tal vez puede especular sobre el mensaje contenido en la obra. Trate de corroborar sus afirmaciones haciendo referencia a lo que muestra concretamente la pintura o escultura.

Conclusión

1. Resuma el tema y el mensaje de la obra.

2. Relaciónela con algún detalle o dato de la introducción, de manera que se incorpore lo concretamente observado en un contexto más amplio.

3. Puede terminar expresando su opinión. Use términos que despierten la curiosidad del/de la lector/a para buscar a su vez una representación de esta obra.

Opción B

Describa el dios, el cielo y el infierno de su animal favorito.

Introducción

1. Nombre y describa el animal que seleccionó, justificando su decisión de tal forma que el lector pueda estar de acuerdo con usted.

2. Describa lo que le gusta (y lo que no le gusta) hacer, comer, buscar para divertirse, cómo pasa los días, dónde se siente bien, etc.

Desarrollo

1. El dios de su animal debe ser una entidad con características similares, pero engrandecidas, idealizadas. En otras palabras, descríbalo como súper-animal.

2. El cielo de su animal debe ser un lugar donde hay todo lo que esta especie aprecia como cómodo, agradable, sin peligros, o sea, su lugar más deseado.

3. El infierno debe ser todo lo contrario de su cielo, con todos los atributos negativos posibles según la imaginación de su animal.

Conclusión

Aquí puede dar rienda suelta a sus ideas sobre la existencia de varios dioses y por qué cree que es posible que los animales también puedan tener fe en un ser supremo.

Opción C

Quien prefiera un tema filosófico podrá traducir las primeras nueve líneas del famoso monólogo de Hamlet "*To be or not to be*" (tercer acto, escena 1) y escribir un comentario interpretativo. ¿Cuál de los verbos **ser** o **estar** forma semánticamente su base filosófica?

Introducción

1. Sitúelo en su contexto dramático. ¿En qué circunstancias profiere Hamlet estas palabras? ¿Cómo se ha llegado a esta situación?

2. Escriba su traducción.

Desarrollo

1. Escriba su interpretación, utilizando como entrada la respuesta a la pregunta del tema.

2. Relacione el concepto de **existir** con las imágenes asociadas con él y con la situación en la que un ser humano puede ser víctima de estas ideas sobre la vida y la muerte.

3. Hamlet sufre de la incapacidad de tomar decisiones y actuar. Explique si esto significa que no es suficiente **ser** sino que el ser humano no puede escaparse de **estar** (en situaciones determinadas que piden actitudes y acciones concretas) durante toda su vida.

Conclusión

Puede resumir sus ideas y conclusiones y/o especular sobre el hecho de que el español tiene estos dos verbos para expresar *to be*, y si esto se puede utilizar para hacer generalizaciones comparativas entre los dos idiomas.

Capítulo 3

Los modos verbales

INTRODUCCIÓN

Gustavo Adolfo Bécquer (1836–1870), poeta español del romanticismo tardío, es conocido sobre todo por sus Rimas, de las cuales hemos incluido aquí la número 38. Estas composiciones poéticas breves reflejan el carácter melancólico y la vida atormentada del poeta, dedicada enteramente a la literatura y a las artes. En cambio, la poesía exteriorista de Ernesto Cardenal (1925–), natural de Granada (Nicaragua), de cuyo poema "NNO" incluimos en la próxima página un fragmento, revela siempre su profunda preocupación por cuestiones políticas y sociales. Además de servirnos aquí de objeto de estudio para observar el uso de los modos en español, los versos de estos poemas también se pueden comparar y contrastar con respecto a su imaginería y su tono.

Volverán las oscuras **golondrinas**
en tu balcón sus nidos a colgar,
y otra vez con el ala a sus cristales,
jugando llamarán;

5 pero aquellas que el vuelo **refrenaban**
tu hermosura y mi **dicha** a contemplar;
aquellas que aprendieron nuestros nombres…
¡ésas no volverán!

Volverán las **tupidas madreselvas**
10 de tu jardín **las tapias** a escalar,
y otra vez a la tarde, aún más hermosas,
sus flores se abrirán;

pero aquellas **cuajadas de rocío**,
cuyas gotas mirábamos temblar
15 y caer como lágrimas del día…
¡ésas no volverán!

Volverán del amor en tus oídos
las palabras ardientes a sonar,
tu corazón de su profundo sueño
20 tal vez despertará.

Pero mudo y absorto y de rodillas,
como se adora a Dios ante su altar,
como yo te he querido…, desengáñate,
¡así no te querrán!

pájaros pequeños de
color negro y blanco
que llegan con la
primavera

reducir la velocidad
felicidad

densas; planta que
sube por la pared;
muros

cubiertas con la
humedad de la
mañana

Discusión sobre el texto ·····························

Identifiquen los modos (indicativo o subjuntivo) de cada forma verbal de las dos
primeras estrofas de este poema y del siguiente fragmento de Ernesto Cardenal:

Cuando nazcan los **zorritos** y los **renacuajos**,
y la mariposa macho baile delante de la hembra,
y los martín-pescadores junten sus picos,
y se haga más larga la luz y crezcan los ovarios,
5 las golondrinas volverán del sur…
¿Volverán del sur?
            "Las oscuras golondrinas"
las que volaron en septiembre al África del Norte
cubriendo los alambres del telégrafo,
10 ensombreciendo las tardes,
llenando el cielo de voces,
ésas no volverán.

diminutivo de
zorro; larvas de
la rana

Obviamente estas estrofas se basan en la primera del poema de Bécquer. Comparen la actitud de la voz poética en los primeros cuatro versos de Bécquer y los primeros siete de Cardenal. En el poema de Bécquer, ¿se mantiene la misma actitud en el resto de la composición? ¿Sucede lo mismo en el de Cardenal? Relacionen las diferentes formas verbales de los dos poemas con las actitudes expresadas. Sin haber leído este capítulo, ¿qué pueden decir sobre la diferencia entre el uso del indicativo y el subjuntivo en estos textos?

Escriba aquí sus ideas antes de hablar con sus compañeros/as:

_____

_____

_____

_____

1. PRELIMINARES

Hasta ahora hemos analizado las formas verbales con respecto al ámbito temporal y al aspecto verbal: cuándo pasa la acción expresada por el verbo y cómo se enmarca dentro de su contexto temporal. Pero en la desinencia, o terminación, del verbo también se expresa un **modo** verbal. Veamos:

> Juan me dijo que yo **hablaba** poco.
> Juan me dijo que (yo) **hablara** poco.

La desinencia **–ba** y la desinencia **–ra** denotan ambas la persona (yo), el tiempo (pasado) y el aspecto (imperfecto). Sólo se distinguen por el modo.

> **El modo en que está una forma verbal refleja la actitud comunicativa hacia la acción expresada.**

Hay cuatro modos en español: el **indicativo,** el **subjuntivo,** el **condicional** y el **imperativo.**

INDICATIVO: sirve para constatar, afirmar, la realidad.

> Juan me dijo que yo **hablaba** menos que él.
> Juan afirmó que yo **hablaba** demasiado.
> Juan constató que yo no **paraba** de hablar.

Al usar el indicativo, se constata la realidad; es decir, **yo hablaba menos, demasiado,** etc. No importa si la declaración es cierta o falsa, lo que importa es que la actitud con la que se expresa es neutra.

SUBJUNTIVO: sirve para añadir al enunciado la expresión de una actitud que se distingue de la simple intención de afirmar los hechos característica del indicativo.

> Juan me dijo que (yo) no **hablara** tanto.
> Juan me pidió que yo no **hablara** tanto.
> Juan esperaba que yo no **hablara** tanto.

En este ejemplo, **dijo** (indicativo) expresa un mandato indirecto que influye y afecta el modo del segundo verbo: **hablara** (subjuntivo); **pidió** expresa un pedido y **esperaba** una expectativa. En ninguno de estos casos se puede afirmar **que yo realmente hablé menos** y por eso hay que utilizar el verbo **hablar** en el subjuntivo.

IMPERATIVO: sirve para expresar mandatos directos.

> Juan me dijo: ¡**Habla** menos! ¡No **hables** tanto!
> Le dije al camarero: (Usted) ¡**Traiga** más pan! ¡No me **traiga** más carne!
> El profesor les dijo a los estudiantes: ¡(Ustedes) **Pongan** sus libros en la mesa!
> ¡No **pongan** los pies en la mesa!
> En España se diría: (Vosotros) ¡**Hablad** español! ¡No **habléis** inglés!

CONDICIONAL: se utiliza para situaciones hipotéticas. Recordemos que el condicional puede ser tanto un *modo* como un *tiempo*. Como tiempo, expresa el futuro desde un punto de vista del pasado: **Juan me dijo que** vendría **más tarde.** Sin embargo, como modo, sirve para expresar la irrealidad. Si yo digo: **Si yo tuviera un millón de dólares,** viajaría **alrededor del mundo,** es evidente que yo **no** tengo ese dinero y por lo tanto **no** puedo viajar alrededor del mundo.

> —Te **invitaría** a mi fiesta de cumpleaños si estuvieras aquí, pero ya sé que te vas de viaje esta noche.
> (tú **no** vas a estar aquí y, por lo tanto, **no** te invito)
>
> —Y si yo estuviera aquí, no **iría** a tu fiesta porque tus amigos no me caen bien.
> (yo **no** voy a estar aquí, y, consecuentemente, **no** voy a la fiesta)

Si se trata de una situación hipotética enmarcada en el ámbito del pasado, se utilizan el condicional perfecto y el pluscuamperfecto del subjuntivo:

> Si me hubiera graduado el año pasado **habría solicitado** trabajo en aquella compañía que buscaba empleados. Ahora ya no buscan a nadie.
> (**no** me gradué el año pasado y, lógicamente, **no** solicité trabajo allí)
> Si no hubieras estado enfermo ayer, **habrías escuchado** una conferencia muy interesante. Te perdiste mucho.
> (**sí** estuve enfermo y, por lo tanto, **no** escuché la conferencia)

Otro uso del condicional es la expresión de probabilidad en el pasado.

—¿Qué hora **sería** cuando terminó el concierto anoche?

—No sé, pero **serían** como las once.
(ninguno de los hablantes sabe a qué hora terminó el concierto pero especulan)

—¿Quién **sería** ese hombre con quien vi a Luisa ayer? No lo conozco, pero quizás **sería** su nuevo profesor de piano.
(ninguno sabe quién era el hombre, aunque se especula sobre su identidad)

El futuro puede servir para expresar probabilidad en el presente:

—¿Qué hora **será**? (el hablante no tiene reloj)

—Tampoco tengo reloj, pero **serán** más o menos las once.

—¿Dónde **estará** María?

—No sé, pero me imagino que **estará** en casa con su padre porque está enfermo.

El condicional también se encuentra en ciertas expresiones de cortesía:

¿**Podría** usted decirme qué hora es? (en vez de **puede**…)

¿Le **importaría** quitar su maleta del asiento? No tengo espacio para sentarme.

En este capítulo nos concentraremos en el uso del subjuntivo en contraposición al indicativo.

> **El modo es determinado por las características semánticas de la actitud comunicativa, entre ellas la afirmación factual, la certidumbre, la emoción, la voluntad, la duda, la negación, etc.**

Discusión 1 ••

¿En qué modo están los verbos de las siguientes oraciones?

1. **Mándame** un correo electrónico para que **llegue** más rápido.

2. **Sería** importante que le **dijeras** la verdad al juez.

3. Iría al cine, pero **estoy** muy cansado.

Determinen la actitud manifestada hacia cada una de las acciones expresadas por los verbos **en negrillas**.

Escriba aquí sus ideas antes de hablar con sus compañeros/as:

1. Mándame: modo: _____ ;   actitud: _____

   Llegue: modo: _____ ;   actitud: _____

2. Sería: modo: _____ ;   actitud: _____

   Dijeras: modo: _____ ;   actitud: _____

3. Estoy: modo: _____ ;   actitud: _____

2. LOS MODOS INDICATIVO Y SUBJUNTIVO

Al contrario de la información afirmada por un verbo en el indicativo, la acción del verbo en el subjuntivo está sujeta, o subordinada, a una situación previa que afecta el mensaje deseado. En casos como los de los siguientes ejemplos, donde tanto el indicativo como el subjuntivo son posibles, la elección del modo es dictada por la intención comunicativa:

Comparemos estas dos oraciones:

indic Juan les dijo a sus compañeros que **hablaban** menos que él. *telling them that they speak less*

subj Juan les dijo a sus compañeros que **hablaran** menos que él. *telling them to speak less*

La primera oración afirma una información (**hablaban menos**) que Juan observó y les comunicó a sus compañeros. Si separamos las dos cláusulas, tenemos: **Juan dijo: Ustedes hablan menos que yo**. Por el contrario, la segunda oración declara que Juan expresó un mandato con la intención de afectar el comportamiento de sus compañeros. Si separamos las dos cláusulas resulta: **Juan dijo: ¡Hablen menos!** La acción del verbo en el modo subjuntivo está sujeta a la actitud de mandato expresada por las circunstancias comunicativas específicas del primer verbo más que por su significado básico.

Comparemos ahora:

Para el examen, Ana estudiará el libro que la profesora **recomienda**. *Studied book that prof recom.*

Para el examen, Ana estudiará el libro que la profesora **recomiende**.

En la primera oración se afirman dos acciones distintas: **Ana va a estudiar el libro** y **la profesora ha recomendado un libro**. Por el contrario, la segunda solamente afirma que **Ana va a estudiar el libro** porque **la profesora todavía no ha recomendado ninguno**. Consiguientemente, tan pronto lo recomiende, Ana sabrá qué libro va a estudiar para el examen. En estos ejemplos, la elección del indicativo nos ofrece información acerca de la acción que la profesora ha hecho. Sin embargo, la acción en subjuntivo sujeta la existencia de **el libro** a lo que la profesora va a recomendar.

Finalmente comparen estas dos oraciones:

No quiero salir con ese chico aunque me **pide** una cita todos los días.
No quiero salir con ese chico aunque me **pida** una cita todos los días.

La primera oración afirma dos acciones: **No quiero salir con ese chico** y **Ese chico me pide una cita todos los días**. Por el contrario, el segundo ejemplo solamente afirma la primera cláusula de la oración. No es un hecho que el chico le pide una cita todos los días, pero, si se la pidiera con esa frecuencia no saldría con él. En el primero, el modo indicativo revela dos situaciones factuales que no se influyen mutuamente. En el segundo, el indicativo de la cláusula principal afirma un hecho, mientras el subjuntivo en la segunda cláusula expresa una situación hipotética que no va a influir en la situación de la cláusula principal.

El subjuntivo también puede aparecer en cláusulas no dependientes, en las que está sujeto a ciertas expresiones de deseo, incertidumbre o probabilidad/posibilidad:

> **Tal vez venga** a tu casa esta tarde.
> **Quizá(s) tengas** razón.
> **¿Acaso** me **puedas** prestar tu libro?
> **Ojalá haga** buen tiempo mañana.
> **Posiblemente tenga** que ir a la oficina este domingo.
> **Probablemente** mis padres me **vayan** a reñir.

Después de **tal vez, acaso, quizá(s), probablemente** y **posiblemente** puede aparecer tanto el indicativo como el subjuntivo; después de **ojalá** el subjuntivo es obligatorio.

También encontramos el pasado de subjuntivo como expresión de cortesía:

> **¿Pudiera** (o: **podría**) Ud. ayudarme con esta maleta?
> Antes de salir **quisiera** hacerte una pregunta.

En todos los otros casos, el subjuntivo aparece en oraciones subordinadas así que, para comprender los contextos sintácticos en los que se manifiesta, debemos primero estudiar los tipos de oraciones subordinadas que existen. Esto lo haremos en el siguiente apartado.

Discusión 2 ••••••••••••••••••••••••••••••••••••

Expliquen la diferencia entre a. y b. utilizando el criterio del grado distinto de afirmación presente en las dos oraciones. Comparen las distintas actitudes de los sujetos hacia lo que se expresa en la cláusula dependiente:

1. a. La profesora **insistió** en que el examen **fuera** escrito a lápiz.

   b. Mi amigo **insiste** en que **ha visto** una película muy buena.

2. a. En la reunión el jefe **sugirió** que **trabajáramos** los sábados.

   b. Los críticos **sugieren** que las películas de este año **son** mediocres.

3. a. El general habló del ejercicio y **añadió** que **trajeran** equipo más ligero,

   b. también **añadió** que el ejercicio **iba** a durar todo el día.

4. a. El presidente escribió en un memorando que sus consejeros tenían que venir a una reunión.

   b. El presidente escribió en un memorando que sus consejeros vinieran a la próxima reunión.

 Escriba aquí sus ideas antes de hablar con sus compañeros/as:

1. _____

2. _____

3. _____

4. _____

3. TIPOS DE CLÁUSULAS

Como se decía en el apartado anterior, para comprender el uso del subjuntivo es necesario, en primer lugar, observar el contexto sintáctico en el que aparece y, en segundo lugar, prestar atención a las relaciones que se establecen entre dos verbos conjugados en forma personal. Por eso las construcciones con infinitivo, como por ejemplo **Espero** poder graduarme **en dos años**, quedan excluidas.

La primera generalización que podemos hacer es que el subjuntivo **depende** de una actitud comunicativa. Esto explica por qué sintácticamente el subjuntivo aparece casi siempre en cláusulas **dependientes** dentro de una oración compleja.

Por ejemplo, en **Dudo que puedan venir**, la acción de la cláusula dependiente (**que puedan venir**) depende de la actitud de la cláusula independiente (**dudo**).

Una oración compleja se divide en cláusulas, cada una con su verbo conjugado. Por lo tanto una oración tiene tantos verbos conjugados como cláusulas que pueden funcionar de una manera más o menos independiente. Veamos un ejemplo:

> Cuando Juan **habló** conmigo me **dijo** que **hablara** menos en las reuniones que **tenemos** todas las semanas con nuestros profesores.

Hay cuatro verbos conjugados, por lo tanto hay cuatro cláusulas en esta oración compleja.

Si miramos de cerca las distintas cláusulas nos damos cuenta de que, algunas de ellas pueden estar solas y otras no. La siguiente puede estar sola porque no depende de otra para tener sentido:

> (Juan) me **dijo** (algo).

Las palabras entre paréntesis se sobreentienden. En cambio, la cláusula que introduce la oración no puede estar sola, le falta algo:

> Cuando Juan **habló** conmigo…

¿Qué pasó cuando Juan habló conmigo? La siguiente cláusula tampoco puede estar sola:

> …que **hablara** menos.

Una frase que empieza con **que** y está sola no tiene sentido, a menos que se omita la cláusula principal con una elipsis: **(Yo quiero) ¡Que no hable tanto!**

Lo mismo ocurre con:

> …que **tenemos** todas las semanas con nuestros profesores.

Existen tres tipos de cláusulas dependientes o subordinadas: nominales, adjetivales y adverbiales. Para identificarlas, solamente es necesario sustituir la cláusula dependiente por una frase correspondiente, nombre, adjetivo o adverbio.

El ejemplo anterior también sirve para ilustrar estos tres tipos de cláusulas dependientes:

> (Juan) me **dijo** (algo).

Ésta es la cláusula que se entiende sola, es independiente, y cuando tiene cláusulas que dependen de ella también la llamamos **principal**.

> Cuando Juan **habló** conmigo…

Aquí se precisa el momento en el tiempo cuando **Juan me dijo**… Las palabras o frases que modifican al verbo (aquí **dijo**) con una indicación de tiempo son los adverbios o frases adverbiales. De hecho se podría sustituir **Cuando Juan habló conmigo**… por un adverbio como **ayer**: **Ayer Juan me dijo**… Este tipo de cláusula se llama dependiente **adverbial**.

> …que **hablara** menos en las reuniones…

Esta cláusula puede ser sustituida por un sustantivo, un pronombre o una frase nominal: Juan me dijo algo / un secreto / una mentira, etc. **Juan me dijo**…: aquí falta el objeto directo y la frase provoca la pregunta: ¿Qué me dijo Juan? La respuesta es, obviamente, la cláusula anterior por eso este tipo se llama dependiente **nominal**.

> … que **tenemos** todas las semanas con nuestros profesores.

Esta última podría ser sustituida por un adjetivo porque describe una característica del sustantivo: las reuniones **semanales / frecuentes / interminables,** etc. Entonces, tenemos aquí un caso de una cláusula dependiente **adjetival**, también conocida como relativa.[1]

> **Tanto el tipo de cláusula dependiente como la intención comunicativa expresada en la cláusula independiente determina e influye en la selección del modo usado en la cláusula dependiente.**

---

[1]Véase el Capítulo 8.

A continuación se darán indicaciones para el uso del indicativo o del subjuntivo en cada tipo de cláusula dependiente.

Discusión 3 •••

¿Son dependientes o independientes las cláusulas **en negrillas**? ¿De qué tipo son las dependientes? En éstas, traten de sustituir lo que está **en negrillas** por un nombre o frase nominal, adverbio o frase adverbial, o adjetivo o frase adjetival.

1. **Que no haya examen mañana** no me importa en absoluto.

2. **Me gustaría ir contigo**, pero no puedo.

3. **Cuando llegues**, avísame.

4. Quiero viajar a un lugar **donde haga calor**.

5. El profesor entró, distribuyó los exámenes, **se sentó** y no dijo ni una sola palabra.

	Dependiente/Independiente	Tipo	Sustitución
1.			
2.			
3.			
4.			
5.			

4. EL SUBJUNTIVO EN CLÁUSULAS DEPENDIENTES NOMINALES

En la cláusula nominal es el significado del **verbo** de la cláusula principal el que determina si usamos o no el subjuntivo. Este significado puede ser de duda, de negación, de volición, de emoción; o, en vez de un verbo, podemos tener una expresión impersonal con estos mismos significados:

> Duda: **Dudo** que María se **case** con Juan.
> Negación: Los ateístas **niegan** que **exista** Dios.
> Volición: **Quiero** que me **digas** la verdad.
> Emoción: **Me alegro** de que **seas** tan feliz con tu marido.
> Expresión impersonal: **Es posible** que **tengamos** un examen mañana.

Se puede verificar que la información en todas estas cláusulas dependientes, en las que los verbos están en el subjuntivo, no es afirmada o no puede ser afirmada. También puede darse un grado mayor de afirmación a la naturaleza de la actitud (cláusula principal) y uno menor a lo que sigue (cláusula dependiente).

En cambio, si el verbo o la expresión impersonal de la cláusula principal expresa certidumbre, constatación de la realidad, o sea **afirmación**, el verbo de la dependiente está en el indicativo:

> **Sé** que María se **va** a casar con Juan.
>
> Los cristianos, judíos y musulmanes **afirman** que Dios **existe.**
>
> **Creo** que me **dices** la verdad.
>
> **Veo** que **eres** muy feliz con tu marido.
>
> **Es verdad** que **tenemos** un examen mañana.

Cuando las expresiones impersonales de certidumbre están negadas, se utiliza el subjuntivo:

> **No** es verdad que tengamos un examen mañana.

Lo mismo pasa con los verbos **creer, pensar**, etc.: están seguidos del indicativo cuando se usan afirmativamente; sin embargo, en usos negativos **no** creer, **no** pensar, están seguidos del subjuntivo. En este caso se pueden agrupar con los verbos y expresiones de negación similares a **negar**.

> **No creo** que **tengamos** un examen mañana.
>
> **No pienso** que **sea** necesario llevar la maleta grande.
>
> **No me parece** que **tengas** razón.

Cuando la cláusula principal y la dependiente nominal tienen el mismo sujeto, se usa un infinitivo en vez de una cláusula con el verbo conjugado:

> (Yo) **espero** (que yo pueda) **poder** graduarme en dos años.

Si hay dos sujetos distintos se usan casi siempre dos cláusulas:

> Yo **espero** que tú **te gradúes** en dos años.

Sin embargo, después de los verbos **hacer, mandar, dejar, permitir, aconsejar** e **impedir** se puede usar el infinitivo cambiando lo que sería el sujeto del segundo verbo a un objeto indirecto, el que representa la entidad afectada por la acción indicada por ese verbo:

> No nos **permiten fumar** aquí. (Sujetos: **ellos, nosotros**; No permiten que fumemos aquí.)
>
> El jefe me **mandó salir** inmediatamente. (Sujetos: **el jefe, yo**; El jefe mandó que yo saliera inmediatamente.)
>
> Mi madre no me **permite salir** contigo. (Sujetos: **mi madre, yo**; Mi madre no permite que yo salga contigo.)

Si el verbo de la cláusula principal expresa una actitud de duda, negación, volición o emoción, se usa el subjuntivo en la cláusula dependiente.
Si expresa certidumbre o afirmación, se usa el indicativo.

Discusión 4

¿Qué expresa el verbo de la cláusula principal para provocar la aparición del subjuntivo? ¿En qué cláusula hay un mayor grado de afirmación?

1. Me parece bien que trabajes más duro.
2. Me entristecía que la situación no se pudiera resolver.
3. El periodista rechazó que los argumentos fueran decisivos.
4. No estoy seguro de que ésta sea la solución ideal.
5. Ha sido una lástima que las negociaciones no hayan dado su fruto.

Escriba aquí sus ideas antes de hablar con sus compañeros/as:

1. _____
2. _____
3. _____
4. _____
5. _____

5. EL SUBJUNTIVO EN CLÁUSULAS DEPENDIENTES ADJETIVALES

El uso del subjuntivo es determinado por la entidad de la cláusula principal —nombre, pronombre— que se describe en la adjetival. A este elemento de la cláusula principal le llamamos **antecedente**. Recuerden que las cláusulas adjetivales son idénticas a las relativas.

1. En esta clase no hay **nadie** que **hable** japonés.
2. ¿Hay **alguien** en esta clase que **hable** chino?
3. Sí, en esta clase hay **dos personas** —**María y Antonio**— que **hablan** chino.

Es importante distinguir entre el pronombre relativo **que**, usado en estos ejemplos, y la conjunción **que**, la que se vio en el apartado anterior como conector entre la cláusula principal y la dependiente nominal.

Los antecedentes son **nadie, alguien** y **dos personas (María y Antonio)**. Aquí se aplica perfectamente la idea de la **afirmación** frente a la **no-afirmación**. En 1. y 2. la existencia del antecedente es negada o puesta en duda, mientras que en 3. se afirma su existencia ya que se trata de dos personas específicas.

Si la cláusula principal contiene un superlativo relativo, el verbo de la cláusula adjetival puede aparecer en subjuntivo, sobre todo en el estilo literario:

> Éste es **el libro** más interesante que yo **haya leído** en mi vida.

Se utiliza el subjuntivo después de los pronombres indefinidos **quienquiera, cualquiera** (y **cualquier + sustantivo**), **dondequiera** y **comoquiera** cuando se refieren a algo indefinido:

> **Quienquiera** que **esté** llamando, no quiero hablar con nadie.
> **Cualquiera** que **sea** el resultado, hay que aceptarlo.
> **Cualquier** oferta que nos **hagan**, no nos va a satisfacer.
> **Comoquiera** que se **comporte**, siempre lo odiaré.

Noten la diferencia:

> **Dondequiera** que **iba** yo, siempre me acompañabas. (antecedente definido)
> **Dondequiera** que **vayas**, siempre iré contigo. (antecedente indefinido)

También se usa el subjuntivo después de **cuanto, como** y **donde** si el antecedente es indefinido, o desconocido:

> ¡Ayúdame con todo **cuanto puedas**! (antecedente: todo)
> Resuelve el problema de la manera **como** te **parezca** mejor. (antecedente: la manera)
> Escriba una descripción de un lugar **donde haya pasado** sus vacaciones. (antecedente: un lugar)

El subjuntivo también aparece en ciertas expresiones fijas: **como quiera(s), como tú digas, que yo sepa, que yo recuerde, que yo vea**, etc.

> **Se usa el subjuntivo en cláusulas adjetivales si el antecedente es negativo o indefinido, o sea, no afirmado o no afirmable. Se usa el indicativo si el antecedente es positivo y definido, o sea, afirmado o afirmable.**

Discusión 5 ••

Expliquen la diferencia entre estos pares de oraciones interpretando su contenido. ¿En qué contexto tendría sentido cada oración?:

1. a. Escogeré la solución que **tiene** sentido.

   b. Escogeré la solución que **tenga** sentido.

2. a. Vayamos de vacaciones en la estación del año que más te **guste**.

   b. Vayamos de vacaciones en la estación del año que más te **gusta**.

3. a. Cualquier cosa que **dices** es una tontería.

   b. Cualquier cosa que **digas** es una tontería.

 Escriba aquí sus ideas antes de hablar con sus compañeros/as:

1. _____

2. _____

3. _____

6. EL SUBJUNTIVO EN CLÁUSULAS DEPENDIENTES ADVERBIALES

El uso del subjuntivo en estas cláusulas se orienta por el significado de la **conjunción** que introduce la cláusula dependiente. Es muy importante recordar que en este tipo de oraciones el orden de las cláusulas puede ser tanto **principal – subordinada**, como también **subordinada – principal**.

Debemos distinguir entre tres grupos de conjunciones:

1. **Nunca** se usa el subjuntivo después de conjunciones causales como:

porque	ya que	puesto que

No voy **porque** no **quiero**.
(Pero: No voy, **no porque** no **quiera** sino porque no tengo coche)

2. El subjuntivo es **obligatorio** en cláusulas introducidas por ciertas conjunciones:[1]

a fin de que	antes de que	para que
a menos que	con tal (de) que	salvo que
a no ser que	en caso (de) que	sin que

Trabajamos mucho **para que / a fin de que** nuestros hijos **puedan** asistir a la universidad.

Con tal de que no se lo **digas** a nadie, te voy a contar un secreto.

En caso de que mi primo **venga** hoy por la tarde, debemos comprar más comida.

A menos que / a no ser que / salvo que tengas otro compromiso, te invito a cenar esta noche.

El ladrón consiguió entrar en la casa **sin que** nadie se **diera** cuenta.

---

[1] En el Capítulo 7 encontrarán una descripción detallada de estas conjunciones.

"Antes de que" es la única conjunción temporal que requiere siempre el subjuntivo.

> **Antes de que llegue** mamá tenemos que limpiar la casa.
> En el restaurante todo tenía que estar listo **antes de que llegaran** los invitados.

Existen otras expresiones que introducen cláusulas adverbiales y requieren el uso del subjuntivo como, por ejemplo, **por más que, por más... que, por mucho que, por mucho/a... que**:

> No te acompañaré en tu viaje **por más que** me lo **pidas**.
> **Por más** dinero **que ganara**, nunca pudo ahorrar nada.
> **Por mucho que coma**, nunca consigue aumentar de peso.
> No soy capaz de escucharte más, **por mucha** paciencia **que tenga**.

3. Por último, hay algunas conjunciones que pueden tomar tanto el subjuntivo como el indicativo, dependiendo del contexto en el que aparecen. Son, por una parte, las **conjunciones temporales** —excepto, como ya hemos visto, **antes de que**— y la conjunción concesiva **aunque**.

En las cláusulas introducidas por **conjunciones temporales** el subjuntivo aparece siempre y cuando exista en la cláusula principal una referencia a un ámbito temporal posterior a la acción del verbo, la que, consecuentemente, se sitúa más allá de la certidumbre. En este caso, nos encontramos ante el criterio de la afirmación frente a la no afirmación: si algo ya ha pasado, puedo afirmarlo; si algo todavía no ha pasado, no lo puedo afirmar como realidad, incluso en el ámbito temporal del pasado: mi padre dijo que me **daría** el dinero necesario para el viaje (es decir, entonces todavía no le había dado el dinero) **en cuanto** yo le **dijera** donde quería ir. Sin embargo, si se trata de acciones o situaciones habituales aparece el indicativo.

En resumen, se usa el subjuntivo si el verbo sitúa la acción en el futuro o en el futuro del pasado. Comparemos los siguientes ejemplos:

> **Cuando vino** mi hermano le **presenté** a mi novia.
>   (Ambas acciones expresan hechos: **mi hermano vino** y **yo le presenté a mi novia**)
> **Cuando venga** mi hermano le **presentaré** a mi novia.
>   (Una acción expresa certidumbre, **voy a presentarle a mi novia**, pero la otra no, **no sé cuando va a venir mi hermano**. Fíjense que la incertidumbre de **venir** modifica también las características de **presentar**, ya que las dos acciones son interdependientes)
> Le dije a mi padre que, **cuando viniera** mi hermano, le **presentaría** a mi novia.
>   (Este ejemplo es similar al anterior, pero ocurre en el ámbito temporal del pasado; por ese motivo tenemos el pasado de subjuntivo y el condicional. Si lo expresamos directamente tenemos: **Le dije a mi padre: cuando venga mi hermano, le presentaré a mi novia**.)

Otras conjunciones de tiempo que se comportan de la misma manera que **cuando** son:

hasta que	en cuanto	mientras
después de que	tan pronto como	apenas

> Ayer, tomamos la decisión sobre dónde vivir **tan pronto como** nos **casamos**.
> (ayer se casaron y tomaron la decisión)

> Tomaremos la decisión sobre dónde vivir **tan pronto como** nos **casemos** el año que viene.
> (en el momento futuro cuando se casen, tomarán la decisión)

> Cuando mi novio se me declaró, decidimos que tomaríamos la decisión sobre dónde vivir **tan pronto como** nos **casáramos**.
> (dejaron la decisión para el futuro)

El criterio de la afirmación frente a la no afirmación explica también la conjunción **aunque**. Si algo ya ha pasado y puede ser afirmado, se usa el indicativo; en caso contrario, se usa el subjuntivo:

> **Aunque** (*even though*) **tenía** poco dinero, me compré el abrigo.
> (ambas acciones son hechos y, a pesar de que **tenía** debería ser un factor a considerar en la compra, no influye para nada: **yo tenía poco dinero** y **me compré el abrigo**)

> **Aunque** (*even if*) **tenga** poco dinero, me compraré el abrigo.
> (una acción es un hecho, **voy a comprar el abrigo**, la otra no y puede ser interpretada de varias maneras: **no sé si voy a tener poco dinero, dudo tener dinero suficiente** e, incluso, **tengo poco dinero, pero no me importa**)

> Decidí que, **aunque** (*even if*) **tuviera** poco dinero, me compraría el abrigo.
> (la explicación es idéntica a la anterior, pero en el ámbito temporal del pasado)

> **Después de las conjunciones que no requieren obligatoriamente el subjuntivo, usamos el indicativo si lo dicho puede ser afirmado como hecho. En caso contrario, usamos el subjuntivo.**

Discusión 6 ••

Expliquen cómo y por qué la conjunción temporal **antes de que** es diferente de las otras conjunciones temporales pensando en la secuencia de acontecimientos entre las dos cláusulas.

Ahora apliquen su razonamiento a estos dos ejemplos:

a. No quería hablar contigo aunque me llamabas por teléfono.

b. No quería hablar contigo aunque me llamaras por teléfono.

Escriba aquí sus ideas antes de hablar con sus compañeros/as:

_____

_____

_____

_____

7. EL SUBJUNTIVO EN LAS ORACIONES CONDICIONALES

Las oraciones condicionales consisten en una cláusula principal y una dependiente introducida por la conjunción **si**. Esta última cláusula es, en realidad, un tipo especial de cláusula adverbial. Es muy importante comprender que aquí también el orden de las cláusulas puede ser **principal** – si **subordinada** o si **subordinada** – **principal**. Las condicionales pueden expresar dos tipos de condiciones: (1) las que pueden realizarse y (2) las que no es posible realizar.

1. Con las condiciones realizables se utiliza el indicativo. Es decir, si una cláusula se cumple, la otra también. En la cláusula introducida por "si" los tiempos usados son el presente o el imperfecto:

   a. **Si hace** buen tiempo mañana, **iremos** al parque.
      (Deberá **hacer buen tiempo** para **ir** al parque. **Ir** se cumplirá si **hacer** ocurre)
   b. Cuando éramos niños, **si hacía** buen tiempo, **íbamos** al parque.
      (Debía **hacer buen tiempo** para **ir** al parque. **Ir** se cumplía si **hacer** ocurría)
   c. **Si** hoy **hace** buen tiempo, **vamos** al parque.
      (Debe **hacer buen tiempo** para **ir** al parque. **Ir** se cumple si **hacer** ocurre)

2. Condición imposible de realizar: una cláusula no se cumple y la otra tampoco. Los tiempos que se usan en estos casos son el subjuntivo pasado (si – cláusula dependiente) y el condicional (cláusula principal):

   d. **Si hiciera** buen tiempo hoy, **iríamos** al parque.
      (No hace buen tiempo y no vamos al parque. Ninguna acción ocurre)

En la oración a., afirmamos que mañana puede hacer buen tiempo: usamos el indicativo. En el ejemplo d., negamos que hoy haga buen tiempo: usamos el subjuntivo. Noten que en esta cláusula introducida por **si** usamos el **imperfecto** del subjuntivo aunque el contenido se sitúa en el presente (**hoy**). Recuerden que el imperfecto del subjuntivo posee dos formas, una terminada en **–ra** y otra terminada en **–se**, que expresan prácticamente el mismo contenido modal y temporal. El ejemplo anterior es idéntico a "**Si hiciese** buen tiempo hoy, **iríamos** al parque."

> **Si** yo **fuera/fuese** millonaria, me **compraría** una isla.
> (pero **no** soy millonaria y **no** puedo comprarme una isla)
>
> **Leeríamos** más libros **si** nosotros **tuviéramos/tuviésemos** más tiempo.
> (pero **no** tenemos tiempo y **no** leemos más libros)

Si queremos expresar una condición imposible de realizar en el **pasado,** usamos el pluscuamperfecto del subjuntivo, seguido del condicional perfecto. Recuerden que también existen dos formas al igual que en el imperfecto del subjuntivo:

> **Si** ayer **hubiera/hubiese hecho** buen tiempo, **habríamos ido** al parque.
> (pero **no** hizo buen tiempo y **no** fuimos al parque)
>
> **Habríamos sacado** una A en el examen **si no hubiéramos/hubiésemos salido** anoche a bailar.
> (pero **sí** salimos y por eso **no** sacamos una A)

Todavía existe una variante de la estructura anterior usada con mucha frecuencia y en la que solamente se usa el pluscuamperfecto de subjuntivo en ambas cláusulas. Los ejemplos anteriores pueden ser reescritos de la siguiente manera sin cambios sustanciales de significado:

> **Si** ayer **hubiera/hubiese hecho** buen tiempo, **hubiéramos/hubiésemos ido** al parque.
>
> **Hubiéramos/hubiésemos sacado** una A **si** no **hubiéramos/hubiésemos salido** anoche a bailar.

Después de **como si** usamos siempre el pasado del subjuntivo:

> Habla **como si fuera** muy inteligente. (presente = no es inteligente)
>
> Gastaba dinero **como si hubiera ganado** la lotería. (pasado = no ganó la lotería)

¡Ojo!: Cuando **si** significa *if* en el sentido de *whether*, estas reglas no se aplican. En este caso normalmente se usa el indicativo:

> No sé **si** (*whether*) **puedo** venir a tu fiesta.
>
> No sé **si** ella **compró** el pan.

Sin embargo, algunos hablantes nativos usan el subjuntivo, tal vez para hacer parecer el contenido de la cláusula con **si** más incierto. En países como México este uso es extraordinariamente frecuente:

> No sé **si pueda** venir a tu fiesta.

Discusión 7 •••

Expliquen en qué se diferencian los siguientes pares de oraciones:

1. a. Mándame el regalo si tienes tiempo.

   b. Ya sé que me mandarías el regalo si tuvieras tiempo.

2. a. Cuando era niño compraba dulces si tenía dinero.

   b. Ahora que soy adulto compraría dulces si no engordara tanto.

3. a. Si se acaba el mundo, me suicido.

   b. Si se acabara el mundo, me suicidaría.

Escriba aquí sus ideas antes de hablar con sus compañeros/as:

1. _____

2. _____

3. _____

8. NOTAS ADICIONALES

La regla de la secuencia de tiempos

Normalmente, el ámbito temporal del verbo en subjuntivo de la cláusula dependiente tiene que corresponder al indicativo de la principal. Aquí hay dos grupos: por una parte, el grupo del pasado y, por otra, el del presente y futuro.

Indicativo	Subjuntivo
presente futuro presente perfecto mandatos	presente presente perfecto
pretérito imperfecto pluscuamperfecto condicional condicional perfecto	imperfecto pluscuamperfecto

Esta regla no es absoluta, pero es una buena guía para asegurarse de que la oración sea gramaticalmente correcta. Un caso en el que se aplica esta regla sin excepciones son las oraciones condicionales que expresan una condición imposible de realizar: la cláusula principal siempre contiene una forma del condicional (o condicional perfecto) y, por consiguiente, la cláusula dependiente debe tener el verbo en el imperfecto (o pluscuamperfecto) del subjuntivo:

> **Si** mañana **estuviera** en París, **sería** la persona más feliz del mundo.
> (pero sé que **no** estaré en París)

> Me **habría graduado** en diciembre **si** el año pasado **hubiera estudiado** más.
> (pero **no** estudié más y no me gradué)

¿Qué pasa si quiero expresar en español: *I am happy she came to my party*? La cláusula principal está en el presente y la dependiente en el pasado, y ya sabemos que no podemos combinar estos dos tiempos en una estructura compuesta de una cláusula principal y una cláusula dependiente que contenga el subjuntivo. En este caso tenemos como solución el presente perfecto, cuyo uso no viola la regla de la secuencia de tiempos:

> Me **alegro** de que ella **haya venido** a mi fiesta.

La secuencia de tiempos no se sigue en dos casos:

a. Ya hemos hablado de la cláusula con **como si**, la que siempre utiliza el pasado simple o compuesto del subjuntivo sin tener en cuenta el tiempo de la otra cláusula:

> El candidato está hablando **como si** ya **hubiera ganado** las elecciones.

> El candidato estaba hablando **como si** ya **hubiera ganado** las elecciones.

b. La expresión **por si (acaso)** puede ir seguida por el indicativo o el subjuntivo, pero, cuando aparece con el subjuntivo, siempre usa el pasado indicando una acción más hipotética:

> Te dejaré comida en la cocina **por si (acaso) tienes** hambre al llegar.
> (no es probable que tengas hambre)

> Te dejaré comida en la cocina **por si (acaso) tuvieras** hambre.
> (es casi imposible que tengas hambre)

Algunos ejemplos más de la secuencia de tiempos:

> Me **alegro** de que **vayas** al cine conmigo.

> **Esperaré** hasta que **hayas terminado** tu tarea.

> **Buscaban** una secretaria que **supiera** hablar francés.

> **Me fui** antes de que **hubieran cerrado** la tienda.

> Me **gustaría** que me **ayudaras** con la traducción.

> No se debe usar un verbo en el subjuntivo pasado en una oración que contiene un verbo en el indicativo presente o futuro, del mismo modo que no se debe usar un verbo en el subjuntivo presente (o presente perfecto) en una oración que contiene un verbo en el indicativo pasado o condicional.

Discusión 8 ••

¿Cómo hay que cambiar el tiempo de la cláusula dependiente si se añade la palabra **ya**? Expliquen su respuesta relacionando entre sí las acciones de cada oración con respecto al momento en que pasan.

1. Mis padres regresan a casa con tal de que yo salga.
   Mis padres regresan a casa con tal de que yo ya...

2. La policía iba a interrogar al ladrón a menos que dijera la verdad.
   La policía iba a interrogar al ladrón a menos que ya...

Escriba aquí sus ideas antes de hablar con sus compañeros/as:

_____

_____

_____

_____

_____

🖢 *Ejercicios individuales*

1. Divida las siguientes oraciones en cláusulas y, en las dependientes, especifique de qué tipo son:

   1. Me parecía imposible que estuviera diciendo la verdad.
      Tipo: _____

   2. Nos ha dicho que no tendrá tiempo de vernos hasta que haya hablado con toda su familia.
      Tipo: _____

   3. No me cae demasiado bien, aunque tenga muchos amigos en la oficina.
      Tipo: _____

   4. Los entrenadores piensan que el equipo necesita una nueva estrategia.
      Tipo: _____

   5. Sería duro que no consiguiera ese trabajo.
      Tipo: _____

   6. Iremos al cine, si te portas bien.
      Tipo: _____

   7. Éste es el hotel en el que mis padres pasaron su luna de miel.
      Tipo: _____

   8. No creía que hubiera llegado a la cita a tiempo.
      Tipo: _____

   9. Me dice que lo espere donde le haya indicado.
      Tipo: _____

   10. A menos que tengamos nuevas ideas, estamos condenados al fracaso.
       Tipo: _____

11. ¿Es cierto lo que ha logrado inventar?
    Tipo: _____

12. Ojalá lleguen a tiempo.
    Tipo: _____

13. Si la hubiera conocido antes, hace tiempo que me habría casado.
    Tipo: _____

14. El jefe cree que necesitamos unas buenas vacaciones.
    Tipo: _____

15. Todavía estoy esperando que él me preste el libro que me prometió.
    Tipo: _____

16. Necesito que discutas la situación con él antes de que llegue mi novio.
    Tipo: _____

17. No se podía ir a dormir, hasta que hubiera estudiado todo aquello.
    Tipo: _____

18. Es una lástima que no nos hayamos visto antes.
    Tipo: _____

19. Hablas como si todo fuera mucho más fácil de lo que es.
    Tipo: _____

20. Tendrás que ser muy amable con todos los invitados a la fiesta.
    Tipo: _____

21 Dudaba que hubiera sabido la verdad alguna vez.
    Tipo: _____

22. Supongo que a esta hora ya habrá llegado de su viaje.
    Tipo: _____

23. Ya había limpiado toda la casa antes de marcharse de vacaciones.
    Tipo: _____

24. No sabía si el problema estaría solucionado a tiempo.
    Tipo: _____

2. Complete las oraciones de este párrafo con la forma correcta del verbo dado y otros elementos necesarios para que se forme un texto coherente. En seguida, explique y justifique su selección de cada forma.

Los animales en el zoológico 〰〰〰〰〰〰〰〰

Por la mañana, cuando (1. **abrirse**) _____, los animales ya están despiertos. Mientras el elefante (2. **caminar**) _____, el oso polar (3. **bañarse**) _____. A los niños no les gusta que algunos animales (4. **esconderse**) _____, pero el director del zoológico afirma que los animales (5. **necesitar**) _____. A fin de que los monos (6. **poder**) _____ les han construido

un recinto con árboles artificiales y muchos juguetes que les (7. **permitir**)

_____. Los leones se encuentran en jaulas bien seguras para

no (8. **atacar**) _____. Antes de que el público (9. **poder**)

_____, los guardas ya han limpiado las jaulas y los recintos de

los animales. Yo preferiría que el zoológico (10. **ser**) _____ para

que mis hijos (11. **tener la oportunidad**) _____. Mucha

gente cree que (12. **ser**) _____ quitarles la libertad a los ani-

males. No hay animal que no (13. **querer**) _____ y nos da

lástima que ellos (14. **comportarse**) _____ como si (15.

estar) _____. Por más espacio que se les (16. **dar**) _____

_____, nunca es como sería si (17. **encontrarse**) _____

_____. Sin embargo, los niños (18. **adorar**) _____.

También es cierto que ellos (19. **aprender**) _____ en el

zoológico. Y es posible que en la cautividad algunas especies de animales (20. **sal-**

varse de) _____.

Explicaciones

    1. _____

    2. _____

    3. _____

    4. _____

    5. _____

    6. _____

    7. _____

    8. _____

    9. _____

 10. _____

 11. _____

 12. _____

 13. _____

 14. _____

 15. _____

 16. _____

 17. _____

 18. _____

 19. _____

 20. _____

3. Complete el siguiente párrafo con la forma apropiada del verbo dado entre paréntesis:

(1. **Nosotros/acabar**) _____ de llegar a la ciudad de Barcelona para

(2. **estudiar**) _____ español durante un semestre. Barcelona

(3. **pertenecer**) _____ a la Comunidad Autónoma de Cataluña y

(4. **ser**) _____ la capital de ésta. Por este motivo, aquí se (5. **hablar**)

_____ dos lenguas distintas: el catalán y el español o castellano.

Espero que no (6. **tener**) _____ problemas de comprensión si alguien

nos (7. **hablar**) _____ en catalán, aunque me (8. **decir**)

_____ que la gente aquí (9. **ser**) _____ amable.

Ahora estamos buscando un apartamento que (10. **tener**) _____ tres

habitaciones. Encontrar un sitio en esta ciudad no es fácil. Pronto (11. **darnos**

cuenta) _____ que no (12. **existir**) _____ apartamentos

que (13. **poder**) _____ ser alquilados por menos de 1.500 euros al

mes, aunque (14. **acabar**) _____ de ver uno que (15. **costar**)

_____ 1.500 euros exactos. Si (16. **conseguir**) _____ tres

estudiantes más para compartir la vivienda (17. **ser**) _____ perfecto.

Todos los otros apartamentos que (18. **ver**) _____ son mucho más

caros y yo no (19. **querer**) _____ pagar un alquiler que (20. **ser**)

_____ excesivo porque me (21. **gustar**) _____ viajar un

poco por Europa. ¡Qué problema! Como (22. **acabar**) _____ de llegar

no (23. **conocer**) _____ a nadie que nos (24. **ayudar**)

_____ con la situación. (25. **Contactar**) _____ con

algunos estudiantes de la universidad que (26. **querer**) _____ vivir en

esta ciudad, pero (27. **tener**) _____ el mismo problema porque no

(28. **encontrar**) _____ ni un solo apartamento que (29. **cobrar**)

_____ un precio razonable. A menos que lo (30. **descubrir**)

_____ antes de que (31. **comenzar**) _____ las clases, creo

que no (32. **ir**) _____ a tener otra alternativa que (33. **irse**)

_____ a alguna ciudad cercana donde el costo (34. **resultar**)

_____ mucho más bajo.

4. Siguiendo el modelo expuesto en el apartado 7 de la parte teórica, complete las siguientes oraciones condicionales:

1. Imagínate tú, si mis padres hubieran vuelto de su viaje prematuramente,

   _____.

2. Mis profesores de la escuela secundaria me trataban como si _____

   _____.

3. Creo que la situación política no se mejorará si _____
_____.

4. ¿Qué pasaría si _____
_____?

5. Si pudiéramos conseguir entradas para el concierto de mañana
_____.

6. Te advierto que si no me dejas acompañarte a la fiesta de graduación,
_____

7. _____ como si acabara
de salir del manicomio.

8. Mi padre siempre se enojaba conmigo si _____
_____.

5. **Ejercicio guiado.** Identifique y explique el uso de los modos y el sentido de los siguientes refranes: 😨

1. Si la mar fuera vino, todo el mundo sería marino.

   Modo: _____; Explicación: _____

2. Aunque la mona se vista de seda, mona se queda.

   Modo: _____; Explicación: _____

3. Cabra que tira al monte, no hay cabrero que la guarde.

   Modo: _____; Explicación: _____

4. En los meses con erres, sobre piedras no te sientes.

   Modo: _____; Explicación: _____

5. Barbero que no sea parlero (hablador), no lo hay en el mundo entero.

   Modo: _____; Explicación: _____

6. Al perro y al gato no los pongas en el mismo plato.

   Modo: _____; Explicación: _____

7. Si eres oveja, te comen los lobos.

   Modo: _____; Explicación: _____

8. Bueno es tener amigos, aunque sea en el infierno.

   Modo: _____; Explicación: _____

9. Al revés te lo digo, para que me entiendas.

   Modo: _____; Explicación: _____

10. Antes de que te cases, mira bien lo que haces.

   Modo: _____; Explicación: _____

11. La verdad, aunque amargue, (es necesario que) se diga y se trague.

    Modo: _____; Explicación: _____

12. Si el labrador pensara en la sequía, nunca labraría.

    Modo: _____; Explicación: _____

13. Bien me quieres, bien te quiero; pero no me toques el dinero.

    Modo: _____; Explicación: _____

14. Aunque las sillas hayan cambiado, los asnos siguen siendo los mismos.

    Modo: _____; Explicación: _____

15. Armas de fuego, alejarlas; que el diablo suele cargarlas.

    Modo: _____; Explicación: _____

6. **Ejercicio guiado.** Guiándose por los significados asociados a la aparición del subjuntivo en las cláusulas nominales (duda, negación, volición, emoción y expresión impersonal) piense en tres verbos y expresiones similares para cada categoría. A continuación, escriba un ejemplo con cada una de ellas.

    1. Duda: _____, _____, _____

       Ejemplo 1: _____.

       Ejemplo 2: _____.

       Ejemplo 3: _____.

    2. Negación: _____, _____, _____

       Ejemplo 1: _____.

       Ejemplo 2: _____.

       Ejemplo 3: _____.

    3. Volición: _____, _____, _____

       Ejemplo 1: _____.

       Ejemplo 2: _____.

       Ejemplo 3: _____.

    4. Emoción: _____, _____, _____

       Ejemplo 1: _____.

       Ejemplo 2: _____.

       Ejemplo 3: _____.

    5. Expresión impersonal: _____, _____, _____

       Ejemplo 1: _____.

       Ejemplo 2: _____.

       Ejemplo 3: _____.

7. Escriba un párrafo describiendo al hombre y a la mujer ideal: 😷

El hombre ideal es alguien que _____

_____

_____

_____

La mujer ideal es alguien que _____

_____

_____

_____

8. **Ejercicio guiado.** Escriba oraciones con **si** en los contextos dados según el siguiente modelo: 😷

Modelo: Situación: Llegar tarde a casa.
   Contextos: 1. Usted tenía 15 años.
             2. Ahora
             3. Situación hipotética: usted es el Príncipe de Asturias.
   Oraciones: 1. Si yo llegaba tarde a casa cuando tenía 15 años, mis padres me reñían.
             2. Si llego tarde ahora que vivo solo, a nadie le importa.
             3. Si yo fuera el Príncipe de Asturias y llegara tarde a casa, mis guardaespaldas se preocuparían mucho.

Situación: Ir a la guerra.

Contextos: 1. Los árabes en España.

_____

2. Ahora.

_____

3. Situación hipotética: los EEUU son atacados.

_____

Situación: Tatuarse.

Contextos: 1. Usted tenía 14 años.

_____

2. Ahora.

_____

3. Situación hipotética: usted es un *Hell's Angel*.

_____ .

Situación: Gastar demasiado dinero.

Contextos: 1. Usted estaba en la escuela secundaria.

_____

2. Ahora.

_____

3. Situación hipotética: usted tiene muchas deudas.

_____

9. Añada a cada oración las palabras necesarias para mostrar el motivo para la selección del modo.

Modelo: **Normalmente,** cuando (o "siempre que") lo sé, te lo digo. **Mañana,** cuando lo sepa te lo digo (o diré).

1. a. Cuando lo tengo te lo doy.

_____

   b. Cuando lo tenga te lo doy.

_____

2. a. Quizá dices la verdad.

_____

   b. Quizá digas la verdad.

_____

3. a. En el memorando escribieron que fuéramos a la reunión.

_____

   b. En el memorando escribieron que íbamos a la reunión.

_____

4. a. No estudio lenguas que sean difíciles.

_____

   b. No estudio lenguas que son difíciles.

_____

5. a. No voy a aceptar el regalo aunque me lo ofrezcan.

_____

   b. No voy a aceptar el regalo aunque me lo ofrecen.

_____

6. a. Adelgazaba si hacía ejercicio.

_____

b. Adelgazaría si hiciera ejercicio.

_____

c. Adelgazo si hago ejercicio.

_____

7. a. Te seguiré adonde vas.

_____

b. Te seguiré adonde vayas.

_____

😛 *Ejercicios en parejas*

1. **Ejercicio guiado.**   Escojan uno de los refranes del Ejercicio 5 anterior y escriban una situación que lo ilustre. Preséntenla a la clase y pregunten de qué refrán se trata.

Escriba aquí su situación antes de hablar con sus compañeros/as:

_____
_____
_____
_____
_____

2. **Ejercicio guiado.**   Compartan los párrafos escritos para el Ejercicio 7 del apartado de ejercicios individuales. ¿Podrían sacar conclusiones? ¿Qué tipo de características son las más apreciadas? ¿Aprecian los hombres y las mujeres el mismo tipo de características?

Escriba aquí sus conclusiones antes de hablar con sus compañeros/as:

_____
_____
_____
_____
_____

3. Preparen cinco preguntas para su profesor con el objetivo de descubrir un poco más sobre su personalidad. Utilicen verbos como: preferir, gustar, esperar, etc.

Escriba aquí sus ideas antes de hablar con sus compañeros/as:

1. ¿_____?
2. ¿_____?
3. ¿_____?

4. ¿——————————————————————?

5. ¿——————————————————————?

4. **Ejercicio guiado.**   Ustedes son dos policías que están intentando averiguar qué ha pasado en las casas de los tres cerditos. Escriban cada uno/a cinco preguntas utilizando las conjunciones adverbiales de tiempo. Su compañero/a tendrá que contestar según su conocimiento de la historia:

   Modelo: ¿Dónde estaba el cerdito carpintero cuando / antes de que...?

   Escriba aquí sus ideas antes de hablar con sus compañeros/as:

   1. ¿——————————————————————?

   2. ¿——————————————————————?

   3. ¿——————————————————————?

   4. ¿——————————————————————?

   5. ¿——————————————————————?

5. **Ejercicio guiado.**   Comparen estos fragmentos de los poemas citados en la introducción del capítulo. En el primero aparece el indicativo, mientras que en los primeros cuatro versos del segundo el poeta utilizó el subjuntivo. ¿De qué tipo de cláusula dependiente se trata en cada caso? Expliquen la razón para estos usos de los dos modos. ¿Cómo tendríamos que cambiar los poemas para que en el primer fragmento apareciera el subjuntivo y en el segundo el indicativo?

   ...pero aquellas que el vuelo refrenaban

   tu hermosura y mi dicha al contemplar;

   aquellas que aprendieron nuestros nombres...

   ¡ésas no volverán!

   (Gustavo Adolfo Bécquer)

   Cuando nazcan los zorritos y los renacuajos,

   y la mariposa macho baile delante de la hembra,

   y los martín-pescadores junten sus picos,

   y se haga más larga la luz y crezcan los ovarios,

   las golondrinas volverán del sur...

   ¿Volverán del sur?

   (Ernesto Cardenal)

Escriba aquí sus ideas antes de hablar con sus compañeros/as:

_____

_____

_____

_____

_____

6. **Ejercicio guiado.** Escojan un país o una ciudad del mundo hispánico y busquen información sobre un problema que afecta a ese lugar. Describan la situación si ese problema no existiera.

   Modelo: Colombia

   En Colombia hay mucha violencia a causa de la guerrilla.

   Si no hubiera guerrilla / tanta violencia, habría más turismo.

   Otras opciones: México y la contaminación del aire; España y el terrorismo; Argentina y la situación económica; Cancún y el turismo; etc.

   Escriba aquí sus ideas antes de hablar con sus compañeros/as:

   _____

   _____

   _____

   _____

   _____

7. **Ejercicio guiado.** Algunas de las siguientes expresiones tienen significados muy específicos en situaciones muy concretas, mientras otras pueden usarse en contextos más generales. En todos los casos, se trata de expresiones de deseo incompletas: ***Deseo / ojalá* que sueñes con los angelitos**. Escriban una o dos oraciones que precedan cada expresión para situarla en una escena. Sean imaginativos y utilicen su sentido del humor:

   1. ¡Que sueñes con los angelitos!

   2. ¡Que se te rompa una pierna!

   3. ¡Que cumplas muchos (años) más!

   4. ¡Qué tengas suerte!

   5. ¡Que (te/le/les) aproveche!

   6. ¡Que Dios te bendiga!

   7. ¡Que lo pases bien!

   8. ¡Que descanse en paz!

   9. ¡Que se besen, que se besen!

10. ¡Que tengas un buen día / fin de semana!

11. ¡Que te vaya bonito!

12. ¡Que te den (morcilla)!

13. ¡Que te parta un rayo!

14. ¡Que viva la revolución!

15. ¡Que la fuerza te acompañe!

16. ¡Que hable, que hable!

Escriba aquí sus oraciones antes de hablar con sus compañeros/as:

_____

_____

_____

_____

🗣 *Ejercicios en grupos o para toda la clase*

1. **Ejercicio guiado.**   Según las instrucciones del/de la profesor/a creen una lista definitiva con todos los verbos y expresiones que han aparecido en el Ejercicio 6 individual.

2. **Ejercicio guiado.**   Presenten a la clase la información del Ejercicio 6 del apartado anterior. Escriban preguntas en la pizarra sobre sus temas siguiendo el modelo. Sus compañeros tendrán que contestarlas:

    Modelo: ¿Hasta cuándo existirá esta situación?

    ¿Qué habría que hacer para que este problema no existiera?

    ¿Conoce usted un lugar donde este problema se haya solucionado?

3. Dividan la clase en grupos de cinco personas y comparen las respuestas dadas en el Ejercicio 8 individual. En seguida tendrán que resumir los resultados del grupo para comprobar si existen reacciones paralelas ante estas situaciones.

4. **Ejercicio guiado.**   El/la profesor/a les dará un ejemplo de una oración condicional. La primera persona tendrá que modificar la oración siguiendo el modelo dado a continuación y terminar con una idea nueva. La siguiente persona tendrá que partir del elemento nuevo para realizar la siguiente oración.

    Modelo: Profesor: Si necesitara relajarme, **me gustaría estar en la playa.**

    Estudiante 1: **Si estuviera en la playa, me bañaría.**

    Estudiante 2: **Si me bañara,** necesitaría un traje de baño.

5. **Ejercicio guiado.**   Discutan los resultados del Ejercicio 5 de parejas. ¿Cómo cambiaría el contenido y el mensaje si hiciéramos estos cambios?

6. Debate: expresen su punto de vista respecto a la siguiente afirmación:

**Es imposible que creyentes de diferentes religiones
convivan en un mismo espacio.**

Composición

1. Preliminares: reaccione por escrito a las siguientes afirmaciones desde su propio punto de vista.

   1. Al escribir se debe pensar en las necesidades del lector.

   2. Es más fácil escribir sobre un tema que es interesante para el escritor.

   3. Es mejor tener un tema amplio para la composición porque así siempre se tiene mucho que decir.

   4. Para un buen escritor la primera versión de un ensayo suele ser la definitiva.

2. Los siguientes temas ofrecen oportunidades para practicar los usos de los diferentes modos verbales porque enfatizan situaciones en las que se necesita formular una reacción argumentativa, situar una acción temporalmente o expresar emociones de personajes de una narración.

   Herramientas: la estructura sintáctica utilizada preferentemente en este tipo de composición es la oración compleja, compuesta por una cláusula principal y una o más dependientes. Antes de escribir, repase los distintos tipos de cláusulas dependientes y las reglas sobre el uso del subjuntivo frente al indicativo. Trate de variar entre los distintos tipos. Fíjese también en los diferentes verbos en las principales que puedan determinar el modo utilizado en las dependientes.

   Estrategias: con los tres temas dados debe decidir de antemano si quiere escribir su composición usando la primera o la tercera persona con un narrador omnisciente. Un ensayo o cuento escrito en primera persona siempre ofrece la posibilidad de poner una mayor intensidad subjetiva y un tono más directo, y quizás más persuasivo, por parte del narrador. El/la lector/a se sentirá más directamente afectado/a por lo que lee si el narrador le da acceso inmediato a sus actitudes y emociones más íntimas y personales. Por otro lado, el ensayo o cuento escrito desde el punto de vista de un narrador omnisciente que usa la tercera persona da la impresión de ser más verídico y estar más cerca de la realidad objetiva. Si, en general, ambas personas no se diferencian mucho en el uso del subjuntivo presente en cláusulas adjetivales y adverbiales, sí se puede sugerir que varían en las cláusulas nominales. En el relato en primera persona habrá un uso más frecuente del subjuntivo en cláusulas nominales con expresiones de emoción, volición, duda o negación, mientras la narración en tercera persona usará las expresiones impersonales para dar la ilusión de la afirmación y generalización objetivas de hechos u opiniones.

Antes de empezar a escribir necesita organizar la información en un esquema. Regrese aquí una vez que haya leído los diferentes temas y haya escogido uno de ellos:

1. Comience por escribir todas las ideas que usted tenga sobre el tema o situación que ha escogido.

2. Examínelas todas y haga grupos buscando un tema común. Si hay ideas que no entran dentro de ese tema, es mejor que las deje fuera de su trabajo.

3. Busque y analice las relaciones entre éstas: ¿Son complementarias? ¿Son opuestas? ¿Son unas consecuencia de las otras?

4. Organícelas en una secuencia lógica.

5. Ya tiene el tema y el contenido de su trabajo. Ahora necesita una tesis. Pregúntese qué quiere usted demostrar con su ensayo. La respuesta de esa pregunta será su tesis.

6. Revise una vez más el esquema de su trabajo y compruebe que todos los elementos de su escritura están relacionados con su tesis.

7. Vuelva a refinar el contenido añadiendo más ideas, cambiándolas o eliminando aquellas que no se relacionen directamente con su tesis.

8. Comience a escribir teniendo presente el desarrollo que se ha fijado en su esquema de escritura.

3. Escoja uno de los siguientes temas para escribir su composición. Tenga en cuenta las diferencias entre ellos ya que le darán indicios acerca del lenguaje que debe utilizar y acerca de las características de su narrador.

Opción A ∿∿∿∿∿∿∿∿∿∿

Haga un resumen del debate presentando todos los puntos de vista. ¿Cuál es el defendido por la mayoría? ¿Cuál es su propia posición? Trate de utilizar una variedad de verbos como: **opinar**, **creer**, **pensar**, **decir**, **afirmar**, **defender**, **negar**, **sugerir**, **dudar**, **parecer**, etc.

Este ensayo requerirá un plan previo. Regrese a la sección de herramientas y vuelva a leerla. Organice los argumentos que va a presentar en un orden que le parezca lógico y adecuado: en orden creciente o decreciente con respecto a su importancia y capacidad de persuasión, según su carácter más o menos global, etc.

Introducción

1. Especifique el tema, cómo fue limitado y el formato del debate.

2. Describa el tono dominante y el nivel de emoción y agitación manifestado por los participantes.

3. Si quiere, ya puede proyectar el/los argumento/s que **ganaron**, o sea, aquellos que fueron aceptados como válidos por una mayor cantidad de personas.

Desarrollo

1. Presente los argumentos organizados y agrupados de antemano. No deje de señalar conexiones entre ellos y de utilizar transiciones lógicas como: **por un lado, por otro lado, además, sin embargo, en cambio, volviendo al tema de**…, etc.

2. Resuma su posición con respecto al tema y su reacción a algunos de los argumentos. Mantenga un tono objetivo y corrobore sus afirmaciones con hechos y actitudes generalmente aceptadas.

Conclusión

1. Resuma las posiciones fundamentales que marcaron el intercambio.

2. Según los resultados del debate, enfatice la perspectiva positiva o negativa de las soluciones o la ausencia de un acuerdo.

3. Para terminar, puede tratar de especular sobre el futuro de los conflictos entre creyentes de diferentes religiones.

Opción B 〰〰〰〰〰〰〰〰

Busque en la Red la letra de la canción mexicana **Ojalá que te vaya bonito** y familiarícese con su contenido. Va a escribir una interpretación de esta letra contextualizándola en una situación que usted inventará basándose en el contenido de la canción. ¿Quién canta? ¿Por qué canta? ¿A quién se dirige? Trate de incluir oraciones complejas utilizando como introducción a las cláusulas dependientes conjunciones como: **cuando, hasta que, antes de que, apenas, tal vez, a fin de que, para que, mientras, si**, etc.

Introducción

1. Presente la canción y el tema general de ésta.

2. Invente una identidad para la voz poética, describiendo a esta persona. Hable de las características psicológicas que cree que son relevantes para alguien que se expresa de esta forma.

3. Haga lo mismo con la persona a quien cree que se dirigen estas palabras.

Desarrollo

1. Imagínese y describa la situación entre los dos personajes. Cuente todos los detalles de esta relación y las emociones e intenciones detrás de la letra de la canción.

2. Describa cuál sería la reacción del/de la oyente si oyera estas palabras.

3. ¿Hay alguna solución posible para esta situación?

Conclusión

1. Escriba su opinión sobre este tipo de canción y si le gusta o no el uso de la segunda persona singular que usa la voz poética para dirigirse a su oyente.

2. Puede terminar describiendo el papel que este tipo de composición realiza en el mundo. ¿Por qué las escuchamos? ¿Por qué las necesitamos?

3. Al escribir su conclusión tenga muy en cuenta el tema que le ha asignado a la canción en su propia introducción.

Opción C

Uno de los cuentos más conocidos del escritor mexicano Juan Rulfo se titula "Diles que no me maten". Invente un cuento original al que se le pueda aplicar este título. No es necesario que conozca el cuento de Rulfo; de hecho es preferible que no se base en él sino que utilice su imaginación libremente. La única condición es que sea una historia en que este mandato sea de crucial importancia. Decida desde qué punto de vista narrativo quiere contar la historia, en primera persona o en tercera persona. Decida si su cuento va a ser narrado utilizando el pasado o el presente.

Considere si el diálogo directo debe tener un papel importante, ya que el título tiene forma de mandato directo. Si decide no utilizar el diálogo, siempre puede incluir esas palabras de los personajes entre comillas (" ").

Introducción

1. Describa la situación en la que se va a desarrollar la acción del cuento. Debe incluir información sobre el tiempo y el lugar, y también otros detalles relevantes para la historia.

2. Presente y describa a sus personajes. Hable de las relaciones que existen entre ellos.

3. Haga alusión al título de modo que el/la lector/a se dé cuenta de por qué esta frase es de importancia fundamental para el cuento.

Desarrollo

1. Cuente el desarrollo de la acción. Siempre es muy efectivo reservar un elemento de sorpresa para el final.

2. El mandato del título debe ocupar un lugar prominente y quizás ser repetido para justificar la selección del título.

3. Tenga el cuidado de dar un desenlace satisfactorio a la trama. No deje ningún hilo narrativo sin atar.

Conclusión

Si su cuento tiene una moraleja, éste es el lugar para formularla. Ciertos cuentos se benefician de un final corto (o incluso omitido) para provocar que el/la lector/a se anime a llegar a sus propias conclusiones y a formar sus opiniones sobre cómo esta historia se relaciona con su propia vida y cómo él/ella habría actuado en una situación semejante.

Capítulo 4

La pronominalización

INTRODUCCIÓN

*El escritor argentino Jorge Luis Borges (1899–1986), famoso principalmente por su obra cuentística, fue creador de narraciones que deben entenderse tanto en términos literarios como filosóficos. Sus cuentos, en los que se articulan sus vastos conocimientos de literatura y filosofía, frecuentemente intentan confundir al lector para hacerlo pensar. "Borges y yo", publicado como parte de la colección El hacedor (1960), no sólo manifiesta su manera de **contar filosóficamente**, o **filosofar contando**, sino también su fino sentido del humor. Aquí el tema central es la complejidad del ser humano, resumida en la eterna pregunta: ¿quién soy yo?*

Al otro, a Borges, es a quien le ocurren las cosas.
Yo camino por Buenos Aires y **me demoro**,   *me paro*
acaso ya mecánicamente, para mirar el arco de
un zaguán y la puerta **cancel**; de Borges tengo   *espacio cubierto*
5 noticias por el correo y veo su nombre en **una**   *antes de la puerta*
terna de profesores o en un diccionario   *de una casa; puerta*
biográfico. Me gustan los relojes de arena, los   *de metal hacia el*
mapas, la tipografía del siglo XVIII, las   *jardín; conjunto de*
etimologías, el sabor del café y la prosa de   *tres personas*
10 Stevenson; el otro comparte esas preferencias,
pero de un modo vanidoso que las convierte en
atributos de un actor. Sería exagerado afirmar
que nuestra relación es hostil; yo vivo, yo me
dejo vivir, para que Borges pueda **tramar** su   *organizar una intriga*
15 literatura y esa literatura me justifica. Nada me
cuesta confesar que ha logrado ciertas páginas
válidas, pero esas páginas no me pueden salvar,
quizá porque lo bueno ya no es de nadie, ni
siquiera del otro, sino del lenguaje o la tradición.
20 Por lo demás, yo estoy destinado a perderme,
definitivamente, y sólo algún instante de mí
podría sobrevivir en el otro. Poco a poco voy
cediéndole todo, aunque me consta su perversa
costumbre de falsear y magnificar. Spinoza
25 entendió que todas las cosas quieren perseverar
en su ser; la piedra eternamente quiere ser piedra
y el tigre un tigre. Yo he de quedar en Borges, no
en mí (si es que alguien soy), pero me reconozco
menos en sus libros que en muchos otros o que
30 en el laborioso rasgueo de una guitarra. Hace
años yo traté de librarme de él y pasé de las
mitologías del **arrabal** a los juegos con el   *barrio marginal en*
tiempo y con lo infinito, pero esos juegos son de   *las afueras de la*
Borges ahora y tendré que idear otras cosas. Así   *ciudad*
35 mi vida es una fuga y todo lo pierdo y todo es del
olvido, o del otro.
No sé cuál de los dos escribe esta página.

Discusión sobre el texto ·······························

En español es común omitir el pronombre de sujeto cuando el verbo indica claramente de qué persona se trata. Marquen en el cuento con un color todos los pronombres de sujeto que encuentren y con otro diferente aquellos verbos en los que se ha
omitido el pronombre. Decidan con qué persona se asocia cada uno. Especulen el
motivo por el cual unos se han omitido y otros no.

Escriba aquí sus ideas antes de hablar con sus compañeros/as:

_____

_____

_____

_____

1. PRELIMINARES

Los **pronombres** son palabras que adoptan funciones similares a los nombres o sustantivos. Existen diferentes categorías de pronombres, como los personales, los posesivos o los demostrativos, pero en este capítulo nos interesan solamente los primeros. Éstos se clasifican según la función sintáctica que desempeñen en la cláusula: pronombres de sujeto, pronombres de objeto directo, pronombres de objeto indirecto y pronombres de objeto de una preposición. Dedicaremos el próximo capítulo a los pronombres reflexivos y los diferentes uso de **se**.

> Se conoce como *pronominalización* la actividad de sustituir determinados nombres o entidades por pronombres. A este proceso, cuyo objetivo principal es evitar la redundancia en el lenguaje, vamos a dedicarnos en este capítulo.

Discusión 1 ••

Decidan si las palabras **en negrillas** son pronombres o no. Cuando hay dos palabras que se distinguen sólo por el acento gráfico, ¿qué categoría de palabras es la que lo lleva siempre?

1. Este es **mi** libro porque *lo* han traído para **mí**.

   _____

2. **Tú** no debes comer tanto, porque **tu** ropa no te va a servir.

   _____

3. **El** apartamento no resultó tan caro como **él** había dicho.

   _____

4. Acabo de comprar unos dulces. *Los* quiero para **los** niños.

   _____

Observen ahora las palabras *en cursiva*. ¿Qué palabras sustituyen y qué función gramatical tienen? ¿Qué se consigue con la pronominalización?

 Escriba aquí sus ideas antes de hablar con sus compañeros/as:

_____

_____

_____

_____

2. PRONOMBRES DE SUJETO

El **sujeto** representa la entidad que rige la acción indicada por el verbo. Es el sustantivo, el pronombre o la frase nominal que normalmente precede al verbo y concuerda con él en género y número. Por ejemplo:

Los estudiantes le dieron un regalo a la secretaria para su cumpleaños.

A veces se cambia el orden de palabras. El sujeto de la siguiente oración es el mismo que en la precedente:

Le dieron a la secretaria un regalo **los estudiantes** que llegaron ayer.

Aquí el orden de las funciones sintácticas es Objeto Indirecto + Verbo + Objeto Indirecto (duplicado) + Objeto Directo + Sujeto, cuando el orden de palabras habitual es Sujeto + Verbo + Objetos.

Si hago la pregunta **¿Quiénes dieron un regalo?**, la respuesta es **los estudiantes**. Consecuentemente, **los estudiantes** es el sujeto de la oración. El pronombre personal que le correspondería es **ellos**. Los pronombres personales de sujeto son:

	Singular	**Plural**
1ª	yo	nosotros, nosotras
2ª	tú, usted, vos	vosotros, vosotras, ustedes
3ª	él, ella	ellos, ellas

Es necesario recordar que los pronombres **usted** y **ustedes** se usan en un contexto formal. La forma **vos**, que corresponde a **tú**, pertenece al español que se habla en el Río de la Plata, Chile, otras regiones de Sudamérica y por toda Centroamérica (con la excepción de Panamá). La forma **vosotros**, el plural de **tú**, pertenece al español hablado en España. Por último, en Latinoamérica se utiliza **ustedes** para el plural de **usted** y también de **tú**.

Las formas **nosotras** y **ellas**, al igual que **vosotras** en España, solamente se utilizan cuando el grupo está formado exclusivamente por sujetos femeninos. La forma **nosotros** puede usarse para un grupo de sujetos masculinos o uno mixto (lo mismo sucede con **vosotros** y con **ellos**).

Recuerde que el verbo en español, a diferencia del verbo en inglés, indica con claridad el sujeto que realiza la acción debido a su terminación específica de persona y número. En muchos casos la presencia del pronombre de sujeto es innecesaria y por eso tiende a omitirse. Los hablantes de inglés suelen incluir este pronombre en todas las ocasiones, pero esto suena extraño a un hablante nativo, especialmente cuando se está hablando de objetos y animales.

En algunos casos el pronombre de sujeto no puede mencionarse porque:

1. Se desconoce quién realiza la acción o esta entidad no es importante:

   En el periódico **afirmaban** que los resultados serían positivos.[1]

2. El verbo impide la presencia de un sujeto explícito. Esto sucede con los que expresan fenómenos meteorológicos (**llover**, **nevar**) y aquéllos como **haber** o **hacer**, los que solamente suelen ser utilizados en tercera persona de singular:

   Hace muchos días que llueve sin parar.

3. El uso de expresiones impersonales no lo permite. Esto sucede con los verbos **ser**, **estar** y en construcciones con el **se** impersonal:[2]

   Es importante saber que hay protestas por parte de los trabajadores.
   Está claro que ella no quería decirme con quién había hablado.
   Se dice que será demasiado tarde para tomar una decisión adecuada.

> **Evite el uso de los pronombres personales de sujeto a no ser que quiera hacer énfasis en la persona (nunca animal ni objeto) que realiza la acción, contrastar el sujeto con otra persona o evitar una posible ambigüedad.**

Discusión 2 ·······································

Expliquen por qué el pronombre de sujeto no se omite en los siguientes ejemplos. ¿Qué pasaría si se omitiera?:

1. **Él** cantaba como los ángeles.

2. Mis dos primos vinieron anoche a cenar. **Él** llegó a las nueve y **ella** a las nueve y media.

3. El profesor quiere que **yo** hable español.

4. Les dije que **yo** llegaría un poco tarde.

5. No quiero más excusas. **Ustedes** necesitan trabajar más.

6. Tengo dos hijas y dos hijos. **Ellas** son mayores.

7. Ojalá que **ella** pueda acudir a la fiesta.

---

[1]Véanse las notas adicionales del Capítulo 5
[2]Véase el Capítulo 5

 Escriba aquí sus ideas antes de hablar con sus compañeros/as:

_____

_____

_____

_____

3. PRONOMBRES DE OBJETO DIRECTO

El **objeto directo** (también llamado **complemento directo**) representa la entidad que recibe directamente la acción indicada por el verbo. Para descubrirlo en una cláusula es necesario hacer la pregunta **¿Qué o quién recibe la acción del verbo?** Por ejemplo:

Los estudiantes le dieron **un regalo** a la secretaria para su cumpleaños.

Si hago la pregunta **¿Qué le dieron?**, la respuesta es **un regalo**. Consecuentemente, **el regalo** es el objeto directo de la cláusula. El pronombre personal de objeto directo que le correspondería es **lo**, porque **el regalo** es tercera persona, masculino y singular. El cuadro es el siguiente:

	Singular	Plural
1ª	me	nos
2ª	te	(os)
3ª	lo, la	los, las

Tenga en cuenta que cuando el objeto directo es una persona (o un animal, si se está personificando), aparece precedido por la preposición **a**. Por favor, no confunda la **a** personal con la preposición **a** que marca el objeto indirecto. Así podemos tener ejemplos como:

Visité el museo hace dos días.
Visité **a** todos mis amigos anteayer.

El museo y **a todos mis amigos** cumplen exactamente la misma función sintáctica: los dos son objetos directos. Fíjese que en el segundo ejemplo la pregunta para descubrir el objeto directo ya no podría ser **¿Qué visitaste?**, sino **¿A quién visitaste?** Esa pregunta tendrá que hacerse cuando la entidad que recibe la acción es un ser humano o un animal.

En caso de ambigüedad se omite la **a** personal y se deja la preposición del objeto indirecto:

En la fiesta presenté Juan a María para que se conocieran.

En ocasiones el pronombre de objeto directo aparece duplicado. Esto sucede cuando, en lugar de ocupar su posición tras el verbo, es adelantado:

> Posición normal: No quiero ver **al niño** delante.
>
> Posición irregular: ¡**Al niño** no **lo** quiero ni ver delante!
>   (**el niño** y **lo** representan la misma entidad)

Este proceso de cambiar un elemento de la oración de su lugar habitual a otro (casi siempre al principio de la oración) por motivos de énfasis o focalización, lo llamamos **topicalización**.

El significado de muchos verbos implica que pueden tener un objeto directo; sin embargo, no todos los verbos que lo pueden tener, lo requieren. Por ejemplo: **Nosotros miramos ayer** es un enunciado que necesita la existencia del objeto directo para completar su sentido. Hasta que el hablante diga qué miró, la oración está incompleta, por eso, la presencia del nombre o pronombre de objeto directo se hace indispensable: **Nosotros miramos** esa película **ayer** o **Nosotros la miramos ayer**. Los verbos que pueden tener objeto directo son los llamados **verbos transitivos,** y los que no, **verbos intransitivos**. Esta diferencia tiene una gran importancia porque, como hemos visto en el Capítulo 2 y como veremos en el Capítulo 5, la transitividad del verbo es lo que permite la transformación de la voz activa a la voz pasiva.

También existen los términos **usos transitivos** y **usos intransitivos**. Estos se aplican a los verbos que pueden tener o no un objeto directo dependiendo del contenido del mensaje. Si son usados con un objeto directo (**Mary habla** español **bien**) se dice que es un uso transitivo; si el mismo verbo no viene acompañado de un objeto directo (**Mary habla muy bien**), se trata de un uso intransitivo. Son intransitivos, o sea que nunca pueden tener un objeto directo, verbos como **ir, depender, venir, nacer, pertenecer,** y verbos como **gustar, importar** o **doler**. Hablaremos de estos últimos verbos, los que requieren una estructura sintáctica distinta a la del inglés, a continuación, al tratar de los pronombres de objeto indirecto.

Discusión 3 ••

Decidan si los verbos **en negrillas** pueden ser transitivos o no, y justifiquen su decisión. Con cada uno hay que preguntar, tal y como se menciona en la explicación, **¿Qué escribo?**, **¿Qué voy?** En términos más generales, ¿puede este verbo tener un objeto directo? ¿Puedo **escribir algo**?, ¿**ir algo**?

1. Le **escribí** a María que me **devolviera** el dinero que me **pertenece**.

2. **Camina** más rápido que el día ya **termina**.

3. El teléfono **sonó** y no me **importó** porque no **quería** que me **molestaran**.

Escriba aquí sus ideas antes de hablar con sus compañeros/as:

_____

_____

_____

_____

4. PRONOMBRES DE OBJETO INDIRECTO

El **objeto indirecto** (también llamado **complemento indirecto**) representa a la entidad que se beneficia de la acción. Para descubrirlo en una cláusula es necesario preguntar: **¿A quién está destinado el objeto directo?** o **¿Quién es afectado positiva o negativamente por la acción?**

Los estudiantes le dieron un regalo **a la secretaria** para su cumpleaños.

Si hago la pregunta **¿A quién le dieron un regalo?**, la respuesta es **a la secretaria**. Consecuentemente, **a la secretaria** es el objeto indirecto y el pronombre que le correspondería en la secuencia es uno de tercera persona singular, **le**:

	Singular	Plural
1ª	me	nos
2ª	te	(os)
3ª	le	les

Es muy corriente en español utilizar en la misma secuencia el objeto indirecto y el pronombre para clarificar a quién se refiere el último porque, a diferencia de la pronominalización del objeto directo, éste no tiene información acerca del género:

Le comentó **a su madre** la situación.

Le y **a su madre** se refieren a la misma entidad. Aquí el elemento obligatorio suele ser el pronombre (**le**) y el opcional es **a su madre**; o sea, que se puede decir **Le comentó la situación**, pero no se suele decir **Comentó a su madre la situación** sin colocar **le** antes del verbo. Esta duplicación del objeto indirecto es mucho más común y sistemática que la que hemos mencionado anteriormente para el objeto directo. Como ya hemos visto, el objeto directo sólo se duplica cuando ocupa un lugar no habitual, cuando está topicalizado; en cambio, el indirecto se duplica incluso cuando está en su posición habitual.

Como veíamos un poco más arriba, la misma naturaleza de los verbos permite o impide que los objetos sean incluidos en determinadas estructuras sintácticas. Por eso distinguimos entre los verbos **transitivos**, los verbos **intransitivos** y los verbos que exigen el uso de una preposición. Los verbos como **gustar**, **encantar**, **(des)agradar**, **interesar**, **faltar**, **importar**, **parecer** y **doler** no pueden regir un objeto directo, sino que siempre forman una cláusula que incluye un objeto indirecto:

A mí me gusta el cine mucho.

En el ejemplo anterior, **me** (que se correspondería con el sujeto de la traducción al inglés, **I** *like movies a lot*) es el objeto indirecto, y **el cine** es el sujeto de la cláusula (en inglés es el objeto directo). Fíjese también en que **A mí** y **me** obedecen a la duplicación del objeto indirecto típica de esta función.

A mi padre no **le** importa el fútbol.
(Sujeto: el fútbol; objeto indirecto: a mi padre, le)

> **A los estudiantes les** parece que las notas fueron injustas.
> (Sujeto: que las notas fueron injustas [cláusula nominal]; objeto indirecto: a los estudiantes, les)

En ocasiones encontramos el pronombre de objeto indirecto combinado con un verbo que en circunstancias normales no permite su presencia:

> **Nos** vinieron muchos estudiantes a la reunión.
> **A nuestros vecinos les** nació otro hijo.
> Mis hermanos siempre **me** bebían toda la Coca-Cola.

En estos casos, el objeto indirecto indica quién se beneficia o se perjudica de la acción. Compare estos dos ejemplos:

> El acusado declaró que **le** había robado (**a la víctima**) el pan **para sus hijos**.
> El acusado declaró que **le** había robado (**a la víctima**) el pan.

En el primer caso **le** señala que la víctima había sufrido las consecuencias del robo, pero los hijos se beneficiaron del pan. En el segundo caso no sabemos quiénes se beneficiaron del robo, ya que solamente se indica el individuo afectado por la acción del verbo (**robar**) dirigida hacia el objeto directo (**el pan**).

Discusión 4 •••

Identifiquen si estamos ante un caso de **a** personal (delante de un objeto directo) o de **a** como preposición de objeto indirecto:

1. Le mandé **al** senador una carta pidiéndole que presentara **a** la cámara la propuesta.

2. **A** esto no se le llama pronombre.

3. Mi hermana les cuidó los hijos **a** sus amigos.

4. Para entonces ya había conocido **a** toda su familia.

5. Me temo que ese estilo de música solamente me guste **a** mí.

Escriba aquí sus ideas antes de hablar con sus compañeros/as:

_____

_____

_____

_____

5. LA COLOCACIÓN Y LA SECUENCIA DE LOS PRONOMBRES DE OBJETO

Los pronombres de objeto siempre van delante del verbo conjugado, excepto en los mandatos afirmativos. En las combinaciones de verbos conjugados con gerundios o infinitivos existe la posibilidad de anteponerlos al verbo conjugado o pegarlos al infinitivo o gerundio. Sin embargo, si estas formas verbales aparecen solas, se les pospone el pronombre:

Quisiera conocer **a ese chico**.
→ **Lo** quisiera conocer.
→ Quisiera conocer**lo**.

He estado esperando **a mi novia** mucho tiempo.
→ **La** he estado esperando mucho tiempo.
→ He estado esperándo**la** mucho tiempo.

Por favor, da**me tu cariño**.
→ Por favor, dá**melo**.

No **le** envíes **la carta a tu jefe**.
→ No **se la** envíes.

Ver **a mi novio** es lo que más deseo en la vida.
→ Ver**lo** es lo que más deseo en la vida.

Mirando **a su hijo** firmemente le prohibió salir aquella noche.
→ Mirándo**lo** firmemente le prohibió salir aquella noche.

Recuerden que al añadir los pronombres al infinitivo, al gerundio o al mandato, el énfasis de la palabra debe quedarse en la misma sílaba en la que estaba antes. Por eso, es necesario colocar un acento gráfico a la palabra si se convierte en palabra esdrújula o sobresdrújula:[1]

Cómpra**me un libro** → Cómpra**melo**

Quiero comprar**te un libro** → Quiero comprár**telo**

Estoy esperando **el autobús** → Estoy esperándo**lo**

Cuando dos pronombres de objeto aparecen juntos, el que aparece primero es el de objeto indirecto y luego el de objeto directo.

Por fin **me** había contado toda **la historia**. → Por fin **me la** había contado.
(**Me** es el objeto indirecto y **la** es el objeto directo.)

---

[1]Para las reglas de los acentos escritos consúltese el Apéndice II.

Si los dos pronombres que coinciden son de tercera persona, el pronombre de objeto indirecto se transforma en **se**. Es decir, que las secuencias de pronombres se transforman de la siguiente manera:

le + lo = se lo

le + la = se la

le + los = se los

le + las = se las

les + lo = se lo

les + la = se la

les + los = se los

les + las = se las

La mamá siempre **les** hacía **la comida a los niños**.
→ **La** hacía **a los niños**. (sustitución de objeto directo)
→ **Les** hacía **la comida**. (sustitución de objeto indirecto)
→ * **Les la** hacía. (sustitución incorrecta de ambos)
→ **Se la** hacía. (sustitución correcta de ambos)

Los estudiantes le dieron **un regalo a la secretaria** para el cumpleaños del profesor.
→ **Lo** dieron **a la secretaria**. (sustitución de objeto directo)
→ **Le** dieron **un regalo**. (sustitución de objeto indirecto)
→ * **Le lo** dieron. (sustitución incorrecta de ambos)
→ **Se lo** dieron. (sustitución correcta de ambos)

Como ya hemos estudiado, mientras los pronombres de objeto directo distinguen en la tercera persona claramente entre masculino, femenino, singular y plural, los de objeto indirecto solamente distinguen entre singular y plural. Ahora, cuando aparecen juntos, el objeto indirecto **se** no distingue ni entre singular y plural, ni entre masculino y femenino. Por este motivo, suele ser constante la presencia del objeto indirecto duplicado debido a que es necesario precisar dicha entidad, a no ser que se sobreentienda:

Se lo dieron a la secretaria.
(Pero: Compraron **un regalo para la secretaria** y **se lo** dieron.
Se y **la secretaria** representan la misma entidad)

Discusión 5 ••

Decidan si el **se** es pronombre de objeto indirecto o no, y presten especial atención a la palabra que lo sigue. ¿Qué función sintáctica representa?

1. Ahora no **sé** la respuesta. **Se** la diré más tarde.

2. **Se** le comunicó la noticia.

3. A Juan **se** lo presto de buena gana.

4. **Se** me ocurrió una idea excelente.

5. No **se** acostumbra a salir muy frecuentemente.

Escriba aquí sus ideas antes de hablar con sus compañeros/as:

_____

_____

_____

6. LOS PRONOMBRES DE OBJETO DE UNA PREPOSICIÓN

Los pronombres personales adoptan una forma especial en la primera y segunda persona del singular cuando aparecen tras una preposición. El resto de las formas coincide con los pronombres sujeto:

	Singular	**Plural**
1ª	mí	nosotros, nosotras
2ª	ti, usted	vosotros, vosotras, ustedes
3ª	él, ella	ellos, ellas

Los estudiantes le dieron un regalo a la secretaria para **el profesor**.

→ Los estudiantes le dieron un regalo a la secretaria para **él**.

→ Se lo dieron para **mí**. (si yo soy el profesor)

→ Se lo dieron para **ti**. (si tú eres el profesor)

En las personas del singular, la preposición **con** seguida de un pronombre adopta las formas **conmigo**, **contigo** y **consigo**:

Había quedado en venir **conmigo** al cine y ahora descubro que fue **contigo**.

Recuerden que con las preposiciones **entre**, **excepto** y **según** se utiliza el pronombre de sujeto y no las variantes que se describen en este apartado:

En la reunión estaban todos excepto **tú y yo**.

Entre **tú y yo**, creo que esto es un escándalo.

Entonces, **según tú**, ¿no existen monstruos?

Discusión 6 ••

Existe otro pronombre que se utiliza con frecuencia después de preposiciones: **ello**. ¿Qué significa? Contextualicen en una situación estas dos oraciones y expliquen a qué se refiere cada uno de los pronombres. ¿En qué se diferencian?

1. Para **él**, Dios no existe.

2. Para **ello**, tengo que pedir un préstamo.

Escriba aquí sus ideas antes de hablar con sus compañeros/as:

_____

_____

_____

7. NOTAS ADICIONALES

Leísmo; agente, paciente y dativo de interés

1. Una confusión muy frecuente entre hablantes de algunos dialectos del español es representar al objeto directo animado (o sea, el que se presenta con la **a** personal) como un objeto indirecto. Esta confusión surge de que el objeto indirecto se caracteriza por tener siempre la preposición **a** y, además, suele ser una persona. Esta confusión se conoce con el nombre de **leísmo**.

    Le vi cuando estaba cruzando la calle. (variante leísta)
    Lo vi cuando estaba cruzando la calle. (variante no leísta)

   El leísmo es típico de algunas regiones en España. No se oye en Latinoamérica.

   No confundan el leísmo con el diferente significado que tienen algunos verbos al ser usados con un objeto directo o con un objeto indirecto:

    Le pego (*I hit him*). **Lo** pego (*I stick it*).

2. Algunas gramáticas usan la siguiente terminología semántica: **agente** para la entidad que hace la acción y **paciente** para la que recibe (**sufre**) la acción directamente. La entidad que es afectada por la acción indirectamente se denomina **dativo de interés** y puede ser representada sintácticamente por un objeto indirecto o un objeto de una preposición. La palabra **dativo** viene de la terminología gramatical usada para los **casos**, es decir, categorías gramaticales que marcan la función sintáctica de palabras y cuyas formas explícitas existen por ejemplo en latín, alemán, ruso, y también inglés, por ejemplo para hablar de la diferencia entre *he* y *him*. En esta categorización el caso "nominativo" corresponde al sujeto gramatical, el "acusativo" al objeto directo y el "dativo" al objeto indirecto.

Hizo la comida a sus hijos.
(la comida = objeto directo, a sus hijos = objeto indirecto)

Hizo la comida para sus hijos.
(la comida = objeto directo, para sus hijos = objeto de una preposición)

Le compró un abrigo a su marido.
(un abrigo = objeto directo, a su marido = objeto indirecto)

Compró un abrigo para su marido.
(un abrigo = objeto directo, para su marido = objeto de una preposición)

Le puso una vela al santo.
(una vela = objeto directo, al santo = objeto indirecto)

Puso una vela para el santo.
(una vela = objeto directo, para el santo = objeto de una preposición)

Ejemplos de dativo de interés son:

No **le** vengas con esa historia que no te va a creer.

El profesor dijo: —La tarea de ayer no era correcta, a ver si hoy **me** la hacen bien.

Pobre Juan, el niño **te** ensució toda la casa.

Normalmente el agente coincide con el sujeto y el paciente con el objeto directo, pero no siempre. Esta terminología es especialmente importante al describir la voz pasiva:

Voz activa: Mi abuelo construyó esta casa.
(abuelo = sujeto y agente, casa = objeto directo y paciente)

Voz pasiva: Esta casa fue construida por mi abuelo.
(agente y paciente siguen siendo los mismos, pero ahora el sujeto es **esta casa** y **mi abuelo** es un objeto de preposición)

Continuaremos utilizando esta terminología en el siguiente capítulo.

Discusión 7 •••

Decidan qué pronombres son de objeto directo y cuáles son de objeto indirecto. Presten atención a los casos de leísmo:

1. Mi hermana vio a Juan y **le** dijo que **le** llamaría más tarde.

2. **Le** puse un disco de mi cantante favorito para preguntar**le** si **le** conocía.

3. La historia que **le** conté, **le** impresionó mucho.

4. **Le** encontré ayer, pero no **le** saludé.

Escriba aquí sus ideas antes de hablar con sus compañeros/as:

_____

_____

_____

Ejercicios individuales

1. Rellene el siguiente cuadro con los pronombres que aparecen en esta carta de desamor:

   Como no sé nada de (1) **ti**, supongo que estarás bien. He descubierto que, desde que entre (2) **tú** y (3) **yo** no existe nada, ahora confío más en (4) **mí** y en mis posibilidades. (5) **Lo** afirmo una y mil veces y me (6) **lo** repito: ya no (7) **te** necesito. Aunque las noches son muy largas y (8) **las** paso desvelado, no (9) **me** gustaría (10) ver**te** de nuevo. Siento que (11) **me** faltas, pero, al mismo tiempo, no quisiera que (12) **nos** volviéramos a ver de nuevo. (13) **Te** echo de menos, pero, poco a poco, (14) **te** voy sintiendo más y más lejos. (15) **Tú** eres el pasado y (16) **yo** ya estoy mirando al futuro.

	Sujeto	Obj. directo	Obj. indirecto	Obj. de prep.
1ª sg.				
2ª sg.				
3ª sg.				
1ª pl.				
2ª pl.				
3ª pl.				

2. Sustituya las palabras **en negrillas** por pronombres donde sea posible, y omita los pronombres de sujeto cuando el contexto los haga redundantes:

   Mi tía Verónica suele ir al teatro sobre todo para observar a **los otros espectadores**. **Mi tía** espera cerca de la puerta para ver llegar **a los otros espectadores**. **Mi tía** sigue **a los espectadores** con su mirada hasta que **los espectadores** hayan desaparecido de su vista. Después **mi tía** entra también. **Mi tía** se dirige a su lugar y **mi tía** mira a su alrededor para ver si conoce a alguien en el auditorio. A veces **mi tía** ve a su amiga Beatriz. **Mi tía y Beatriz** se encuentran durante el intermedio. **Mi tía** está muy contenta porque **mi tía y Beatriz** pueden caminar por el teatro e intercambiar comentarios sobre el público asistente, pero **mi tía y Beatriz** hacen comentarios sin que **el público** oiga **a mi tía y Beatriz**. Y así **mi tía y Beatriz** pasan una noche agradable.

   _____

   _____

   _____

   _____

   _____

   _____

3. **Ejercicio guiado.** Sustituya las partes **en negrillas** por el pronombre correspondiente cuando sea posible hacerlo y, cuando no sea necesaria o posible la sustitución, explique la razón:

1. **Tus padres y yo** iremos a visitar **a sus tíos** cuando podamos.

   _____

   _____

2. Acábate **la comida** y tómate la leche después.

   _____

   _____

3. **El coche** no funciona demasiado bien últimamente.

   _____

   _____

4. Dijo **a ti** la verdad, aunque mintió a todos **sus otros amigos** excepto a **María y a mí.**

   _____

   _____

5. Me gusta **Amalia** muchísimo, pero no me atrevo a pedir **a ella** que salga conmigo.

   _____

   _____

6. ¡Me encanta **cómo preparas la ensalada**!

   _____

   _____

7. **Pepe, Juana y yo** llegaremos a tiempo pase lo que pase.

   _____

   _____

8. **María, Estefanía y Raquel** se acaban de ir de vacaciones.

   _____

   _____

9. Quisiera que fueras con **nuestros amigos** para conocer **ese maravilloso lugar.**

   _____

   _____

10. Esa sauna es solamente para **mujeres,** por eso queremos ir **Elena y yo** mañana.

    _____

    _____

11. Había comprado **ese regalo** para **ti y para mí**.

    _____

    _____

12. Nos interesa **conocer la reacción del público**.

    _____

    _____

13. **Ustedes y yo** habríamos querido que hubiera **mejores condiciones**.

    _____

    _____

14. Comunicaron **a Juan la buena noticia**, tan pronto como habló con **sus amigas**.

    _____

    _____

15. **Los estudios** indican **que necesitamos comprender mejor la situación**.

    _____

    _____

16. Necesita tranquilizarse, **señor Ramírez**.

    _____

    _____

17. Atiende **a todos los clientes** lo mejor que puedas.

    _____

    _____

18. Durante la investigación aparecieron **nuevos datos a los detectives**.

    _____

    _____

19. Cuando **Mario** habló conmigo **Mario** dijo que pensaría en **la oferta**.

    _____

    _____

20. Dime **qué sientes** y te diré **lo que te extraño**.

    _____

    _____

21. Concedieron **una nueva beca a todos los científicos** que dirigían **las investigaciones**.

    _____

    _____

22. Gustaría **a mí** pedir **a ti un favor**.

_____

_____

23. Me faltan **ánimos** para decir **a ellos la verdad**.

_____

_____

24. Despídete de **tu hija** que el tren ya deja **la estación**.

_____

_____

25. Todavía no sé lo que falta **a ellos**.

_____

_____

4. Complete el siguiente párrafo con los pronombres adecuados. Preste atención a los casos donde hay que añadir un acento ortográfico, y también a los casos en los que el pronombre se escribe unido a la forma verbal no personal como una sola palabra:

La noticia apareció en todos los periódicos. Había sido encontrado un cadáver en el hotel más lujoso de la ciudad y fue arrestado un hombre que se encontraba cerca del lugar del crimen. Nadie (1) _____ conocía y (2) _____ se negaba a dar (3) _____ cualquier información a la policía. Finalmente, después de interrogar (4) _____ toda la noche, al detective se (5) _____ ocurrió la idea de permitir (6) _____ que llamara a alguien por teléfono. Por el número que llamó consiguieron descubrir su identidad. Manteniendo (7) _____ siempre despierto, lograron hacer (8) _____ hablar. No confesó nada y tampoco (9) _____ dijo a los policías por qué había estado en la escena del delito.

—Dejen (10) _____ en paz —dijo—. Permitan (11) _____ que duerma y después (12) _____ (13) _____ contaré todo.

Al día siguiente no pudieron saber mucho más de (14) _____. Continuaba negando estar involucrado. (15) _____ tomaron las huellas digitales y, después de saber los resultados del análisis, (16) _____ (17) _____ comunicaron: había pruebas de que (18) _____ había estado en el lugar del crimen. (19) _____ acusaron de homicidio y (20) _____ mandaron a la cárcel. (21) _____ asignaron un abogado, y ahora no había otra cosa sino esperar que empezara el proceso en el tribunal…

5. **Ejercicio guiado.** ¿Por qué razones se ha omitido el pronombre de sujeto en estos ejemplos?

El día amaneció soleado. No (1) **había** ni una sola nube en el cielo. En su celda, el acusado se levantó e inmediatamente se le ocurrió que en ese día (2) **iban** a decidir cómo (3) **pasaría** el resto de su vida. En los periódicos (4) **decían** que la evidencia contra él era irrefutable. Su abogado le había confesado que ahora ya (5) **era** demasiado tarde para encontrar algo que lo exculpara. Se (6) **sentía** como si todo estuviera perdido. Ya no (7) **tenía** esperanzas. Cuando (8) **salió** de la prisión (9) **notó** que de repente (10) **había empezado** a llover y (11) **hacía** frío. No le (12) **habían dado** un abrigo. (13) **Pensó**: "Ahora (14) **es** importante mantenerme en calma".

Cuando (15) **llegó** a los juzgados, su abogado le dijo que esa mañana (16) **habían conseguido** los resultados del médico forense y que el ADN encontrado en la escena del crimen no era el suyo… (17) **Hacía** años que (18) **estaba** en la prisión, inocente…

1. _____
2. _____
3. _____
4. _____
5. _____
6. _____
7. _____
8. _____
9. _____
10. _____
11. _____
12. _____
13. _____
14. _____
15. _____
16. _____
17. _____
18. _____

Muy apreciado Sr. González:

(1) **Lo / Le** expresamos nuestra gratitud por (2) haber**nos / les** enviado su carta. (3) **Lo / La** hemos recibido hace unas semanas y (4) **nos / la** sirve continuamente de inspiración. Tras leer sus palabras y (5) releer**las / les**, hemos considerado sus sugerencias y (6) **las / los** tendremos en cuenta en futuras versiones de nuestros productos.

Sentimos las molestias que (7) **le / lo** hemos causado, aunque (8) **le / lo** aseguramos que nuestros productos (9) **los / las** probamos en diferentes lugares para comprobar que son seguros tanto para (10) **ustedes / nosotros**, nuestros clientes, como para (11) **ustedes / nosotros**, los fabricantes. De todas formas, (12) **se / le lo / la** hemos comunicado a nuestros ingenieros y, de ahora en adelante, fabricaremos lápices y bolígrafos que usen un material que no sea tan duro. (13) **Le / Se lo / la** hacemos saber para (14) traer**lo / le** buenos recuerdos y para (15) confirmar **lo / le** el agradecimiento que sentimos.

(16) **Le / Lo** sentimos mucho, pero no (17) **les / nos** sorprende que sus dientes hayan sufrido desperfectos serios al intentar morder nuestro modelo de metal, puesto que (18) **le / lo** fabricamos con materia prima de primera calidad. En su carta (19) **nos / les** hace saber que su sonrisa (20) **le / la** ha dejado de gustar a su novia y que la factura del dentista (21) **lo / le** ha dejado casi en la ruina, por eso esperamos que el cheque que (22) **lo / le** enviamos, (23) **lo / le** ayude a recuperar parte de su economía. No querríamos que nuestros productos (24) **le / lo** causaran todavía más problemas. (25) **Le / Se la / lo** repetimos: su bienestar es nuestra máxima prioridad.

Su testimonio (26) **le / nos** ha servido de inspiración y (27) **les / nos** servirá de punto de partida para futuros desarrollos. No podríamos (28) mantener**los / nos** como la empresa más innovadora en el sector, si no (29) **nos / los** fijáramos en lo que los clientes (30) **nos / les** piden. Después de (31) haber**la / lo** considerado con calma, (32) **la / le** hacemos saber que en nuestra línea de nuevos productos pensamos incluir una gama de lápices y bolígrafos con partes masticables y diferentes sabores. Va a tener que (33) ver**lo / le** y (34) comprobar**le / lo** para (35) creer**la / lo**. De hecho, pensamos (36) poner**lo / le** su nombre a esta nueva línea de productos y, según los estudios de mercado que hemos hecho, otras empresas (37) **nos / les** van a tomar como ejemplo.

(38) **Les / Nos** gustaría volver a oír de (39) **ti / usted**, para saber si nuestro envío de tres cajas de lápices (40) **le / lo** ha llegado sin ningún problema. De lo

contrario (41) **le / lo** agradeceríamos que (42) **nos / les lo / la** hiciera saber. Estamos seguros que (43) **los / las** encontrará de su agrado puesto que (44) **las / los** hemos sometido a los más estrictos controles sanitarios y (45) **los / les** hemos añadido un baño de sabor de fresa.

(46) **Le / Lo** deseamos que la salud y su nueva dentadura (47) **lo / le** acompañen a lo largo de muchos años y (48) **los / las** pueda disfrutar, utilizando nuestros nuevos productos.

Atentamente,

El promotor de ventas

7. **Ejercicio guiado.** Escriba cinco afirmaciones sobre su clase de español utilizando los verbos **gustar, interesar, desagradar, parecer e importar:**

   1. A mi clase le desagrada(n) _____.

   2. _____.

   3. _____.

   4. _____.

   5. _____.

8. **Ejercicio guiado.** Hable de una profesión usando los verbos como **gustar, encantar, interesar, faltar, importar, parecer, desagradar** y **doler.** Escriba cinco oraciones sin mencionar la profesión:

   Modelo: A ellos les importan solamente los votos de las elecciones.
   (Respuesta: a los políticos)

   1. _____.

   2. _____.

   3. _____.

   4. _____.

   5. _____.

9. Busque en el diccionario los posibles significados de la palabra *it* y anótelos aquí. En las siguientes oraciones hay algunos ejemplos donde ésta aparece en inglés. Decida si en español se utiliza alguna palabra en ese contexto e identifique la posición sintáctica en la que suele aparecer.

   1. *It is important to know it.*

   2. *It says that it will not snow.*

   3. *You will find more information on it if it is necessary.*

   4. *It would be preferable to know if it will rain tomorrow.*

Posibles significados son: _____

_____

_____

Escriba aquí sus ideas:

_____

_____

_____

_____

😀 *Ejercicios en parejas*

1. Compartan oralmente el Ejercicio 7 del apartado anterior y decidan con cuál de las afirmaciones de su compañero/a están más de acuerdo y con cuál están más en desacuerdo. Más tarde lo compartirán con la clase. 😀

Escriba aquí sus ideas:

Estamos de acuerdo en: _____

_____

No estamos de acuerdo en: _____

_____

2. **Ejercicio guiado.** Preparen para su compañero/a cinco preguntas sobre sus vacaciones ideales que se puedan contestar afirmativa o negativamente siguiendo el ejemplo. Ella/Él deberá contestar utilizando el pronombre adecuado.

Modelo: ¿Prefieres la playa para tus vacaciones? → Sí, la prefiero.

Escriba aquí sus preguntas:

1. ¿_____?
2. ¿_____?
3. ¿_____?
4. ¿_____?
5. ¿_____?

3. Describan tres objetos prácticos sin mencionar su nombre: ¿para qué lo/la usamos?, ¿a quién le facilita la vida?, ¿a quién se lo regalaría? Su compañera/o tendrá que adivinar de qué se trata.

Escriba aquí sus descripciones:

1. _____

_____

_____

2. _____

_____

_____

_____

3. _____

_____

_____

_____

4. **Ejercicio guiado.** Identifiquen los pronombres en el siguiente poema de Gustavo Adolfo Bécquer. Reescríbanlo eliminando aquéllos que son redundantes. ¿Por qué habrá optado el poeta por incluirlos?

Rima 11 ∿∿∿∿∿∿∿∿∿∿

«Yo soy ardiente, yo soy morena,
yo soy el símbolo de la pasión;
de ansia de goces mi alma está llena.
¿A mí me buscas?» «No es a ti, no».

5   «Mi frente es pálida; mis trenzas, de oro;
puedo brindarte dichas sin fin;
yo de ternura guardo un tesoro.
¿A mí me llamas?» «No; no es a ti».

«Yo soy un sueño, un imposible,
10   vano fantasma de niebla y luz;
soy incorpórea, soy intangible;
no puedo amarte». «¡Ah ven; ven tú! »

Reescriban el poema y contesten las preguntas aquí:

_____

_____

_____

_____

5. Regresen al texto "Borges y yo" que abre este capítulo e identifiquen todos los pronombres que allí aparecen, dando, cuando sea posible, la información acerca de su función sintáctica, persona, género y número.

Escriban aquí sus ideas:

_____   _____   _____   _____

_____   _____   _____   _____

_____   _____   _____   _____

 **Ejercicios en grupos o para toda la clase**

1. Decidan cuáles de las siguientes razones eliminan los pronombres de sujeto en el Ejercicio 5 individual. Tengan en cuenta que puede haber más de una razón para algunos casos.

    1. Sintácticas: el sujeto ha sido previamente mencionado.

    2. Semánticas: no es posible incluir un sujeto debido al significado del verbo.

    3. Pragmáticas: el hablante no quiere, no puede especificar el sujeto en este contexto, o bien quiere evitar la redundancia.

2. Siéntense en un círculo para contar una historia. Cada estudiante debe contribuir con un detalle, asegurándose de que la redundancia sea evitada por medio del uso de pronombres o de la omisión de éstos. Las posibilidades son:

    1. Era una noche oscura y tormentosa...

    2. En un lugar de La Mancha...

    3. El decimotercer día del mes era un martes...

3. **Ejercicio guiado.** Descubran entre todos si las afirmaciones escritas en el Ejercicio 7 individual y el 1 de parejas son apropiadas o no. ¿Hay alguna afirmación que se haya repetido en más de una ocasión? ¿Qué sugerencias pueden ofrecer para mejorar la situación?

4. Debatan el siguiente tema:

    **No me importa ni lo que los demás piensen de mí
    ni tampoco lo que digan de mí.**

Composición

1. Preliminares: reaccione por escrito a las siguientes afirmaciones desde su propio punto de vista.

    1. Las oraciones cortas crean un ritmo de lectura más rápido y, por eso, es conveniente utilizarlas siempre.

    2. La organización y el desarrollo de la escritura deben ser intuitivos.

    3. Cualquier palabra es adecuada para expresar una idea.

    4. No es recomendable tener una actitud preconcebida acerca de lo que se escribe.

2. Al escribir sobre uno de los siguientes temas, recuerde que los pronombres de sujeto son frecuentemente innecesarios, a menos que su uso sea deliberado y sirva algún propósito, como en la primera opción que le damos. Asimismo, recuerde también que el uso de los pronombres de objeto ayuda a evitar la redundancia.

    Herramientas: repase los pronombres estudiados y sea consciente de la distinción entre el objeto directo y el indirecto. Recuerde el uso del pronombre de objeto indirecto aun en casos en los que este objeto está presente (**le** escribiré **a Juan** mañana), el cambio **le → se**, los pronombres de objeto de una preposición (**mí, ti,** etc.) y las preposiciones que están seguidas de pronombres de sujeto (**entre tú y yo**). Si decide en cierto momento omitir el pronombre sujeto, asegúrese de que no va a resultar ninguna ambigüedad de esta omisión (**Pablo y María son muy trabajadores**; él **nunca regresa a casa antes de las ocho**).

Estrategias: en los tres temas va a ser muy importante que usted atrape la atención del lector desde las primeras oraciones de su escritura. Uno de los recursos que puede utilizar sobre todo en las opciones A y C, es el uso de preguntas retóricas. Éstas se definen como preguntas que contienen sus propias respuestas o que no tienen una respuesta posible. Además, la solución implícita normalmente es negativa. Si el candidato a la presidencia que pretende derrotar al presidente actual, pregunta **¿Ustedes creen que su situación es mejor ahora que hace cuatro años?**, desea implicar que la situación **no** es mejor y que deben votar por él. Esta técnica, como todo recurso retórico, contribuye al propósito de persuadir al/a la oyente. Al mismo tiempo, una pregunta interrumpe una secuencia de frases declarativas de manera que el cambio de ritmo ayuda a evitar la monotonía de un texto.

Ése es uno de los mecanismos que le puede permitir conservar la atención de su lector. Recuerde que la primera impresión es en muchas ocasiones la que cuenta. A continuación le ofrecemos otras estrategias que puede utilizar, sobre todo en su introducción, incluso combinando varias de ellas. Además, tenga en cuenta que algunos escritores, redactan por último la introducción cuando ya han terminado su trabajo y todos repasan lo que han escrito una vez que han terminado. Usted puede hacer lo siguiente:

1. Defina su tema usando una fuente específica o aludiendo al sentido común de su lector.

2. Hable de lo que otros han hecho en estas mismas circunstancias. El objetivo es resumir lo que ya se ha dicho sobre su tema para familiarizar al lector con el material.

3. Haga una generalización que a continuación usted confirma o desmiente.

4. Comience con un ejemplo o una anécdota que contextualice la importancia de su tema y la represente.

5. Haga una pregunta que invite a su lector/a a reconsiderar sus conocimientos o actitudes.

6. Cite la opinión de otra persona, especialmente si esta persona es famosa o conocida. Una variación de esta estrategia es utilizar datos específicos que pueden ser contrastados.

7. Exprese una paradoja o un hecho que puede interesar a su lector/a.

8. Hable de un efecto sin establecer la causa, provocando así la curiosidad de su lector/a.

9. Utilice una primera oración que sorprenda a su lector. La sorpresa puede ser tanto positiva como negativa.

3. Escoja uno de los siguientes temas para escribir su composición y, al hacer su selección, tenga en cuenta el carácter distinto de cada uno: mientras el primero requiere un talento dramático, el segundo usará una estructura narrativa y el tercero va a hacer hincapié en la capacidad de argumentar lógicamente.

Opción A

Ejercicio guiado. Escriba un anuncio para la radio sobre un producto inútil, pero que usted presentará como indispensable. Tenga en cuenta que una campaña publicitaria con éxito se basa en la idea de crear una necesidad inexistente en el consumidor. En un texto de este tipo se utilizará el pronombre **usted** o **tú** de forma redundante para que el/la interlocutor/a sienta que le están dirigiendo el anuncio a él/ella personalmente. Además, el estilo será más bien coloquial y directo.

Introducción

Sería muy efectivo empezar con una o dos preguntas retóricas dirigidas al consumidor. Por ejemplo, si quiere vender un producto para hacer brillar las hojas de las plantas de la casa, puede preguntar: **Cuando usted mira sus plantas, ¿no le parecen feas y sin brillo?, ¿Cuántas veces ha deseado que sus plantas sean más vistosas, más envidiadas por sus vecinas?** Con preguntas así se crea la impresión en el/la oyente de que tiene un problema que necesita solucionar.

Desarrollo

1. Dígale al/a la oyente que tiene la solución perfecta para su problema. Puede decirle, por ejemplo, que ya se le terminaron todas sus preocupaciones, que la solución está a su alcance, etc.

2. Presente su producto, siempre dirigiéndose al oyente (Fíjese usted en…, no se olvide usted de que…, le va a parecer increíble a usted que…, etc.). Normalmente se exageran las buenas cualidades y el éxito absoluto del producto para dar la impresión de que no hay otro producto en el mercado que pueda competir con el suyo.

3. Incluya información sobre lo que otros clientes han dicho de su producto, escogiendo con mucho cuidado sus características personales. Si usted quiere hablar de un producto para plantas, su cliente modelo será probablemente alguien que pasa mucho tiempo en casa, que está preocupado por la calidad ambiental de su hogar, quizá tiene hijos, etc.

4. Dé información sobre el precio y cómo y dónde se puede conseguir el producto. De nuevo hay que exagerar las características positivas como, por ejemplo, el precio bajísimo en comparación con el éxito total del producto.

Conclusión

1. Mencione, otra vez con alguna exageración, cómo la vida del/de la oyente va a mejorar después de comprar su producto. Ejemplo: **Nunca más tendrá que aguantar el desprecio de sus vecinas cuando las invita y ellas miran sus plantas.**

2. Dé la impresión de que su cliente necesita inmediatamente este producto: haga la oferta limitada de un regalo, diga que le quedan muy pocos por vender, ofrezca dos por el precio de uno, proporcione un descuento imaginario por utilizar una tarjeta de crédito o por llamar por teléfono, etc.

Opción B

Escriba una historia que contextualice el siguiente refrán: **Yo como tú, tú como yo, el diablo nos juntó**. La presencia del diablo sugiere que la situación y las circunstancias de la unión son bastante negativas, pero seguro que su composición puede darle un giro cómico. En su cuento se pretenderá subrayar la verdad universal contenida en los refranes, así que el uso de un narrador omnisciente tal vez sea una de las opciones más apropiadas.

Introducción

1. Hable de los refranes en general y para qué sirven utilizando algún ejemplo concreto.

2. Escriba una breve interpretación del proverbio.

3. Haga la transición a su cuento, utilizando una frase como: **Nunca se ha conocido un caso que pruebe tan claramente lo acertado que este refrán puede ser como el de...**

Desarrollo

1. Presente a los personajes y sus características personales relevantes para la trama de su cuento, como, por ejemplo, cualidades negativas como la envidia, la codicia, el carácter temperamental, etc.

2. Describa el escenario en el que se desarrolla su historia. Limítese a detalles importantes para la acción y para la aplicación del refrán aquí ilustrado. El escenario debe ser importante porque explica las características de sus personajes.

3. Cuente la acción del cuento.

4. Relate el desenlace del conflicto. Tenga cuidado en no dejar ningún hilo de la trama sin rematar.

Conclusión

1. Si el desenlace es trágico, puede añadir cómo los personajes habrían podido evitar este final si hubieran aprendido el refrán o pensado en él.

2. Explique cómo el refrán se aplica a su cuento haciendo referencia indirecta al uso que usted le ha asignado a estos dichos en su introducción.

Opción C

Escriba un comentario sobre la siguiente afirmación del filósofo español José Ortega y Gasset: **Yo soy yo y mi circunstancia**. ¿Está usted de acuerdo con que la circunstancia individual de la persona puede modificar el modo en el que ésta percibe el mundo? Para escribir este ensayo, tiene dos opciones: una es utilizar un ejemplo que la ilustre, y otra es escribir un ensayo de tipo más filosófico. En la primera serán más importantes los hechos que le sucedan al personaje; mientras en la segunda, el tono deberá ser mucho más expositivo. Si usted se decide por la opción narrativa, piense que utilizar a un personaje histórico como ejemplo será retóricamente mucho más convincente que escribir utilizando la primera persona.

Introducción

1. Puede utilizar una o varias de las estrategias mencionadas más arriba.

2. Su introducción deberá incluir qué entiende usted por "circunstancia" dando algún ejemplo específico.

3. Radicalice su presentación utilizando una circunstancia extrema, buena o mala, para que su lector se dé cuenta de la importancia de dicho concepto.

Desarrollo

1. Describa las características de la **circunstancia** que usted ha escogido y el **yo** influido por ella.

2. Si ha escogido un desarrollo más filosófico, exponga los argumentos positivos o negativos que afirman o contradicen las palabras de Ortega. Desarrolle cada uno de ellos en un párrafo distinto dando ejemplos específicos.

3. Si ha escogido un desarrollo más narrativo, presente todos los elementos importantes para entender al personaje y sus reacciones.

4. Intente ser ecuánime, aceptando puntos de vista opuestos, pero, al mismo tiempo, desmintiéndolos de una forma sistemática y educada.

5. Piense, por ejemplo, si la ausencia de la circunstancia por usted descrita habría cambiado por completo la resolución del problema del **yo**.

Conclusión

1. Formule explícitamente su posición ante la afirmación de Ortega y Gasset haciendo referencia breve a los datos o elementos que usted ha expuesto.

2. Explique cuáles pueden ser las consecuencias prácticas de su argumento: ¿cómo afecta al mundo un exceso de circunstancias positivas o de circunstancias negativas?

Capítulo
5

Los reflexivos y el uso del pronombre "se"

INTRODUCCIÓN

La brevedad del poema "Poética", de Gloria Fuertes (1917–1998) es representativa de gran parte de las obras de esta escritora española. Su poesía ha sido caracterizada como **conversacional**, término que describe tanto su tono informal, casi **anti-poético**, como sus temas inspirados en la vida y la lucha diaria de todos los seres humanos. Su voz poética simplemente nos **habla**, es decir, sobrepasa el distanciamiento que normalmente existe entre el poeta y sus lectores para ofrecernos su comprensión y compasión profundamente sinceras. El fragmento del poema que aquí les ofrecemos ilustra muy bien esa equiparación entre la poesía y la vida.

No hace falta lapicero ni papel.
Sólo con amor se puede hacer un poema.
Sólo con amor se puede hacer un niño.
Y más difícil todavía…
5 Sólo con amor se puede hacer un milagro.

Discusión sobre el texto··

Una "Poética" es un tratado sobre los principios y reglas de la poesía. Al contrario de lo que sucede aquí, normalmente tiene una orientación formal, ya que habla de versificación, de rimas, de ritmos, etc. En este poema, ¿quién es el sujeto gramatical? ¿Quién realiza las acciones expresadas por el verbo? ¿Cómo contribuye su respuesta a la interpretación del poema?

Escriba aquí sus ideas antes de hablar con sus compañeros/as:

_____

_____

_____

_____

1. PRELIMINARES

La palabra **se** tiene múltiples funciones en español. Este capítulo se dedica a delimitar las diferencias significativas entre todos estos usos, aunque siempre debemos tener en cuenta que algunas apariciones van a ser ambiguas.

La primera diferencia que debemos establecer aparece entre el **sé** tónico y los otros tipos de **se**. **Sé** es una forma verbal del verbo **saber** marcada con un acento gráfico para diferenciarla de otros usos:

Yo nunca **sé** de qué está hablando.

Todos los otros tipos de **se** están gramaticalmente relacionados con la tercera persona. Dentro de este grupo podemos señalar una diferencia importante entre el **se** de objeto indirecto y todos los otros. Ya hemos visto en el capítulo anterior que el pronombre de objeto indirecto **le** se convierte en **se** cuando precede a un pronombre de objeto directo de tercera persona:

Le daré el dinero que me pidió. **Se lo** daré.

Este **se** es fácilmente identificable porque siempre aparece combinado con un pronombre de objeto directo de tercera persona: lo, la, los, las.

Ya tengo la carta escrita. **Se la** daré mañana a Juan.

Ya tengo el ensayo escrito. **Se lo** daré mañana al profesor.

Ya tengo las postales escritas. **Se las** daré mañana a María.

Ya tengo los trabajos escritos. **Se los** daré mañana a Juan.

Vamos a exponer por separado los otros tipos de **se**: el reflexivo y recíproco, el accidental, el pasivo y el impersonal.

Las reglas sobre la posición de cualquier tipo de **se** son idénticas a las de los pronombres de objeto, mencionadas en el capítulo anterior. Se colocan delante del verbo conjugado y después del infinitivo y del gerundio:

Ella **se lo** dice. **Se lo** quiere decir. Quiere decír**selo**. Está diciéndo**selo**.

Ella **se** lava. **Se** quiere lavar. Quiere lavar**se**. Está lavándo**se**.

Se necesita contar el total de votos otra vez. Necesita contar**se** el total de votos otra vez.

Se debe hablar con cuidado. Debe hablar**se** con cuidado.

Igual que los pronombres de objeto, se coloca el **se** después del mandato afirmativo y antes del mandato negativo:

¡Láve**se** usted antes de venir a trabajar! ¡No **se** presente en la oficina con la ropa sucia!

¡Díga**se** la verdad! ¡No **se** afirme lo que no es verdad!

> Las múltiples funciones de la palabra *se* obligan a que seamos muy conscientes del papel semántico y sintáctico en el que aparece para interpretar correctamente su sentido.

Discusión 1 ●●●●●●●●●●●●●●●●●●●●●●●●●●●●●●●●●●●●●●

De los dos tipos de **se** que hemos visto en este apartado, ¿qué tipo podemos esperar en los siguientes contextos? ¿Cómo llegamos a esta conclusión?

1. Tomás ＿＿＿＿＿＿＿ lo comunicará al jefe tan pronto llegue.

2. Siempre le digo que yo no ＿＿＿＿＿＿＿ si podré ir a la fiesta.

3. ¿No han llegado los regalos? Yo ＿＿＿＿＿＿＿ los traeré personalmente a usted.

4. Confieso que no ＿＿＿＿＿＿＿ las respuestas de todas las preguntas.

Escriba aquí sus ideas antes de hablar con sus compañeros/as:

＿＿＿＿＿＿＿＿＿＿＿＿＿＿＿＿＿＿＿＿＿＿＿＿＿＿＿＿＿＿＿＿＿＿＿＿＿＿

＿＿＿＿＿＿＿＿＿＿＿＿＿＿＿＿＿＿＿＿＿＿＿＿＿＿＿＿＿＿＿＿＿＿＿＿＿＿

＿＿＿＿＿＿＿＿＿＿＿＿＿＿＿＿＿＿＿＿＿＿＿＿＿＿＿＿＿＿＿＿＿＿＿＿＿＿

＿＿＿＿＿＿＿＿＿＿＿＿＿＿＿＿＿＿＿＿＿＿＿＿＿＿＿＿＿＿＿＿＿＿＿＿＿＿

2. LOS REFLEXIVOS

Se puede ser un pronombre reflexivo de tercera persona singular o plural. La característica principal que define los pronombres reflexivos es que forman una unión semántica con el sujeto. Es decir, un sujeto de primera persona, **yo**, aparece en combinación con un pronombre reflexivo de primera persona, **me**. **Tú** se corresponde con **te**; **él / ella / ellos / ellas** con **se**; **nosotros/as** con **nos**; **vosotros/as** con **os** (usado sobre todo en España).

Usamos los verbos reflexivos cuando el sujeto y el objeto (directo o indirecto) son idénticos, o sea cuando la acción realizada por el sujeto recae sobre el mismo sujeto:

> Yo **me** lavo.
> Yo **me** lavo las manos.

En la primera oración **yo** es el sujeto y **me** (la misma persona) es el objeto directo, es decir la entidad que recibe la acción directamente. En la segunda, el objeto directo es **las manos** y **me** es el objeto indirecto, o sea el **yo** es la entidad que se beneficia de la acción mientras **las manos** reciben la acción directamente.

La prueba definitiva para identificar un reflexivo es realizar un cambio de sujeto. Si el cambio de sujeto provoca un cambio de objeto, nos encontramos sin duda ante un reflexivo.

> **Yo** siempre **me** doy cuenta de mis errores.
> **Ellos** siempre **se** dan cuenta de mis errores. (consecuentemente, es un reflexivo)

Si, por el contrario, podemos alternar dos pronombres similares en género y número con dos que son disimilares, nos encontramos ante un uso reflexivo y un uso no reflexivo.

> **Los vampiros** (**ellos**) no **se** miran en los espejos. (uso reflexivo)
> **Los vampiros** (**ellos**) no **me** miran en el espejo. (uso no reflexivo)
> **Manuel se** afeita la barba todos los días. (uso reflexivo)
> **Manuel se la** afeita todos los días **a los clientes** de la barbería. (uso no reflexivo)

Si en el ejemplo anterior dijéramos solamente **Manuel se la afeita todos los días**, el **se** podría ser interpretado tanto como un pronombre de objeto indirecto o como un reflexivo. Éste sería un uso completamente ambiguo, porque no podríamos distinguir entre la entidad que hace y la entidad que recibe la acción. En estos casos de ambigüedad se suele precisar la entidad con **a mí/ti/sí/nosotros mismo/s**.

> **Manuel se** la afeita **a sí mismo** todos los días.

Hay dos tipos de verbos reflexivos: unos que siempre son usados en forma reflexiva y otros que pueden alternar una forma reflexiva con una no reflexiva.

1. **Verbos exclusivamente reflexivos:**

   Algunos verbos son siempre reflexivos y nunca pueden ser usados de forma no reflexiva: **arrepentirse de** (*to regret something*), **atreverse a** (*to dare*), **(com)portarse** (*to behave*), **darse cuenta de** (*to realize*), **jactarse de** (*to boast*), **quejarse de** (*to complain*), **rebelarse** (*to rebel*), **suicidarse** (*to commit suicide*):

   > Juana **se atrevió** a contar una mentira delante del jurado.
   >
   > El acusado **se quejó** de la mentira ante el juez.
   >
   > **Me arrepiento** de haber gastado todo el dinero que tenía.
   >
   > No **te atrevas** a contradecirme, sé que en este caso tengo toda la razón.
   >
   > Quien **se porta** mal tiene que ir de castigo al rincón.
   >
   > Él siempre **se jacta** de todas sus posesiones, pero yo sé que todo eso fue comprado a crédito.
   >
   > ¿Alguna vez has encontrado a alguien que no **se queje** de su trabajo?
   >
   > Los estudiantes **se rebelaron** contra las nuevas reglas de la universidad.
   >
   > Tengo miedo de que ella **se suicide**; ya nos ha amenazado varias veces con eso.

2. **Verbos con una forma reflexiva y una forma no reflexiva:**

   Estos son la gran mayoría de verbos que hemos estudiado desde siempre:

   > La madre **se baña** y **se viste** (usos reflexivos) antes de **bañar a los niños** y **vestirlos** (usos no reflexivos).

   Algunos verbos cambian levemente de significado cuando son usados reflexivamente:

Duermo = *I sleep*	**Me** duermo = *I fall asleep*
Voy = *I go*	**Me** voy = *I go away, I leave*
Como = *I eat*	**Me** lo comí todo = *I ate it all up*
Quito = *I take away*	**Me** quito los zapatos = *I take my shoes off*

   > Tengo problemas para **dormirme,** pero cuando lo consigo **duermo** durante ocho horas.
   >
   > Si no **vas** a terapia matrimonial, yo **me voy** de esta casa y no vuelvo más.
   >
   > Te dije que **comieras** galletas, pero nunca me imaginaba que **te** las **comieras** todas.
   >
   > **Quito** este plástico de la alfombra, pero sólo si tú **te quitas** los zapatos antes de pisarla.

   Otros verbos como: **morir / morirse, caer / caerse, callar / callarse, quedar / quedarse** no cambian de significado, sino que el reflexivo añade un matiz personal que relaciona la subjetividad del hablante con la acción del verbo:

   > Ayer **se murió** mi abuelo. Estoy muy triste.
   >
   > Pero: Ayer **murió** el director de la compañía donde trabaja mi padre.

Ejemplos adicionales son:

> Ayer mi hijo **se cayó** del árbol y tuve que llevarlo al hospital.
> Pero: Ayer **cayó** granizo del tamaño de pelotas de golf.
>
> **¡Cállate** de una vez para siempre!
> Pero: Quien **calla** otorga.
>
> Cuando se fueron mis hijos de vacaciones **me quedé** solita en casa.
> Pero: En el accidente **quedaron** heridas varias personas.

Ciertos verbos, cuando son usados reflexivamente, conllevan el significado de *to become*, *to get*: **enfermarse** (*to get sick*), **entristecerse** (*to become sad*), **enojarse** (*to get angry*), **aburrirse** (*to get bored*), **preocuparse** (*to get worried*):

> Siempre que voy de viaje **me enfermo** del estómago.
> Cuando oyó la mala noticia **se entristeció** mucho.
> No **te enojes** conmigo, por favor, no lo hice por mal.
> Después de estar media hora en la fiesta, **me aburrí** y me fui.
> **Te preocupas** por nada, te prometo que no tomaré demasiada cerveza.

Los pronombres reflexivos del plural también pueden ser usados para expresar acciones recíprocas con verbos cuyo significado lo permita:

> Mi novio y yo **nos escribimos** todos los días.
> Mis hermanas **se miraron**.

Cuando hay ambigüedad, se añade **uno/a/os/as al/a la/a los/a las otro/a/os/as**: mis **hermanas se miraron al espejo** (acción reflexiva); **mis hermanas se miraron la una a la otra** (acción recíproca).

> En español, muchos más verbos son usados reflexivamente que en inglés y es fundamental ser consciente de que el pronombre y el sujeto del verbo se refieren a la misma entidad para interpretar adecuadamente el sentido de la oración.

Discusión 2 ••

Hemos dicho que el verbo reflexivo expresa una acción que el sujeto se hace a sí mismo: **Yo me lavo.** Decidan si en realidad el sujeto es capaz de realizar estos actos:

1. Se murió mi abuelo. (¡morir es intransitivo!)

2. Se acabó el pan.

3. Mi abuela se acuesta temprano.

4. Me aburro en las clases.

En los casos que tienen forma de construcción reflexiva, pero el sujeto no se puede hacer a sí mismo la acción expresada, hablamos de pseudo-reflexivos.

Escriba aquí sus ideas antes de hablar con sus compañeros/as:

1. _____
2. _____
3. _____
4. _____

3. EL SE ACCIDENTAL

Recuerden que en el capítulo anterior definimos a los participantes en una acción de la siguiente manera: el **agente** como la entidad que hace la acción, el **paciente** como la entidad que recibe la acción directamente y el **dativo de interés** como la entidad que se beneficia positiva o negativamente de la acción. Dijimos que en la oración activa el agente suele ser representado por el sujeto gramatical, el paciente por el objeto directo y el dativo de interés por el objeto indirecto.

Hay un tipo de construcción pseudo-reflexiva en combinación con un dativo de interés que es usada con frecuencia para expresar que algo pasó accidentalmente. Los siguientes verbos son los más comunes para estas situaciones:

caer	ocurrir	perder	romper
echar a perder	pasar	quedar	soltar

Observen el siguiente ejemplo:

(**A mí**) **Se me** cayó el plato que llevaba en la mano.

El sujeto del verbo **caerse** es **el plato**, y **me** es el pronombre de objeto indirecto que denota el dativo de interés, o **la víctima** del "accidente". En este caso **caerse** es un pseudo-reflexivo, ya que el plato no se puede hacer la acción a sí mismo.

Al profesor se le olvidó su libro de notas en casa.
(sujeto: **su libro de notas**; **víctima** [objeto indirecto]: **el profesor**)
Al niño se le perdió su juguete favorito.
(sujeto: **su juguete favorito**; **víctima** [objeto indirecto]: **el niño**)

En otras situaciones se trata simplemente de expresar que algo pasó a alguien y éste se vio afectado por la acción, sea accidentalmente o no:

(**A nosotros**) **Se nos** acabó el pan, tenemos que ir a comprarlo.
(**A ella**) **Se le** olvidó llamar a Juan para invitarlo a mi fiesta.

Observen la concordancia entre la forma verbal y el elemento en negrilla, o sea el sujeto:

> (A nosotras) Se nos echar**on** a perder **todos los vegetales** del frigorífico.
> (A ellos) Se les h**a** quedado **el cuaderno** nuevamente en la clase.
> A ti siempre se te pas**an las fiestas** de cumpleaños.

> **La construcción con el *se* accidental sirve para cambiar el papel del agente de la acción a uno de dativo de interés, o sea la entidad afectada por la acción. Así, el hablante tiene la oportunidad de deshacerse de la responsabilidad por lo que pasó.**

Discusión 3

Cambien las siguientes oraciones a la versión con el **se** accidental. Después inventen situaciones para estos enunciados especificando quién habla, a quién se dirige y explicando los motivos por los cuales la nueva versión sería la preferida:

1. Olvidé el paraguas.

2. Rompí todos los platos que estaban en la mesa.

3. Perdí mi pasaporte.

4. Se escapó mi perro.

5. Acabó con mi paciencia.

Escriba aquí sus ideas antes de hablar con sus compañeros/as:

1. _____
2. _____
3. _____
4. _____
5. _____

4. EL SE EN CONSTRUCCIONES DE SIGNIFICADO PASIVO

Como vimos en las notas adicionales del Capítulo 4, la diferencia entre **agente** y **paciente** es fundamental para entender lo que sucede con la voz pasiva. Todos los ejemplos de **se** reflexivo verdadero que hemos visto tienen un agente animado capaz de realizar y recibir directa o indirectamente la acción expresada por el verbo. Sin embargo, en español encontramos una gran cantidad de ejemplos de **se** en los que el

sujeto gramatical es un objeto o un concepto que no puede realizar la acción indicada por el verbo:

> "Sólo con amor **se** puede hacer un poema".
> Aquí **se** habla español.
> **Se** alquilan dos habitaciones.

En el primer ejemplo, **un poema** es el sujeto gramatical de **puede**, en el segundo **español** es el sujeto de **habla**, y en el tercero **dos habitaciones** es el sujeto de "alquilan". Esto es fácilmente comprobable porque si cambiamos el sujeto del singular al plural, o viceversa, obtenemos:

> Sólo con amor se puede**n** hacer **los poemas.**
> Aquí se habla**n varios idiomas.**
> Se alquil**a un cuarto** con derecho a cocina.

Obviamente, en estos casos el verbo solamente puede aparecer conjugado en tercera persona de singular o plural, dependiendo del sujeto gramatical:

> En las declaraciones juradas **se dice** siempre **la verdad.**
> En las declaraciones juradas **se dicen** solamente **las verdades.**

La verdad parece ser el **agente** de la acción, pero, como no puede **decirse a sí misma**, en realidad nos encontramos semánticamente ante un "paciente". Este tipo de ejemplos suelen considerarse equivalentes a la voz pasiva y pueden transformarse en una pasiva auténtica expresada con el verbo **ser**:

> La verdad **es** dicha en las declaraciones juradas.
> Un poema sólo puede **ser** hecho con amor.
> Varios idiomas **son** hablados aquí.
> Un cuarto con derecho a cocina **es** alquilado.

En español, se considera la pasiva con **se** estilísticamente superior a la voz pasiva verdadera y, por eso, es usada con mayor frecuencia.

Ya hemos visto que el **se** pasivo tiene un sujeto gramatical que se corresponde semánticamente con el **paciente**. Sin embargo, a diferencia de la pasiva verdadera, la estructura con **se** no permite en general la expresión de un **agente**. En las siguientes oraciones pasivas, el agente aparece en negrilla:

> En las declaraciones juradas la verdad es dicha **por los testigos.**
> Un poema sólo puede ser hecho con amor **por un buen escritor.**
> Varios idiomas son hablados aquí **por los habitantes.**
> Un cuarto con derecho a cocina es alquilado **por los nuevos inquilinos.**

La única forma que tiene el **se** pasivo de indicar quién se ve beneficiado o perjudicado por la acción, es mediante la presencia de un **dativo de interés** expresado por

un pronombre de objeto indirecto (**me**, **te**, **le**, **nos**, **les**), cuya presencia se puede expandir con la preposición **a** seguida del pronombre o nombre correspondiente:

> Sólo con amor **se** les puede hacer un poema **a quienes sufren en el mundo**.
> Aquí **se** me habla español exclusivamente **a mí**.
> **Se** te alquilan dos habitaciones **a ti** porque eres muy responsable.

Es extraordinariamente importante recordar que solamente los verbos transitivos se transforman en pasivas con **ser**.[1] Por lo tanto, solamente éstos pueden utilizarse con un **se** pasivo. Por este motivo, verbos como **gustar**, **encantar**, **(des)agradar**, **interesar**, **faltar**, **importar**, **parecer** y **doler**, o los verbos que requieren el uso de una preposición, no pueden formar este tipo de oraciones. Expandiremos este tema en el siguiente apartado.

> **La construcción con el *se* pasivo ofrece la posibilidad de evitar el uso de la voz pasiva verdadera, considerada estilísticamente inferior, pero sólo en situaciones en las que no es necesario mencionar al agente de la acción.**

Discusión 4 ·······························

Decidan si en los siguientes ejemplos, **se** es reflexivo o pasivo. Pongan en práctica las estrategias que ustedes han aprendido: cambien la persona o el número del sujeto para justificar su decisión.

Juana (1.) **se** fue muy temprano para casa porque tenía que preparar la comida de la fiesta. Por el camino iba pensando si los vegetales (2.) **se** cocinaban con aceite o en agua. Al llegar a la casa (3.) **se** sacó la ropa de trabajo para empezar a cocinar y después recordó que su madre le recomendaba hervir los vegetales. También, cuando abría las latas, recordó lo que su madre le había enseñado de niña: "(4.) **Se** agarran las latas por los extremos con mucho cuidado para no (5.) **cortarse**". Pensar en su madre la puso de muy buen humor y, gracias a los consejos que recordó mientras la comida (6.) **se** preparaba, la fiesta fue todo un éxito.

Escriba aquí sus ideas antes de hablar con sus compañeros/as:

1. _____
2. _____
3. _____
4. _____
5. _____
6. _____

---

[1] Véanse los Capítulos 1 y 4.

5. EL SE EN CONSTRUCCIONES DE SIGNIFICADO IMPERSONAL

Recuerden la definición de los verbos transitivos: son verbos que admiten un objeto directo y, en ciertos casos, un objeto indirecto. Como ya se ha dicho, también podemos hablar de **usos** transitivos o intransitivos: el verbo **escribir** se denomina normalmente transitivo; sin embargo, el mismo verbo puede ser utilizado de forma transitiva (**escribo una carta**) y de forma intransitiva (**escribo bien**).[1]

Como hemos dicho en el apartado anterior, solamente los verbos transitivos admiten la transformación pasiva y, por lo tanto, solamente estos verbos pueden crear una construcción con **se** pasivo. Además, sólo los verbos usados transitivamente, o sea, con un objeto directo, pueden aparecer en una construcción pasiva. Sin embargo, encontramos en muchas ocasiones el **se** utilizado con verbos intransitivos o verbos usados intransitivamente:

> Por este atajo, **se llega** mucho más rápido. (verbo intransitivo)
> Aquí **se come** muy bien. (uso intransitivo de un verbo transitivo)

La interpretación más frecuente de estos ejemplos es que se trata de un **se** impersonal. A diferencia del pasivo, el impersonal solamente admite un verbo en tercera persona singular y, para algunos lingüistas, el **se** de estos ejemplos es, en realidad, el sujeto gramatical. Esta tesis tiene sentido, porque si añadimos el pronombre impersonal **uno** a estos ejemplos comprobaremos que el **se** impersonal desaparece de la construcción:

> Por este atajo, **uno** (se) llega mucho más rápido.
> Aquí **uno** (se) come muy bien.

> **Uno** (Se) debe salir despacio porque el piso es muy resbaladizo. (verbo intransitivo)
> En algunos países del tercer mundo **uno** (se) nace sin ningún tipo de esperanza para el futuro. (verbo intransitivo)
> En este restaurante **uno** (se) come muy bien. (uso intransitivo)
> Perdón, pero aquí **uno** no (se) fuma. (uso intransitivo)

La construcción con el **se** impersonal que más obviamente se reconoce como tal es la siguiente:

> **Se** necesita **a Juan y a María** para hacer ese trabajo bien.
> Ayer **se** recibió **a las estrellas del cine** en el aeropuerto.
> En la universidad **se** prepara muy bien **a los estudiantes**.
> En los Estados Unidos no **se** permite elegir **al mismo presidente** más de dos veces.

---

[1]Véase el Capítulo 4.

Estas oraciones contienen objetos directos animados, señalados por **a**, los que, al ser así marcados, no pueden funcionar como sujetos de la oración, a diferencia de lo que pasaba con el **se** pasivo. Observen las diferentes construcciones en los siguientes ejemplos, el primero es impersonal y el segundo es pasivo:

> Se necesita **a Juan y a María** para hacer ese trabajo.
>> (Sujeto: se; objeto directo: a Juan y a María)
>
> Se necesitan **dos maletas** para ese viaje.
>> (Sujeto: dos maletas; voz pasiva: dos maletas son necesitadas para ese viaje)

La estructura con el **se** impersonal y con un objeto directo animado señalado por **a** sólo admite un verbo en el singular. Por eso no se puede confundir este **se** con el pasivo, ya que con un paciente en el plural se tendría que usar el verbo en el plural.

Hay otro grupo, el de los verbos preposicionales (**asistir a, llegar a, soñar con, disfrutar de, salir de, entrar en, preguntar por,** etc.[1]), que pueden aparecer en este tipo de construcción:

> Si se **pregunta por** una dirección amablemente, todo el mundo ayuda.
> Cuanto más uno vive, más se **disfruta de** la vida.
> Estudiando muchísimo, se **entra en** las mejores universidades.

Sin embargo, existen dos casos en los que la construcción impersonal con **se** no se puede usar. Con los verbos reflexivos, hay que usar **uno** como sujeto para especificar el contenido impersonal:

> **Uno se queja** continuamente de las injusticias que se cometen.

Asimismo, esta construcción es imposible de formar con los verbos que se usan como **gustar**, porque en estos casos el lugar del sujeto gramatical es ocupado por la entidad que **gusta, importa, interesa,** etc.:

> Me gust**an las películas de horror**. (Sujeto: películas de horror)
> A Juan no le import**a el ruido**, pero a mí sí. (Sujeto: el ruido)
> A María no le interes**a graduarse** pronto, lo que quiere es divertirse. (Sujeto: graduarse pronto, verbo nominalizado)

Discusión 5 ··

Decida si los **se** en el siguiente párrafo son pasivos o impersonales. Explique sus decisiones:

La próxima semana iré de viaje a Antigua, Guatemala. **Se** (1) dice que es un lugar precioso donde **se** (2) encuentran muchos monumentos históricos. Además, si **se** necesita a un/a profesor/a de español, ahí **se** (3) presentan muchas oportunidades para estudiar el idioma. Durante la Semana Santa **se** (4) organizan muchas fiestas y procesiones. **Se** (5) llega a Antigua tomando el avión hasta la ciudad de Guatemala, la que queda a poca distancia. El clima es templado, y no sé si **se** (6) lleva un paraguas o no. Estoy muy ansiosa por conocer esa ciudad.

---

[1]Consúltese el Apéndice III al respecto.

Escriba aquí sus ideas antes de hablar con sus compañeros/as:

1. _____
2. _____
3. _____
4. _____
5. _____
6. _____

6. NOTAS ADICIONALES

Falta de mención del agente; otras formas impersonales

La construcción con **se** es la preferida cuando no se puede o no se quiere mencionar al agente de una acción, como por ejemplo en el lenguaje periodístico o en instrucciones para hacer algo (libros de cocina, etc.). En las oraciones con el **se** pasivo no es posible mencionar al agente, y con el **se** impersonal el agente es indefinido.

Al contrario de los pronombres de sujeto, el **se** impersonal no puede ser omitido:

> María preparó la cena, puso la mesa y llamó a sus hijos. (pronombre de sujeto omitido)
>
> En esta biblioteca no **se** fuma, no **se** bebe y no **se** habla en voz alta. (se repite el **se** impersonal ante cada forma verbal)

Todavía existen otras posibilidades diferentes para expresar una acción de forma impersonal:

a. La tercera persona plural implícita:

> Arrestaron al criminal después del asalto al banco.

b. La segunda persona singular del presente de indicativo:

> Es muy fácil hacer la reserva; tú llamas por teléfono y les das el número de tu tarjeta de crédito.

En estos casos el **tú** no se refiere al interlocutor, sino a alguien indeterminado.

Discusión 6 ••

Para repasar el capítulo, determinen en cada caso de qué uso del **se** se trata. Expliquen sus decisiones analizando tanto el contexto sintáctico como el situacional:

1. Cuando **se** (1) camina a Santiago de Compostela, todas las preocupaciones de la vida diaria **se** (2) desaparecen y **se** (3) disfruta de la experiencia espiritual y emocional.

1. _____

2. _____

3. _____

2. El día en que recibí la carta que me anunciaba que **se** (4) había encontrado la cartera llena de dinero que **se** (5) me había perdido dos semanas antes, **se** (6) volvió el día más feliz de mi vida.

4. _____

5. _____

6. _____

3. Manuel quería casar**se** (7) en la ciudad donde vive, pero a su novia **se** (8) le ocurrió la idea de que sería mucho más romántico celebrar la boda en un crucero donde los invitados **se** (9) divertirían mucho más.

7. _____

8. _____

9. _____

👤 *Ejercicios individuales*

1. En el párrafo que sigue ha sido omitida la palabra **se** 12 veces. Busque los lugares donde falta e insértela. Después, escriba abajo qué tipo de **se** es cada uno (reflexivo, recíproco, accidental, pasivo, impersonal, o **le** → **se**):

   Todos los días Carlos levanta muy temprano. Pero ayer el despertador no funcionó y a Carlos le olvidó que tenía que preparar para un examen. Sus amigos lo sabían, pero no lo dijeron a Carlos, y cuando él dio cuenta de que era lunes, ya era tarde. Cuando llegó a la escuela, no veían ni estudiantes ni profesores en el patio. Carlos entró en la clase y sus amigos miraron los unos a los otros, pero no dijeron nada. Carlos pidió disculpas por llegar tarde y sentó en su lugar. Le pidió al profesor que le diera el examen, pero el maestro no lo quiso dar al pobre Carlos. Le dijo:

   —A quien no acuerda de despertar a tiempo, no le puede perdonar.

1. _____	5. _____	9. _____
2. _____	6. _____	10. _____
3. _____	7. _____	11. _____
4. _____	8. _____	12. _____

2. *To become, to get.* Complete cada una de las siguientes situaciones con una oración que explique lo que pasó al sujeto y/o lo que hizo, usando un verbo reflexivo, o los verbos **hacerse, ponerse, convertirse** (busque en el diccionario la diferencia de significado entre estos tres verbos) cuando el reflexivo no es posible.

   Modelo: Cuando hablé con mi tía sobre la muerte de su marido, ella empezó a llorar.
   Explicación: **Ella se entristeció.**

1. Manuel empezó a gritar y a tirar los platos al suelo.

   Explicación: _____

2. El gerente robó el dinero destinado a los trabajadores y ahora es rico.

   Explicación: _____

3. En la excursión comimos unas gambas que no estaban frescas y todos vomitamos.

   Explicación: _____

4. Manuel estudió medicina y ahora es médico en un hospital de la capital.

   Explicación: _____

5. Elena ya no viene a la escuela. Dicen que está en una clínica de enfermedades mentales.

   Explicación: _____

6. Juan llama a Marta todos los días desde que la conoció en mi fiesta.

   Explicación: _____

7. Cuidado con los cuentos de monstruos y brujas porque los niños empiezan a tener miedo de la oscuridad.

   Explicación: _____

8. Mi prima empezó a contarme su gran secreto, pero de repente no quiso decir nada más.

   Explicación: _____

9. Primero el jefe nos gritó y nos amenazó, pero más tarde ya nos habló normalmente.

   Explicación: _____

10. Mamá ya no deja salir a mi hermano solo en coche después del accidente que él tuvo el mes pasado.

    Explicación: _____

3. Complete el siguiente párrafo con pronombres reflexivos donde sea necesario. Decida también si se colocan antes o después del verbo: 😃

Esta mañana (1) _____ miré _____ en el espejo y

(2) _____ di _____ cuenta de que ya era tiempo de que

(3) _____ hiciera _____ cortar el pelo. Pero después

(4) _____ cambié _____ de idea y (5) _____

decidí _____ que ahora voy a (6) _____ dejar

_____ crecer el pelo. Mi mujer me dijo:

—(7) _____ ve _____ al barbero y dile que te arregle el

pelo, pero no (8) _____ aparezcas _____ aquí esta noche

calvo si no quieres que (9) _____ enoje _____ contigo.

Mientras ella estaba (10) _____ peinando _____ yo salí

de casa sin contestarle.

4. Escoja la versión correcta. Fíjese en los verbos que están acompañados de objeto directo.

1. El *Titanic* **hundió/se hundió** en 1912.

2. ¿Cómo puedes **atrever/atreverte** a hablarme en ese tono de voz?

3. El maestro **ofendió/se ofendió** a los estudiantes cuando les dijo que eran unos tontos.

4. Creo que **le quedan/se le quedan** dos años de cárcel.

5. El chico que conociste ayer **llama/se llama** José.

6. "Juventud divino tesoro
   ya **vas/te vas** para no volver…"

7. Los payasos **divierten/se divierten** a los niños en el circo.

8. Voy a **poner/ponerme** el sombrero porque hace mucho sol hoy.

9. Aquí no **debe/se debe** entrar nadie porque es un lugar muy peligroso.

10. ¡Siempre **estás quejando/te estás quejando** de todo!

5. Escriba las instrucciones para hacer algo o para el funcionamiento de algo sin mencionar qué es. 😶

   Modelo: **Se** compra madera y cola fuerte y…
            Es algo que **se** utiliza para…

   _____

   _____

   _____

   _____

6. Escriba una lista de las actividades diarias de una persona famosa (Madonna, el Presidente de EEUU, su profesor/a de español, etc.) utilizando verbos reflexivos.

   Personaje: _____

   Actividades: _____

   _____

   _____

   _____

7. No todos los diccionarios son iguales. Busque en su diccionario la palabra **se**. ¿Cuántos significados diferentes encuentra? ¿Le parece que está completa la lista? 😰

_____

_____

_____

_____

8. ¿Qué acciones recíprocas realizan o no las siguientes personas?

   1. Dos novios.

   2. Usted y su mejor amigo/a.

   3. Dos políticos de partidos opuestos.

   4. Dos soldados enemigos.

   5. Un matrimonio divorciado.

   1. _____
   2. _____
   3. _____
   4. _____
   5. _____

9. En este párrafo elimine el pronombre sujeto **tú**, el que normalmente no se repetiría tanto por ser redundante, empleando estructuras con el **se** pasivo o impersonal para obtener un significado más despersonalizado. Tenga en cuenta que si el verbo es intransitivo solamente podrá hacerlo con el impersonal, mientras que si es transitivo podrá emplear como sujeto de la construcción el complemento directo:

Una de las decisiones que **tú** (1) **debes** tomar cuando **tú** (2) **vayas** a la universidad es el tipo de trabajo que **tú** (3) **quieres** desempeñar cuando **tú** (4) **termines** los estudios. No cabe duda que, en el mundo de hoy en día, **tú** (5) **tendrás** más oportunidades si **tú** (6) **estudias** una lengua extranjera. No importa si **tú** (7) **irás** a trabajar de recepcionista en un hotel o si **tú** (8) **trabajarás** de director de una compañía multinacional: **tú** (9) **entrarás** al mercado con mejores aptitudes para cualquier empleo. Además, las posibilidades de promoción que **tú** (10) **encontrarás** serán indudablemente mucho mayores, porque **tú** (11) **puedes hacer** el trabajo de dos personas distintas.

Aparte de ser útil en el mundo laboral, una segunda lengua es útil si **tú** (12) **viajas** por el mundo: si **tú** (13) **comprendes** otro idioma, **tú** (14) **puedes** establecer relaciones con otras culturas. Indudablemente, **tú** (15) **vivirás** en un mundo que **tú mismo/a** (16) **has ampliado**. Gran parte de los problemas que **tú** (17) **puedes** encontrar en el mundo, están relacionados con la falta de comunicación. Por eso, cuando **tú** (18) **aprendes** otra lengua, **tú** (19) **sales** de un mundo pequeño y **tú** (20) **entras** en un mundo mucho más grande, complejo y maravilloso.

En definitiva, **tú** no (21) **debes** dudar de tomar la decisión: **tú** (22) **llegarás** a ser un mejor ser humano.

_____

_____

_____

_____

_____

_____

_____

_____

_____

_____

_____

_____

_____

_____

_____

_____

_____

_____

_____

_____

_____

Ejercicios en parejas

1. Comparen sus resultados del ejercicio 7 de la sección anterior. ¿Qué diccionario tiene más y mejores ejemplos? Teniendo en cuenta esta entrada, evalúen la calidad de sus diccionarios. ¿Qué criterios han utilizado para esta evaluación?

   Escriba aquí sus conclusiones:

   _____

   _____

   _____

2. Las siguientes oraciones son ambiguas. Decidan cuáles son las posibles interpretaciones de cada una y creen un contexto significativo para cada ejemplo:

   1. Se conocieron.

   2. Se escriben cada año.

   3. Se permite.

   4. Se levanta.

   5. Se ven.

   1. Posibles interpretaciones: _____

      Contexto: _____

      _____

   2. Posibles interpretaciones: _____

      Contexto: _____

      _____

   3. Posibles interpretaciones: _____

      Contexto: _____

      _____

   4. Posibles interpretaciones: _____

      Contexto: _____

      _____

   5. Posibles interpretaciones: _____

      Contexto: _____

      _____

3. Clasifiquen los verbos del ejercicio 3 individual en dos grupos: los reflexivos verdaderos, aquéllos que expresan una acción que el agente hace y recibe; y los pseudo-reflexivos, aquéllos que no expresan este tipo de acción. ¿Cuáles de estos verbos pueden ser utilizados de forma no reflexiva? Usen el diccionario cuando sea necesario.

Verbos reflexivos: _____

_____

Verbos pseudo-reflexivos: _____

_____

Pueden usarse de forma no reflexiva los verbos: _____

_____

4. ¿En qué consiste la buena educación? Escriba una lista de cinco reglas de comportamiento y entreviste a su compañero/a pidiéndole que puntúe de 1 a 5 esas reglas (1 = se considera la menos importante, 5 = la más importante). 😀

Modelo: No se debe escupir en la calle.

1. _____
2. _____
3. _____
4. _____
5. _____

5. Intercámbiense las instrucciones que ustedes han escrito para el ejercicio 5 anterior. Corríjanselas prestando atención especial a la concordancia entre verbo y sujeto, sobre todo si el verbo es transitivo. Adivinen qué ha descrito su compañero/a.

Mi compañero/a ha descrito _____

6. **Ejercicio guiado.** Contesten las siguientes preguntas usando su sentido común, su imaginación y su sentido del humor. Traten de utilizar los tipos de **se** estudiados en este capítulo. ¿Cuál de ellos se necesita para dar una respuesta apropiada en cada caso?

1. ¿Por qué se dice **un amigo vale un tesoro**?

_____

2. ¿De qué se quejan sus amigos constantemente? ¿Por qué?

_____

3. ¿Adónde se va usted cuando se cansa demasiado?

_____

4. ¿Conoce a alguien que se arrepienta de algo que haya hecho? ¿Por qué?

_____

5. ¿Quién se acuesta más temprano en su casa? ¿Por qué?

   _____

6. ¿Cómo se comen los espaguetis?

   _____

7. Los padres les ordenan a sus hijos que se acuesten pronto. ¿Por qué se lo ordenan?

   _____

8. En una casa, ¿dónde se pelean con mayor frecuencia las personas? ¿En qué criterios o experiencias se basa su respuesta?

   _____

9. ¿Por qué se fracasa en los estudios?

   _____

10. ¿Qué tipo de cosas se le olvidan siempre en casa?

    _____

11. ¿Con qué frecuencia se duchan las personas que viven con usted en su casa?

    _____

12. ¿Qué se dicen los amantes cuando están solos?

    _____

13. ¿Por qué se recomienda dormir al menos siete horas?

    _____

14. Según su punto de vista personal, ¿quién debería morirse?

    _____

15. ¿Adónde hay que acudir si se necesita ayuda?

    _____

16. ¿En qué contextos un niño se aburre sistemáticamente?

    _____

17. ¿Qué se requiere para tener éxito en la vida?

    _____

18. ¿Qué tipo de objetos se pierden más en un supermercado?

    _____

19. Cuando usted era niño/a, ¿sus hermanos/as se comían todo lo que tenían en el plato? ¿Por qué?

    _____

20. ¿Por qué motivos las personas se envían postales?

    _____

21. Al llegar a su casa, ¿qué es lo primero que usted se quita?

_____

22. ¿Cómo se llega a rico antes de los 30 años?

_____

23. ¿Por qué las personas se lavan las manos antes de comer?

_____

24. Sus discos compactos, ¿se los presta a cualquiera? ¿A quién se los presta?

_____

25. ¿Cree usted que el mundo se arreglará algún día?

_____

26. ¿Qué tipo de persona jamás se suicidaría?

_____

27. ¿Qué se come mucho en su casa?

_____

28. Si usted se declara, ¿en qué situación prefiere decírselo a su amor?

_____

29. ¿De qué tema se habla más en su círculo de amigos?

_____

30. ¿En qué situación se mira usted mucho al espejo?

_____

7. **Ejercicio guiado.** Vayan a un periódico en la Red y recopilen titulares que contengan la palabra **se**. ¿Qué tipo de **se** (reflexivo, impersonal, etc.) aparece con más frecuencia? 😶

   Escriba aquí los titulares que ha encontrado:

   _____

   _____

   _____

8. **Ejercicio guiado.** Vuelvan a leer el poema de la introducción y, siguiendo el mismo modelo, escriban un poema sobre un tema que les sugiera su instructor/a. 😶

   Escriba aquí su poema:

   _____

   _____

   _____

   _____

9. Si queremos expresar el **se** impersonal con verbos reflexivos debemos añadir **uno** como sujeto explícito. Ustedes están preparando las reglas de comportamiento que los niños/as deben seguir en un campamento de verano; a continuación, escriban cinco de esas reglas, ordenándolas de la más importante a la menos importante. 😶

   Modelo: **Uno se** acuesta antes de hacerse de noche.

   Verbos posibles:

bañarse	divertirse	maquillarse	ponerse	sentarse	vestirse
despertarse	lavarse	mirarse	secarse	sentirse	

   1. _____
   2. _____
   3. _____
   4. _____
   5. _____

10. Hagan cinco recomendaciones a una persona torpe o olvidadiza para que no le suceda lo que siempre le pasa: 😶

    Modelo: Para que no **se te** olviden las llaves, debes comprar un llavero.

    Verbos posibles:

acabar	escapar	morir	quedar
caer	estropear	olvidar	quemar
cerrar	mojar	perder	romper

    1. _____
    2. _____
    3. _____
    4. _____
    5. _____

😶 *Ejercicios en grupos o para toda la clase*

1. Siéntense en un círculo y continúen la siguiente historia inventando detalles nuevos. Obligatoriamente, cada estudiante debe seguir con una oración que contenga algún tipo de **se**:

   Principio: La madrastra de Blancanieves **se** despertó a las seis de la mañana…

   Final: Blancanieves y el príncipe **se** casaron.

2. **Ejercicio guiado.** Escriban dos o tres ejemplos del ejercicio 7 anterior en la pizarra. Comprueben si las conclusiones de todas las parejas son similares y especulen acerca de por qué cierto tipo de **se** aparece con más frecuencia.

3. Cada pareja escribirá en la pizarra su regla más importante del ejercicio 4 anterior. Voten cuál es la más fundamental y realicen un debate sobre ésta. Discutan por qué es tan significativa y cuáles son las consecuencias de seguirla o no seguirla.

4. Lean a la clase sus poemas del ejercicio 8 anterior. Los/las otros/as estudiantes podrán añadir más sugerencias con respecto al tema.

5. Comparen las respuestas que toda la clase ha dado a los ejercicios 9 y 10. ¿Qué verbo o verbos han sido utilizados con más frecuencia?

Composición

1. Preliminares: reaccione por escrito a las siguientes afirmaciones desde su propio punto de vista.

   1. Sólo se puede escribir bien cuando uno está inspirado.

   2. Es mejor poner acentos después de escribir la composición.

   3. Los buenos párrafos contienen muchas ideas exploradas desde diferentes puntos de vista.

   4. Las oraciones cortas expresan más claramente lo que se quiere decir.

2. Al escribir sobre los siguientes temas se practicará principalmente el uso del **se** impersonal/pasivo. Los motivos de este uso son diferentes en cada caso, pero todos están relacionados con el deseo o la necesidad de omitir al agente.

   Herramientas: repase los usos y las reglas del **se** impersonal/pasivo. Recuerde que esta estructura nunca menciona al agente; que no es posible con los verbos reflexivos, con los que hay que utilizar otra forma impersonal, por ejemplo **uno**; que el **se** impersonal como sujeto debe ser repetido con todos los verbos de la oración, al contrario de lo que vimos en el capítulo anterior, donde se recomendaba omitir el pronombre sujeto cuando fuera posible.

   Finalmente, de vez en cuando, será conveniente interrumpir el uso del **se** impersonal/pasivo con formas alternativas (usando **uno**, una expresión impersonal, como por ejemplo **hay que, es necesario que, es mejor que**, la voz pasiva, etc.) para que el ensayo o relato no se vuelva monótono.

   Estrategias: los tres temas sugeridos requieren un estilo objetivo, preciso y conciso. La mejor estrategia aquí es expresarse en oraciones no demasiado largas o complejas y utilizar un vocabulario concreto con palabras de significado exacto e inequívoco. Hay que ir directamente al grano de una situación o una característica de algo o alguien y no perderse en rodeos. En este tipo de estilo se usan adjetivos sólo cuando sean necesarios para identificar una entidad y no para embellecer el texto. El propósito principal de los tres trabajos será informar al/a la lector/a y no entretenerlo/la o crear una obra literaria.

Esto no significa que el estilo que usted utilice deba ser repetitivo y, por lo tanto, aburrido para el lector. Lo importante es que las estructuras que usted utilice cambien frecuentemente para variar el ritmo de lectura y, así, conservar la atención de su lector. Algunas maneras de variar su estilo pueden ser:

1. Haga secuencias de verbos (**Necesitamos estudiar, ir a clase y prepararnos mejor**), nombres (**Se necesita un cuchillo, un plato y una taza**) o cláusulas (**Los testigos declararon que habían oído un gran ruido, habían salido corriendo y habían llegado a la calle muy rápidamente**).

2. Ponga un adverbio al principio de la oración o cerca del verbo para puntuar el ritmo de la cláusula: **En seguida,..., Después,..., Inmediatamente,..., Consecuentemente,..., Además,..., También,...**

3. Utilice conjunciones que puedan establecer relaciones entre dos cláusulas en lugar de escribir un punto. No abuse de ellas y no las repita demasiado: **y/e, ni, pero, aunque, sino, sin embargo, o/u**...

4. Piense igualmente en conjunciones subordinantes como las que se estudiaron en el Capítulo 3. Tenga mucho cuidado con el uso del subjuntivo con algunas de ellas. Probablemente también necesitará conjunciones que expresen la causa y el efecto: **porque, pues, ya que**...

Opción A 〰〰〰〰〰〰〰〰〰〰〰

Escriba una receta de cocina usando mayormente el **se** impersonal/pasivo. Dé indicaciones claras y directas, pero evite aburrir a su lector/a.

Introducción

1. Explique por qué y para quién escribe esta receta: es un plato fácil de preparar, es un plato romántico o familiar, es un plato para niños o es un plato para *gourmets*, etc.

2. Si se trata de un plato de un país extranjero, puede presentarlo hablando de dónde es y, tal vez, un poco de su historia.

3. Escriba una lista de los ingredientes necesarios para su receta y de las cantidades que se necesitan.

Desarrollo

1. Escriba las indicaciones para su receta. Divida el proceso en etapas temporales (**primero, segundo**, etc.), espaciales (el supermercado y la cocina) o técnicas (preparar los ingredientes, poner algo al fuego, etc.)

2. Use un párrafo nuevo para cada una de las etapas que ha definido.

3. Utilice elementos de transición como **en seguida, a continuación, inmediatamente, más tarde, finalmente**, etc. También puede usar conjunciones como **mientras, al mismo tiempo que**, etc., para hablar de pasos simultáneos en la producción de su plato. Regrese a las herramientas que se le han sugerido.

4. No se olvide de variar un poco las estructuras con otras expresiones impersonales o con la voz pasiva (por ejemplo, **la verdura debe ser lavada muy bien antes de...**).

Conclusión

1. Liste los platos y/o los vinos u otras bebidas que pueden acompañar su plato. Diga para cuántas personas es y cómo debe ser servido (caliente, frío, en una fuente o bandeja, en platos individuales, etc.)

2. Explique en qué circunstancias recomienda preparar este plato, haciendo referencia implícita al motivo por el cual ha decidido escribir la receta. Por ejemplo: es buena para un día festivo o para preparar todos los días, es una receta secreta, se prepara rápidamente, es el plato más delicioso que usted sabe preparar, etc.

Opción B

Escriba una noticia de periódico eliminando al/a los agente/s, utilizando, por lo tanto el **se** y de vez en cuando otras formas impersonales para variar el estilo. Algunos ejemplos de noticias posibles son: un robo de obras de arte, el secuestro de un político o un director de una empresa importante, rumores sobre una persona célebre, etc. En estos casos, la prensa siempre evita mencionar a los agentes, o para no acusar a nadie específico, o para no tener que nombrar sus fuentes de información.

Tenga en cuenta para qué tipo de periódico o revista escribe. El lenguaje sensacionalista de, por ejemplo, *National Enquirer* es muy diferente del lenguaje objetivo de *The New York Times*. Tomar esta decisión, le ayudará a enfocar el tratamiento que le dé a su noticia.

Después de escribir su noticia, invente un titular corto y llamativo. Probablemente le será útil repasar las indicaciones para el tema de la Opción B del Capítulo 1.

Introducción

1. Empiece con una oración que resuma lo esencial del acontecimiento.

2. Responda de forma concisa a las preguntas: ¿quién?, ¿qué?, ¿dónde?, ¿cuándo?, ¿por qué? y ¿cómo? No es necesario que las responda en este orden; también puede combinar la información de diferentes formas para que su lector se sienta interesado.

Desarrollo

1. Cuente el incidente o describa la situación de su tema.

2. Expanda aquellas respuestas de las preguntas que crea necesario para ofrecer más datos.

3. Describa la reacción de personas afectadas por el incidente o la situación.

4. Escriba sobre las posibles repercusiones personales, legales y económicas de dicho acontecimiento.

Conclusión

1. Puede referirse a casos anteriores relacionados (**no es la primera vez que…**).

2. Explique cómo este incidente va a influir en el futuro.

Opción C 〰〰〰〰〰〰〰〰〰

Identifique la necesidad más urgente de su universidad o escuela y escriba una carta al/a la directora/a sugiriendo soluciones. Trate de ser directo, apoyando sus quejas con datos irrefutables y, al mismo tiempo, mantenga un tono respetuoso para no correr el riesgo de enojar al/a la destinatario/a de su carta. Utilice el **se** impersonal/pasivo y otras formas impersonales, sobre todo cuando se trate de evitar la mención de personas que posiblemente puedan ser responsables por esta falta. Además, las formas impersonales generalizan el problema y subrayan su gravedad.

Es muy importante que su carta resulte en un texto coherente para que logre el propósito de convencer al/a la recipiente. Para este fin, tenga cuidado al conectar los párrafos semánticamente, o sea los temas de todas las partes deben formar una continuidad de asociaciones temáticas; al mismo tiempo, refuerce esa continuidad utilizando transiciones que enfaticen el desarrollo lógico de su argumento como: **además, por un lado... por otro lado, por consiguiente, en cambio, finalmente,** etc.

Empiece con "Estimado/a señor/a director/a".

Introducción

1. Resuma la necesidad en pocas palabras.
2. Nombre sus orígenes.
3. Cite a una persona o grupo especialmente afectado por esa carencia.

Desarrollo

1. Exponga en qué consiste y cómo se manifiesta concretamente. Ofrezca datos y/o estadísticas de apoyo.
2. Describa las consecuencias de esta falta y quiénes son afectados.
3. Ofrezca soluciones para el problema. Utilice expresiones como: **se considera imprescindible..., sería importante..., sería necesario..., la situación se mejoraría si..., toda la universidad (escuela) se beneficiaría de...** De nuevo, evite las afirmaciones que no estén bien fundadas y razonadas.

Conclusión

1. Resuma el problema y sus posibles soluciones.
2. Exprese su esperanza de que estas medidas sean factibles y sirvan para el bien de todos.
3. Agradezca al/a la recipiente la atención que dedicará a este asunto.
4. Termine con una fórmula epistolar de cortesía y, luego, su firma: **Reciba mi más atento saludo, A la espera de su respuesta, lo/la saluda atentamente, Atentos saludos** o **Atentamente lo/la saluda...**

Capítulo
6

Las preposiciones

INTRODUCCIÓN

Entre las muchas facetas intelectuales del venezolano Andrés Bello (1781–1865), la más perdurable es quizás la de filólogo y lingüista. Su Gramática castellana, publicada en 1847, se distingue de las gramáticas conocidas hasta entonces por sus ideas innovadoras. Por ejemplo, se manifiesta esta novedad en la categorización de las palabras y en la manera original, expresiva e imaginativa de presentar las estructuras del español. Aunque su gramática fue publicada hace ya más de siglo y medio, él todavía es un autor muy citado por los lingüistas actuales. El siguiente fragmento ilustra su estilo plástico y su modo de argumentar tan convincente, siempre ricamente ilustrado por ejemplos.

PREPOSICIÓN

No es el adjetivo, aun prescindiendo del verbo, el único medio de modificar sustantivos, ni el adverbio el único medio de modificar adjetivos, verbos y adverbios. Tenemos una manera de modificación que sirve igualmente para
5 todas las especies de palabras que acabamos de enumerar.

Cuando se dice *el libro*, naturalmente se ofrecen varias referencias o relaciones al espíritu: ¿quién es el autor de ese libro? ¿quién es su dueño? ¿qué contiene? Y declaramos estas relaciones diciendo: *un libro de Iriarte* (compuesto por
10 Iriarte), *un libro de Pedro* (cuyo dueño es Pedro), *un libro de fábulas* (que contiene fábulas). De la misma manera cuando decimos que alguien *escribe*, pueden ocurrir al entendimiento estas varias referencias: ¿qué escribe? ¿a quién escribe? ¿dónde escribe? ¿en qué material escribe?
15 ¿sobre qué asunto escribe? ¿con qué instrumento escribe? etc.; y declaramos estas varias relaciones diciendo: *escribe una carta, escribe a su amigo, escribe en la oficina, escribe en* **vitela**, *escribe sobre la revolución en Francia, escribe con una pluma de acero.* Si decimos que un hombre es *aficionado*,   *piel de vaca*
20 ocurre la idea de a qué, y la expresamos añadiendo *a la caza*. Si decimos, en fin, que un pueblo *está lejos*, el alma, por decirlo así, se pregunta ¿de dónde? y se llena la frase añadiendo *de la ribera*.

En estas expresiones hay siempre una palabra o frase que
25 designa el objeto, la idea en que termina la relación (*Iriarte, Pedro, fábulas, una carta, su amigo, la oficina, vitela, la revolución de Francia, una pluma de acero, la caza, la ribera*). Llamámosla TÉRMINO. Frecuentemente precede al término una palabra denominada PREPOSICIÓN cuyo
30 oficio es anunciarlo, expresando también a veces la especie de relación de que se trata (*de, a, en, sobre, con*). Hay preposiciones de sentido vago que, como *de*, se aplican a gran número de relaciones diversas; hay otras de sentido determinado que, como *sobre*, pintan con bastante claridad
35 relaciones siempre semejantes. Por último, la preposición puede faltar antes del término, como en *escribe una carta*, pero no puede nunca existir sin él.

Discusión sobre el texto ••••••••••••••••••••••••••

¿Cómo se puede resumir la definición de la preposición propuesta por Bello? ¿A qué instinto natural humano apela el autor al explicar la utilidad de este tipo de palabra? Además de relacionar el **término** a la primera parte de la frase (**de Pedro** es el término de **el libro**), ¿qué otra función tiene la preposición con respecto a ese término? ¿Cómo se puede describir el estilo y el modo de explicar de Bello en comparación con los que se encuentran en libros de gramática actuales? Por ejemplo, ¿creen ustedes que la palabra **espíritu** es apropiada en el contexto de una explicación gramatical?

 Escriba aquí sus ideas antes de hablar con sus compañeros/as:

_____

_____

_____

_____

1. PRELIMINARES

Ya es un lugar común decir que no se conoce por completo una lengua hasta que no se domina por completo su sistema de preposiciones. Éstas, con sus significados variables, son fundamentales para el éxito comunicativo del mensaje.

Como leímos en el fragmento de la *Gramática* de A. Bello, el papel de las preposiciones es establecer relaciones entre distintos elementos de la oración. Sin éstas la comunicación efectiva no es posible. Sin embargo, ciertos conectores, como **durante**, sirven de introducción a un elemento de la oración y no tienen papel relacional, sino que modifican su término:

> **Durante** el año que viene tenemos que contar con problemas económicos.

Sin embargo, si reescribimos esta oración con un orden de palabras habitual (Sujeto + Verbo + Objeto), resulta lo siguiente:

> Tenemos que contar con problemas económicos **durante** el año que viene.

En esta versión el conector recupera su papel relacional análogo al de una preposición.

Las preposiciones pueden servir de transición entre varios tipos de palabras o frases: nominales, verbales, adverbiales, etc. Observen las diferentes posibilidades de términos en los siguientes ejemplos:

> El profesor habla **del examen** . (nombre)
> El profesor habla **de lo que pasó ayer**. (cláusula nominal)
> No conocía a tu hermano **antes de ayer por la tarde**. (frase adverbial)
> Necesito dinero **para poder comer**. (frase verbal)
> Nuestro profesor pasa **por inteligente**. (adjetivo)

Noten que a todos estos términos se les puede atribuir una función análoga a la del sustantivo, lo que se revela si parafraseamos algunas de las palabras en negrillas:

El profesor habla **de los acontecimientos** de ayer.

No conocía a tu hermano **antes del día de ayer** por la tarde.

Necesito dinero **para las ganas** que tengo de comer.

Nuestro profesor pasa **por una persona** inteligente.

Las preposiciones pueden expresar diferentes tipos de relaciones semánticas: de lugar (**debajo de, enfrente de**), tiempo (**antes de, hasta**), causa (**a causa de, por**), etc. En muchos casos su significado no es literal sino metafórico, como en el siguiente ejemplo:

Hasta los clientes extranjeros están satisfechos con los productos de nuestra compañía.

El significado básico de **hasta** es temporal (**Me quedaré aquí hasta el lunes**), pero en el ejemplo corresponde a **incluso**. Más adelante veremos los usos y significados más frecuentes de las preposiciones en español.

En cuanto a los pronombres relativos que aparecen después de una preposición,[1] suelen ser los siguientes: quien/es, el/la/lo/los/las que y el/la/lo/las/los cual/es:

El chico **de quien** te hablo es muy guapo, ¿verdad?

La compañía **para la que** trabajo acaba de despedir a cientos de empleados.

La casa **delante de la cual** nos encontramos pertenece al hombre más rico de la ciudad.

En el estilo menos formal es frecuente oir sólo **que** después de las preposiciones más corrientes:

La casa **en que** vivo es muy antigua.

El dinero **con que** se pagó la cuenta nos pertenecía a todos.

> En general, las preposiciones relacionan partes de oraciones. Debido al significado poco definido de algunas preposiciones es necesario considerar el contexto en que aparecen para poder interpretarlas correctamente.

Discusión 1

Hemos dicho que una de las funciones sintácticas de la preposición es introducir un elemento nominal (nombre, pronombre o cláusula). Las preposiciones, sin embargo, también se encuentran muchas veces antes de una forma verbal que también tiene valor nominal. Presten atención a las siguientes oraciones y expliquen cuál es esta forma verbal. Comparen la situación del español con la del inglés y expliquen las similitudes y diferencias que ven entre ambas.

---

[1]Hablaremos de este tema más en detalle en el Capítulo 8.

1. Antes de (salir/saliendo), lleva un paraguas porque (llover/está lloviendo) mucho.

2. (Leer/Leyendo) a menudo se aprende mucho vocabulario.

3. Lo que (estar diciendo/estás diciendo) debe de no (ser/siendo) cierto.

4. Al (pasar/pasando) bastante tiempo (escribir/escribiendo) se mejora la capacidad de (organizarse/organizándose).

Escriba aquí sus ideas antes de hablar con sus compañeros/as:

_____

_____

. _____

_____

2. LAS PREPOSICIONES

Como en muchas otras lenguas, la cantidad limitada de preposiciones por un lado, y su uso en contextos muy variados por otro, hacen muy difícil el saber dominarlas en español. A continuación daremos algunas indicaciones sobre sus complejos significados y usos, confiando en que la práctica subsiguiente conduzca al entendimiento y al empleo correcto de este tipo de palabra.

En cuanto a los verbos que necesitan una preposición, señalamos que en este capítulo no vamos a tratarlos en detalle. Para su conocimiento, práctica y consulta hemos incluido al final del libro un apéndice que contiene los verbos más frecuentes y el contexto sintáctico en el que pueden aparecer.[1]

A continuación ofrecemos una lista de las preposiciones simples utilizadas con mayor frecuencia en español:

a	contra	entre	por
ante	de	hacia	sin
bajo	desde	hasta	sobre
con	en	para	tras

Existen otras palabras que a veces se consideran preposiciones, pero que tienen diferentes funciones también; por este motivo no aparecen en la lista anterior. Tampoco hablaremos de las preposiciones compuestas (**en frente de, a causa de,** etc.) porque en general no presentan dificultades semánticas. Algunas de estas construcciones aparecerán en las explicaciones de las preposiciones simples.

Como hemos dicho, el papel principal de las preposiciones es relacional y, consecuentemente, su significado depende del de las palabras a su alrededor; y es producto, además, de elaboraciones metafóricas construidas sobre su significado base.

---

[1]Véase el Apéndice III

Observen ahora cómo la misma preposición puede presentar diferentes matices de significado según el contexto en que se encuentra:

> Encontrarás tus calcetines **bajo** la cama. (situación espacial inferior)
>
> La temperatura ya está **bajo** cero. (temperatura inferior a cero)
>
> El detenido está **bajo** el poder de la policía. (sometido a la autoridad en un lugar jerárquicamente inferior)
>
> El escritor ha publicado un artículo **bajo** seudónimo. (ocultando su identidad debajo de un nombre ficticio)

A partir del significado inicial de situación espacial, se desarrollan los significados de **inferioridad térmica** o **inferioridad de dominio o sumisión**. Además, la situación espacial también implica cierto grado de ocultamiento a la vista. Así, en el último ejemplo, el seudónimo esconde u oculta el nombre real del artículo, el que metafóricamente se sitúa en una posición más baja.

Como ya se ha visto, hay ocasiones en que las preposiciones no relacionan partes de la oración, sino que introducen ciertos elementos: **En la primavera cantan los pájaros**. Este papel introductorio se debe a la topicalización de la frase preposicional; ya que el orden de palabras habitual sería: **Los pájaros cantan en la primavera**.[1]

Basándonos en estas consideraciones, una de las posibles maneras de clasificarlas es según su mayor o menor contenido significativo. Tal y como Bello hacía, podemos hablar de unas preposiciones con un sentido determinado y otras con un sentido vago:

1. Las primeras tienen un significado relativamente preciso. Éstas son: **ante**, **bajo**, **con**, **contra**, **desde**, **entre**, **hacia**, **hasta**, **para**, **por**, **sin**, **sobre** y **tras**. Las trataremos en el siguiente apartado.

2. Las segundas enfatizan su valor relacional más que su valor semántico. A éstas las hemos llamado preposiciones de sentido vago. Son: **a**, **de**, **en**. Dedicaremos un apartado a la descripción de cada una de ellas.

Discusión 2 ••

Las preposiciones, al igual que los artículos, son elementos oracionales que nunca pueden cerrar una oración o frase. Es decir, a diferencia del inglés, donde en la lengua hablada podemos tener secuencias como *I do not know what are you talking about*, en español la preposición siempre necesita ocupar el primer lugar de la frase preposicional, es decir, nunca puede concluir una oración: **No sé de qué estás hablando**. Sin embargo, es frecuente encontrar secuencias del tipo siguiente:

1. ¿Quieres el café **con** o **sin** leche?

2. No recuerdo muy bien si dijo que iba **por** o **para** Madrid.

3. Es muy interesante leer la obra **de** y **sobre** Borges.

4. Hay muchas personas que viven **en**, **por** y **para** la nieve.

---

[1]Sobre la topicalización, véase el apartado 3 del Capítulo 4.

¿Cómo es posible este orden sintáctico en español? ¿Cómo podemos justificar estas secuencias?

Escriba aquí sus ideas antes de hablar con sus compañeros/as:

_____

_____

_____

_____

3. PREPOSICIONES DE SENTIDO DETERMINADO

Este primer grupo de preposiciones se corresponde con uno o varios equivalentes semánticos que, en algunas ocasiones, son construcciones compuestas. Éstas consisten en más de una palabra como, por ejemplo, **debajo de, junto a, enfrente de.** Cuando no existe una expresión compuesta relacionada con la preposición, se ha añadido aquí alguna otra expresión que puede ayudar a la paráfrasis de su sentido:

ANTE: delante de, en presencia de o frente a.

Estuvo esperando **ante** (delante de / frente a) la puerta del cine.

Presentó su caso **ante** (delante de / en presencia de) el juez.

BAJO: debajo de.

Encontramos muchos papeles **bajo** el (debajo del) sillón.

La situación **bajo** (debajo de) la dictadura empeoró sistemáticamente.

CON: junto a o en compañía de. Tenga cuidado con las formas **conmigo, contigo, consigo.**[1]

La vi paseando **con** (junto a / en compañía de) su novio por la calle.

Para venir al cine **conmigo** y **contigo**, Juan debe tener dinero.

CONTRA: en contra de, que se opone a o apoyado en.

La lucha **contra** (en contra de / que se opone a) la pobreza debe ser la prioridad de los gobiernos.

La policía gritó: "¡Todos deben ponerse **contra** (apoyados en) la pared!"

DESDE: con origen espacial o temporal en.

Me llamó **desde** su lugar de vacaciones.

El profesor pidió que leyéramos **desde** (empezando en) la página cinco.

_____

[1]Véase el apartado 6 del Capítulo 4.

ENTRE: en medio de.

> Por favor, busca unos calcetines **entre** (en medio de) la ropa de la secadora.
> A esa hora yo estaré volando **entre** (en medio de) Córdoba y Buenos Aires.

HACIA: en dirección a.

> Creo que han ido **hacia** (en dirección a) el hotel como les recomendamos.

HASTA: con límite espacial o temporal en.

> Esperaremos por el autobús **hasta** (como tiempo límite) las nueve.
> Cuando lleguemos **hasta** (como espacio límite) el río, nos bañaremos.

PARA: a fin de + infinitivo o con el objetivo/destino/propósito de + infinitivo.

> Se necesitan más inversiones **para** (con el objetivo de construir) los refugios
>   de los pobres.
> Esta herramienta sirve **para** (a fin de apretar) los tornillos.

POR: a causa de, a través de, en lugar de, a cambio de, en torno a, a lo largo de o en beneficio de.

> Esa tienda está **por** (en torno a) la calle Siete.
> Hago esto no **por** (a causa de) tu amor, sino **por** respeto.
> Trabajaré **por** (en beneficio de) todos los que tienen muchas necesidades.
> Me encanta este cuadro. Te lo compro **por** (a cambio de) cien dólares.
> Podemos llegar más rápidamente **por** (a través de) el parque.

SIN: falto/a/os/as de, carente/es de o no + gerundio.

> El apartamento de arriba está **sin** (carente de/falto de) aire acondicionado.
> Algunas personas hablan **sin** pensar (no pensando) en lo que dicen.

SOBRE: encima de, en lo alto de, acerca de o aproximadamente.

> Las hojas del árbol habían caído **sobre** (encima de) el tejado.
> Todavía no se ha dicho todo **sobre** (acerca de) Cervantes.
> Su trabajo tiene **sobre** (aproximadamente) diez páginas.

Discusión 3 ••

En oraciones con el orden de palabras habitual, las preposiciones aparecen siempre precedidas por un elemento del que dependen. De hecho, se subordinan a éste complementándolo y aportando un significado más concreto. Fíjense de cuántas formas distintas puede describirse la acción de **dudar** en el siguiente párrafo:

Juan *el Dudo* es un hombre que aprendió a dudar (1) **desde** niño y ahora duda aun (2) **antes de** saber de lo que se trata. Muchas veces, duda (3) **para** llevar la contraria. Cuando le ofrecen un trabajo expresa dudas (4) **hacia** el horario y tiene dudas (5) **hasta** el final: duda (6) **entre** aceptar el trabajo o no, duda (7) **ante** las condiciones que le ofrecen y duda (8) **bajo** la presión del trabajo. ¡Pobre Juan!

Intente sustituir las palabras **en negrillas** por otra u otras que tengan un sentido similar. Le ofrecemos las siguientes:

a. Llegando a   Número: _____

b. Relacionadas con   Número: _____

c. Debajo de   Número: _____

d. Si   Número: _____

e. Cuando era   Número: _____

f. Frente a   Número: _____

g. Previamente a   Número: _____

h. Con el propósito de   Número: _____

4. PREPOSICIONES DE SENTIDO VAGO: A

Recuerde que esta preposición combinada con el artículo masculino singular adopta la forma **al**.

1. **A como indicador de objeto directo:**

   Además de ser usada con el objeto indirecto, esta preposición es obligatoria cuando el objeto directo es una persona.[1] Cuando el objeto directo es un animal, normalmente es el hablante el que decide el grado de personificación que le quiere dar.

   En esta foto se puede ver **a** mi gato durmiendo.
   En el documental vimos muchas hormigas carnívoras.

La presencia de **a** personal con los animales también tiene que ver con la acción que indica el verbo y el grado de animación que éste aporte:

   Las lluvias ahogaron **a** muchas hormigas carnívoras.

No se usa la **a** personal con el verbo **tener** si el objeto no está individualizado:

   Tengo tres hermanos.

Pero, en cambio, sí se utiliza cuando la traducción apropiada para el verbo no es *to have*, sino que se trata de un uso idiomático:

---

[1]Como hemos visto en el Capítulo 4.

Tengo **a** mi hermano mayor en el hospital.
My older brother is in the hospital.

La diferencia entre **tengo a mi hermano en el hospital** y **mi hermano está en el hospital** es que con la primera versión el hablante implica que es algo que le afecta personalmente, mientras que la segunda versión sólo afirma el hecho de que el hermano está en el hospital.

También se utiliza **a** con pronombres interrogativos (cuál/es, quién/es), relativos (quien/es, el/la/los/las cual/es), indefinidos (alguien, alguno), negativos (nadie, ninguno) o pronombres demostrativos (éste, ése, aquél):

¿A **quién** viste en el cine?
Fue una sorpresa porque no esperaba a **quien** me vino a visitar.
¿Conoces a **alguien** que sepa reparar computadoras?
En su cumpleaños no quería invitar a **ninguno** de sus antiguos amigos.
El espía no había visto a **nadie** en la calle.
La policía no debe detener a **alguien** si la persona es inocente.
No admiraba a este artista. Solamente admiraba a **aquél** otro.

2. **A en otros contextos**

   Esta preposición indica una relación espacial o temporal en la que se menciona la dirección, el principio o el final hacia los que se encamina la acción indicada por el verbo:

   Mi casa se encuentra **a** cinco cuadras de distancia. (límite o dirección espacial)
   Nos veremos **a** las ocho. (límite o dirección cronológica)
   Se divorciaron **a** los tres meses. (límite o dirección cronológica)
   Me levanté **a** las ocho. (principio de acción cronológica)
   Tuvieron una cita con el doctor **a** principios/finales de año. (principio/final de acción cronológica)

Combinando **a** con el verbo **estar** obtenemos expresiones de lugar, de espacio u otros usos metafóricos:

El bar del que te hablo está **a** la vuelta de la esquina. (espacio indicado)
Las manzanas están **a** dos pesos la libra. (precio indicado; uso metafórico)

Por su connotación de dirección, **a** se junta con frecuencia a los verbos que expresan movimiento y que pueden ir seguidos de un nombre o de un infinitivo: **acercarse a, correr a, subir a, venir a.**[1] En estos casos es prácticamente un sinónimo de **hacia.**

Me acerqué / Corrí / Vine **a** (hacia) la ventana.

---

[1]Consulte el apéndice III para ver una lista más completa de los verbos que se construyen con preposiciones.

El movimiento o la velocidad se relacionan con **a** también en los siguientes ejemplos:

> El tren viene **a** cincuenta millas por hora.
> El motor gira **a** trescientas revoluciones por minuto.

La preposición **a** es muy frecuente también en los verbos que expresan el inicio de una acción cuando van seguidos solamente de un infinitivo: **empezar a, echar(se) a, entrar a, comenzar a, ponerse a** o **romper a.**

> El bebé empezó / se echó / comenzó / se puso / rompió **a** llorar porque tenía mucha hambre.

Dicho significado que marca el inicio de una acción, conecta con la expresión **al + infinitivo** (traducida por *upon + gerund*), la que señala un momento específico en el tiempo:

> **Al** llegar les daremos las malas noticias.
> Comentaron **al** regresar de sus vacaciones que habían sido las mejores de su vida.
> Se rieron todos de mí **al** ver cómo me caía en el río.

También podemos tener indicaciones de modo o manera:

> Prepara una carne **a** la brasa / **a** la sartén / **al** horno / **a** la barbacoa que es extraordinaria.
> Prefiero escribir primero **a** mano / **a** bolígrafo / **a** pluma y luego pasar la información a la computadora.
> Todos los delegados caminamos **a** pie hasta el centro de convenciones.

Muchas otras expresiones adverbiales usan esta preposición:

Modo: **a beneficio de** (para beneficiar a), **a caballo** (en un caballo), **a causa de, a consecuencia de** (como consecuencia), **a fuerza de** (insistiendo mucho), **al menos** (por lo menos), **a lo mejor** (quizá), **a ciegas** (sin prestar atención), **a escondidas** (ocultándose), **a lo loco** (sin pensarlo), **a modo de** (como), **a pie** (caminando), **a propósito** (adrede), **a fondo** (completamente).

Tiempo: **a eso de** (alrededor de), **a la vez** (simultáneamente), **a menudo** (frecuentemente), **a tiempo** (puntualmente), **a veces** (en algunas ocasiones, no siempre).

Espacio: **a lo largo de** (a través de).

Discusión 4 ••

Los hablantes latinoamericanos condenan el frecuente uso en España de la secuencia **ir a por: Mamá, me voy a por pan** para expresar **Voy a comprar pan.** También la Real Academia de la Lengua ha dicho que este uso es un registro demasiado coloquial que debe evitarse en la escritura. ¿Qué argumentos se pueden presentar en contra y a favor del uso de esa construcción? ¿Cómo se puede explicar este fenómeno?

Escriba aquí sus ideas antes de hablar con sus compañeros/as:

_____

_____

_____

_____

5. PREPOSICIONES DE SENTIDO VAGO: DE

Recuerde que esta preposición combinada con el artículo masculino singular adopta la forma **del**.

De conecta dos sustantivos para formar una unidad semántica. En estos casos el inglés simplemente junta las dos palabras:

clase de Física (*Physics course*), **libro de Historia** (*History book*), **campo de fútbol** (*football field*), **canción de rap** (*rap song*), **cadena de plata** (*silver chain*), **pantalón de cuero** (*leather pants*), **coche de carreras** (*race car*), **película de horror** (*horror movie*)

La preposición **de** indica una relación entre una parte y algo que la engloba. Algunas de las relaciones que puede expresar son:

Propiedad y pertenencia (que pertenece a):

> Esa es la chaqueta **del** profesor.

Material (hecho/a de):

> Me gusta la ropa **de** plástico.

Procedencia (mi/tu/su origen es):

> Soy **de** Latinoamérica.

Condición (si...):

> **De** no haber dicho la verdad en el juicio, me habría arrepentido.

Estado (cuando era/fui/soy/sea...):

> **De** viejo, quiero irme a viajar por todo el mundo.

Descripción (con):

> ¿Ves al hombre **de** traje que está al lado de la mujer **de** pelo rubio?

En combinación con el verbo **estar**, esta preposición forma una gran cantidad de expresiones que revelan un estado: **Estar de acuerdo con** (coincidir con la opinión de), **Estar de buen/mal humor** (contento/enfadado), **Estar de broma** (no hablar en serio), **Estar de huelga** (no trabajar a causa de una reclamación laboral), **Estar de luto** (triste por la muerte de una persona), **Estar de mudanza** (cambiando de casa), **Estar de pie** (levantado), **Estar de rodillas** (arrodillado), **Estar de vacaciones**, **Estar de vuelta/de regreso, de + profesión** (trabajar en esa profesión).

> **Estuvo** mucho tiempo **de cajero**, pero lo han ascendido y **está de supervisor**.
> Por las mañanas mi jefe siempre **está de buen humor**.
> No **estoy de acuerdo** con el comité de huelga.

En español la estructura **estar + adjetivo + de + sustantivo/infinitivo** es muy creativa y muy usada en el lenguaje hablado. La interpretación es básicamente causal:

> Estar muerto/a de miedo / risa / sueño (el sueño, la risa o el miedo son la causa del sentimiento)
> Estar cansado/a de mis / tus / sus quejas (las quejas son la causa del cansancio)
> Estar harto/a de esperar (la espera es la causa de su hartura)
> Estar verde de envidia (la envidia es causa de su color metafórico)

Este tipo de estructura causal es la que comparten muchos verbos que requieren la preposición **de** con un nombre o un infinitivo: **alegrarse de, arrepentirse de, burlarse de, cansarse de, depender de, enamorarse de,** etc.

Es necesario diferenciar entre **deber + infinitivo** y **deber de + infinitivo**. Aunque en algunos registros coloquiales de lengua esta distinción se ha perdido, es importante ser consciente de que la primera expresión implica obligación y la segunda implica probabilidad:

> **Debo ir** al banco hoy (= Tengo que)
> **Debe de estar** en el banco (= Probablemente estará en el banco)

Otras expresiones frecuentes con **de** son: **de acuerdo con** (citando a), **de buena/mala gana** (dispuesto/no dispuesto), **de esta manera** (así), **de modo que** (de manera que), **de nuevo** (nuevamente), **de repente** (repentinamente), **de veras** (seriamente), **de vez en cuando** (ocasionalmente).

Discusión 5 •••

De adopta significados muy similares a los de otras preposiciones en el mismo contexto. Ya sabemos que la razón principal es la vaguedad semántica de todas estas palabras. ¿Qué otras preposiciones podrían sustituir a **de** en los siguientes ejemplos?

1. **De** las razones que me ha dado, deduzco que no quiere comprar otra computadora.

2. Es cierto, señor, me encanta beber agua en copas **de** champán.

3. Me encantan los días **de** sol.

4. Puede estar tranquilo, su dinero está **del** otro lado de la frontera.

5. Creía que el hombre **de** sombrero estaba leyendo un libro **de** Física.

6. No me gusta ir a la peluquería **de** señoras.

7. No quiero hablar **de** religión si estoy entre personas **de** muchos prejuicios.

8. **De** tu casa a la mía solamente hay unas cuantas yardas.

1. _____   5. _____

2. _____   6. _____

3. _____   7. _____

4. _____   8. _____

6. PREPOSICIONES DE SENTIDO VAGO: EN

En indica un espacio o un tiempo limitados dentro de los que se sitúa algo o alguien.

Localización espacial:

> El libro se encuentra **en** (dentro de) mi habitación.
> ¿Puedes traerme el periódico que se halla **en** (sobre) la mesa?
> La actuación de Maná es **en** (dentro de) el Palacio de Bellas Artes.
> El paciente **en** (localizado en) la quinta planta del hospital fue operado hoy.

Localización temporal que expresa duración o límite, pero atención, porque **en** no aparece con días de la semana:

> Comenzaremos la reunión **en** (dentro de) un momento.
> Hablaré con mi padre **en** (durante) enero.
> Tanto Shakespeare como Cervantes escribieron **en** (durante) el siglo XVI.
> Su café estará listo **en** (dentro de) un segundo.
> Me darán los resultados de los exámenes **en** (dentro de) tres días.
> Pero: Iré el lunes.

Otros usos metafóricos de esta preposición expresan:

Modo, manera que explica cómo o de qué forma:

> No sé si querrá viajar **en** barco, **en** avión o **en** tren. (medio de transporte)
> Me encantan los libros escritos **en** latín. (usando esa lengua)
> Está prohibido ir a trabajar **en** mangas de camisa. (modo de vestir)
> En la fiesta exigen ir **en** traje de etiqueta. (modo de vestir)
> Este piso está **en** venta, pero el de al lado está **en** construcción. (condición)

Ambiente abstracto:

> El dueño de la corporación vive **en** la riqueza más absoluta.
> Tras el divorcio se le pasan los días sumido **en** la más absoluta tristeza.

Conocimiento:

> Mi madre es experta **en** leer las cartas del tarot.
> En la universidad se necesitan más doctores **en** Física.

Tránsito:

> El proyecto está **en** desarrollo.
> Me encanta ver a los abogados **en** acción.

También aparece esta preposición en la estructura "**el/la/los/las** + número ordinal + **en** + infinitivo", que especifica una posición en un orden:

> Conseguimos ser **los primeros en llegar** para comprar las entradas del concierto.

Expresiones que utilizan esta preposición son **en cambio** (por otro lado), **en cuanto** (tan pronto como), **en contra de** (en oposición a), **en cuanto a** (en relación con), **en forma de** (con la forma de), **en frente de** (ante), **en relación con** (relacionado a), **en seguida** (muy pronto), **en torno a** (alrededor de), **en vez de** o **en el lugar de** (en sustitución de).

Discusión 6 ••

¿A qué preposiciones en español equivalen **las negrillas**? ¿Qué les dicen a ustedes estos ejemplos sobre el uso de sus correspondientes en español? ¿Pueden formular alguna regla sobre su uso en español? Piensen en movimiento frente a inmovilidad. En uno de los casos, el español y el inglés omiten ambos el uso del artículo entre la preposición y el nombre. ¿En cuál?

1. *The professor teaches **at** the University.*
2. *Tonight I will be **at** home.*
3. *I think she is **in** school now.*
4. *You should go to the museum **in** the car.*
5. *You should go to the museum **on** the bus.*

 Escriba aquí sus ideas antes de hablar con sus compañeros/as:

_____

_____

_____

_____

7. NOTAS ADICIONALES

Las preposiciones POR y PARA

La preposición **para** indica el objetivo, el destino, el límite o la meta de la acción ya sea temporal, espacial o metafórica. Podríamos representarla gráficamente de la siguiente forma:

A   ————————————▶   B

El ejemplo a continuación puede simbolizarse con una flecha que muestra el movimiento y dirección de la preposición:

> Tenemos una manera de modificación que sirve igualmente **para** todas las especies de palabras que acabamos de enumerar.

A   ——————————————————————▶   B

La preposición **por**, en cambio, expresa un proceso, una traslación, un movimiento o una duración cuyo proceso es indeterminado o expresado en otra parte de la oración. Es la preposición indicada para expresar una causa, porque lo que importa es el movimiento iniciado con anterioridad. Podría representarse gráficamente así:

B   ◀————————————▶   A...

La flecha que apunta para las dos direcciones simboliza la interdependencia de los dos elementos conectados por **por**:

> Hoy yo tengo ningún dinero **por** haberlo gastado todo ayer.

B   ◀————————————▶   A

> (Gasté mi dinero ayer y consecuentemente hoy no tengo dinero)

Es decir que para encontrar el motivo hay que mirar hacia atrás y para encontrar la consecuencia se mira hacia delante.

Observen cómo se distinguen temporalmente las siguientes acciones:

> Me gustaría verte **por** la tarde **para** tomar un café.

Por expresa que en algún momento indeterminado de la tarde al hablante le gustaría estar con el oyente. **Para** expresa el propósito de la cita.

Comparen ahora las expresiones **estar por** (expresa un proceso que todavía no ha terminado) y **estar para** (muy frecuente en contextos negativos = no estar en condición de) en los siguientes contextos:

> El empleado **está por** decirle al jefe que no quiere volver a trabajar en esta empresa, pero todavía no ha tomado la decisión de buscar otra ocupación. Le preocupa tanto esta circunstancia que su ánimo no **está para** bromas.

En el primer ejemplo la decisión de decírselo todavía no se ha tomado, es como decir **todavía no le ha dicho que...**, mientras en la segunda **las bromas** son una circunstancia que se quiere evitar. Otro ejemplo:

> No voy a tomar el examen porque **estoy por** terminar el libro. (no lo he terminado)
>
> Cuando llegamos al cine la película ya **estaba para** terminar. (estaba casi terminanda)

Básicamente, la diferencia entre las dos preposiciones reside en que **por** mira hacia atrás y es indeterminado, mientras **para** mira hacia delante y es determinado. Preste atención a los siguientes ejemplos:

> Señor juez, tengo muchas preguntas **por** hacerle todavía al acusado. (le he hecho algunas preguntas, pero todavía me faltan muchas más)
>
> Señor juez, aquí están las preguntas **para** hacerle al acusado. (estas son las preguntas que quiero hacerle al acusado)

Observen a continuación cómo estas características semánticas (algo completo con **para** frente a algo en proceso con **por**) afectan y precisan el significado de los siguientes ejemplos:

PARA:
Tiempo límite (como máximo):

> Mi padre dice que **para** (como máximo) el año que viene se jubilará.

Propósito (con el propósito de):

> Quiero un libro **para** (con el propósito de) estudiar Historia.
>
> Estudia **para** (con el objetivo de) ser médico.

Espacio de límite real o metafórico (con el objetivo de + infinitivo):

> El atleta tiene que correr **para** (con el objetivo de llegar a) la meta lo más rápido posible.
>
> El subscriptor envió la carta de queja **para** (con el objetivo de entregarla a) el periódico de la ciudad.
>
> Ven **para** aquí.

Una expectativa defraudada (teniendo en cuenta... es sorprendente que...):

> **Para** comer tanto, no engorda nada. (teniendo en cuenta que él/ella come tanto, es sorprendente que no engorde nada)
>
> Sus pies son demasiado pequeños **para** lo alto que es. (teniendo en cuenta lo alto que es, es sorprendente que sus pies sean tan pequeños)

POR:
Duración temporal aproximada:

> El senador regresará de su viaje **por** (alrededor de) el día de la constitución.

Duración espacial:

> Puedes caminar **por** (a lo largo de) la acera para llegar más rápido a tu destino.
>
> No encuentro mis llaves, pero creo haberlas visto **por** aquí. (en un lugar indeterminado)

Razón y causa:

> Te llamo **por** las buenas noticias de tu matrimonio. (las noticias son la razón por la cual llamo)
>
> No puede estudiar **por** trabajar tanto. (su trabajo es la causa por la cual no estudia)

Medio de transporte o comunicación:

> Escríbeme **por** correo electrónico.
>
> La empresa de transportes asegura que llegará más rápido **por** avión, pero el envío de objetos frágiles es más seguro **por** barco.

Multiplicación, intercambio y sustitución:

> Cuatro **por** cinco son veinte. Te cambio estos cuatro billetes **por** uno de veinte.
>
> El actor principal se enfermó y lo sustituyeron **por** el segundo actor.

Agente de la voz pasiva con **ser**:

> Estas palabras fueron pronunciadas **por** el senador ayer.

Además, las preposiciones **por** y **para** aparecen en una cantidad de expresiones fijas (**para siempre, por supuesto,** etc.).

Discusión 7 •••

Ya hemos visto en un capítulo anterior que la preposición **para** utilizada antes de la conjunción **que** tiene una característica especial, ya que provoca la aparición del subjuntivo. ¿Pasa lo mismo con **por**? ¿Cómo clarifica esto todavía más el uso del subjuntivo? Comparen y expliquen el contexto modal que crean ambas a la luz de lo que se ha dicho en el capítulo del subjuntivo. Piensen en la **afirmabilidad** del contenido de la cláusula introducida por ellas.

Escriba aquí sus ideas antes de hablar con sus compañeros/as:

_____

_____

_____

_____

 ***Ejercicios individuales***

1. Compare los siguientes pares de oraciones y explique la diferencia de significado:

   1. a. Quisiera que estuvieras aquí **para** el día de mi cumpleaños.

      b. Su cumpleaños debe de ser **por** el mes de octubre.

      _____

   2. a. Llegará a las diez **de** la mañana.

      b. No quiso venir a desayunar **por** la mañana.

      _____

   3. a. **Para** llegar tarde siempre, te quejas demasiado.

      b. **Por** llegar tarde siempre, nunca puedes saludarlos.

      _____

   4. a. **Para** ir más deprisa, necesitarás ir por la autopista.

      b. **Por** ir más deprisa, le pusieron una multa.

      _____

   5. a. Hoy debes **de** estar cansado, ya que has trabajado mucho.

      b. Debes acostarte **para** poder descansar.

      _____

   6. a. Mañana salgo de paseo **por** la ciudad.

      b. Mañana salgo **para** estudiar en la universidad.

      _____

   7. a. Tendrá sus motivos **para** hacer lo que hace.

      b. No me cae bien **por** hacer lo que hace.

      _____

   8. a. Lo hago **por** ti.

      b. Lo hago **para** ti.

      _____

   9. a. **Por** haber estudiado tanto, habla muy bien español.

      b. **Para** haber estudiado tanto, no habla muy bien español.

      _____

   10. a. Tendrás que salir **para** la carrera por la mañana.

       b. La carrera pasa **por** la calle donde vives.

       _____

11. a. Nos han convocado **para** las diez de la mañana,

    b. pero no creo que nos entrevisten **por** la mañana.

_____

12. a. Por favor, siéntese **a** la mesa.

    b. Por favor, no se siente **en** la mesa.

_____

2. Sustituya las preposiciones o palabras **en negrillas** por otras que expresen un contenido similar:

Modelo: Estarán aquí **a** las tres → Estarán aquí para las tres

1. No puedo pensar **a causa de** este dolor de cabeza.

_____

2. Llegaron todos **salvo** el invitado especial.

_____

3. Estuvimos esperándolos **alrededor de/casi** una hora.

_____

4. Por favor, vete **para** aquel bar y tómate un café hasta que yo termine.

_____

5. Estuvieron encerrados **casi** tres días **por/a causa de** la tormenta.

_____

6. Estaremos aquí **casi hasta** las tres de la tarde.

_____

7. ¡Búscalo **bajo** la cama!

_____

8. Mi teléfono se me quedó **en** la casa.

_____

9. **Sobre** la mesa encontrarás tu paga.

_____

10. Que vaya **hasta/para** el cine, que luego lo encontraremos.

_____

11. Compitió **contra** la otra adversaria.

_____

12. **Para** la cena, ya habrán descansado.

_____

13. El presidente se sentó **al lado de** su amigo.

   _____

14. Mejor estate callado, **porque** no sabes qué decir.

   _____

15. Puedes llamarme **hasta** las nueve.

   _____

3. Rellene el espacio en blanco con la preposición adecuada, sólo si ésta hace falta, pero tenga cuidado con las contracciones **al** y **del**. Si es posible, trate de completar los espacios sin consultar el Apéndice III.

   1. No se quiso casar (1) _____ ella y durante tres años solamente pudo soñar (2) _____ esa decisión equivocada. Ya no quiere (3) _____ hablar de la situación porque prefiere (4) _____ olvidarla. Pero ha aprendido (5) _____ pensar más (6) _____ sus decisiones; ahora siempre nos consulta qué debe (7) _____ hacer.

   2. Prometieron (1) _____ darnos una respuesta en dos días a pesar de que insistimos (2) _____ que nos hacía falta lo antes posible. Cuando no contestaron (3) _____ el mensaje, tratamos (4) _____ llamar (5) _____ teléfono, pero fue imposible conseguir (6) _____ comunicarnos (7) _____ la oficina.

   3. Cuando acababa (1) _____ salir (2) _____ el trabajo ocurrió el accidente. La ambulancia tardó diez minutos (3) _____ llegar y todos los testigos se alegraron (4) _____ oír las sirenas. Al llegar los enfermeros preguntaron (5) _____ los heridos para atenderlos lo antes posible. Afortunadamente nadie parecía (6) _____ estar grave.

   4. No creo que llegue (1) _____ casa muy pronto hoy porque está asistiendo (2) _____ las clases nocturnas.

   5. Quiero aprender (1) _____ jugar (2) _____ el tenis, pero, como ninguno de mis amigos sabe (3) _____ esquiar, este fin de semana vamos (4) _____ ir (5) _____ las montañas.

   6. Finalmente se decidió (1) _____ decir la verdad.

   7. Deja (1) _____ decir tonterías y empieza (2) _____ hacer algo útil. Siempre sueles (3) _____ hablar en el momento más inoportuno. Debes (4) _____ aprender (5) _____ guardar un poco más de silencio.

   8. Lo amenazó (1) _____ darle un beso. Yo opino que debía (2) _____ estar un poco borracha para atreverse (3) _____ decir eso.

9. —¿Te gustaría (1) _____ ir (2) _____ el teatro conmigo esta noche o preferirías (3) ir _____ un concierto a
escuchar (4) _____ música clásica?

—La verdad es que hoy no quiero salir (5) _____ casa.

4. Escoja la opción correcta:

Te esperaré en casa (1) **para / hasta** las ocho. Pero si no llegas (2) **hasta / a** esa
hora, me iré. Tengo que estudiar (3) **para / por** mi examen de español mañana
(4) **en / por** la mañana, (5) **para / por** eso, voy (6) **a / en** caminar (7) **hasta /
hacia** el supermercado primero (8) **por / para** comprar café. Si quieres verme,
después iré (9) **a / de** cenar y (10) **por / para** las nueve estaré tomando un
refresco (11) **a / en** la cafetería que está (12) **cerca de / en** el restaurante
(13) **por / para** si te apetece venir.

Estudiar (14) **a / en** la universidad supone mucha presión, porque siempre hay
exámenes y trabajos (15) **por / ante** hacer. Estoy deseando licenciarme (16) **por /
para** poder salir (17) **de / para** la universidad y (18) **por / para** poder buscar trabajo, pero primero debo estudiar este examen.

5. En español existen muchos refranes en los que entender el sentido de las
preposiciones es crucial. Aquí le ofrecemos unos cuantos ejemplos. Explique el
significado e invente una situación en la que se puedan contextualizar: 😳

1. **A** cada uno su gusto le parece el mejor del mundo.

Explicación: _____

Situación: _____

_____

2. **Para** el que no es necio, la libertad no tiene precio.

Explicación: _____

Situación: _____

_____

3. **Contra** el vicio de pedir, la virtud **de** no dar.

Explicación: _____

Situación: _____

_____

4. **Con** probar nada se pierde.

Explicación: _____

Situación: _____

_____

5. **Para** hacer un rico, hacen falta muchos pobres.

   Explicación: _____

   Situación: _____

   _____

6. **A** sordos y **a** ciegos, hacen testigos el dinero.

   Explicación: _____

   Situación: _____

   _____

7. **De** esperanza vive el hombre, pero muere **de** desilusiones.

   Explicación: _____

   Situación: _____

   _____

8. **En** calma del mar no creas, **por** sereno que lo veas.

   Explicación: _____

   Situación: _____

   _____

9. **Hasta** las piedras las destruye el tiempo.

   Explicación: _____

   Situación: _____

   _____

10. **Con** zapato muy justo, nadie anda **a** gusto.

    Explicación: _____

    Situación: _____

    _____

11. **A** hombre **de** dos caras, rayo que lo parta.

    Explicación: _____

    Situación: _____

    _____

12. **Por** su pico, se pierde el pajarito.

    Explicación: _____

    Situación: _____

    _____

13. **Para** saber mandar, es preciso saber obedecer.

    Explicación: _____

    Situación: _____

    _____

14. **A** la sombra de los buenos, viven los malos sin freno.

    Explicación: _____

    Situación: _____

    _____

6. Complete las siguientes oraciones de una forma lógica y creativa para formar un párrafo coherente:

   En la pared de mi cuarto tengo varios cuadros. Uno de ellos es muy moderno y consiste en _____. Al seleccionarlos me esforcé por _____. Me acordé de _____.
   Pero al mismo tiempo no quería que mi compañero de cuarto se fijara en _____. Por eso busqué _____.
   Mi compañero dice que cuando mira estos cuadros piensa en _____. Insiste en _____. Tanto me molestó que yo me decidí a _____. No quería que todos los días él empezara a _____. Y tampoco me atrevía a _____. Entonces le dije:
   —Aquí no se trata de _____
   Me miró muy sorprendido y dijo:
   —¡Pero yo no me quejé de nada!

7. **Ejercicio guiado. Por** y **para** tienen muchos usos idiomáticos. Busque en su diccionario cinco de ellos y escríbalos aquí ilustrados con un ejemplo: 😮

   1. _____

      Ejemplo: _____

   2. _____

      Ejemplo: _____

   3. _____

      Ejemplo: _____

   4. _____

      Ejemplo: _____

   5. _____

      Ejemplo: _____

8. **Ejercicio guiado.** Muchas preposiciones del español pueden actuar como prefijos en la formación de palabras. En la siguiente lista, ordene las palabras según el prefijo y conteste las siguientes preguntas. ¿Cómo cambia el significado de la palabra original? ¿Tiene cada prefijo una sola interpretación?

Modelo: atraer →   paso 1: a-   traer
                     paso 2: a = proximidad

sinfín	anteayer	demostrar
confrontar	sobrepasar	enhorabuena
decaer	entretener	contraer
entresacar	antebrazo	menospreciar
contravenir	encarcelar	sobrellevar
entrecejo	anteojos	contradecir
entuerto	devolver	sinrazón
conjunto	sobrecargar	anteproyecto
entretanto	encabezamiento	enjuiciar
sobresaliente	conmover	anteanoche
antepasados	trasfondo	entrever
encerrar	concesión	sinnúmero
entreabrir	encoger	antesala
entremezclar	traspasar	encaminar
traslucir / trasluz	sobresaltar	entremeter
anteponer	condolerse	entierro, enterrar, enterrador
deformación	enmascarar	contrataque
encubrir	entreoír	sobrehumano
antedicho	sinvergüenza	encuadrar
concentrar	traspié	entresuelo
enfrentar	sobrenatural	antemano
porvenir	detener	sobreponer
entretejer	enturbiar	sobreviviente
contratiempo	envolver	confederación

ANTE =	

CON =	

CONTRA =	

DE =	

EN =	

ENTRE =	

MENOS =	

POR =	

SIN =	

SOBRE =	

TRAS =	

9. Los siguientes grupos de oraciones comparten la misma preposición. Decida en qué caso esta preposición tiene su sentido básico y dónde encontramos un sentido metafórico:

Modelo: Usted va a leer oraciones **sobre** dos lugares que son patrimonio de la humanidad.

Las líneas de Nazca se encuentran **sobre** la pampa de Perú, y la antigua ciudad de Teotihuacán, en México.

Explicación: el segundo ejemplo expresa el significado espacial que localiza las líneas geográficamente encima de la pampa. En cambio, el primer ejemplo expresa metafóricamente esa relación espacial que construye las oraciones acerca del contenido.

Las líneas de Nazca (Perú)

1. Las líneas de Nazca están **entre** los muchos misterios arqueológicos de Latinoamérica.

2. El desierto de Nazca está en Perú, **entre** los Andes y el Océano Pacífico.

3. **Entre** los muchos dibujos que forman las líneas hay animales, seres imaginarios, plantas y figuras geométricas.

4. Los primeros estudios de las líneas se hicieron **entre** 1926 y 1941.

   Explicación de **entre**: _____

   _____

   _____

   _____

5. El dibujo más largo tiene una línea **con** 9 kilómetros (5.59 millas) de largo.

6. Los dibujos están hechos **con** una sola línea que parte de un punto y regresa al mismo punto.

7. Las líneas se extienden **con** una rectitud perfecta a pesar de estar dibujadas sobre colinas y otros accidentes geográficos.

8. La superficie del desierto **con** su color marrón oculta un fondo **con** un color amarillo que antiguamente fue el fondo del océano.

9. **Con** la ayuda de un avión, se pueden ver las líneas mejor debido a esta diferencia de color.

10. Algunos las han comparado **con** pistas de aterrizaje para extraterrestres.

11. Los trabajos arqueológicos las relacionan **con** una función astronómica o ritual.

12. La investigadora alemana Maria Reiche consiguió **con** sus estudios defender la conservación de las líneas.

13. Ella trabajó en el desierto durante años **con** mucho cuidado y **con** mucho optimismo.

14. En 1955, **con** su libro *El secreto de la pampa*, consiguió evitar la construcción de un sistema de regadío en el desierto que las habría destruido.

15. **Con** su trabajo y **con** su pasión defendió la importancia de este lugar único.

16. La doctora Reiche murió en 1998 cuando contaba **con** 95 años de edad después de que el gobierno de Perú reconociera su trabajo **con** la concesión póstuma de la nacionalidad de este país.

17. Ahora ella está unida **con** la tierra del desierto, ya que fue enterrada en el jardín del lugar donde vivía en Nazca.

    Explicación de **con**: _____

    _____

    _____

    _____

18. El respeto **hacia** su trabajo hizo que la pampa de Nazca fuera declarada patrimonio de la humanidad en 1995.

19. Gracias a ella las líneas continúan perdiéndose **hacia** el horizonte.

20. La superficie que ocupan suma **hacia** 450 kilómetros cuadrados (279 millas cuadradas) de extensión.

21. Ahora sabemos que la cultura nazca comenzó **hacia** el año 200 antes de Cristo.

    Explicación de **hacia**: _____

    _____

    _____

    _____

22. La cultura duró **hasta** aproximadamente el 800 después de Cristo.

23. Todavía falta mucho trabajo que hacer **hasta** llegar a comprender el significado de las líneas.

24. La herencia de Reiche y la importancia arqueológica del lugar son dos de los elementos con los que contamos para luchar **hasta** conseguir la protección total de la cultura humana.

25. A estos lugares que pertenecen a todos los seres humanos debe ofrecérseles desde el apoyo individual **hasta** el apoyo de los organismos culturales internacionales.

    Explicación de **hasta**: _____

    _____

    _____

    _____

Teotihuacán (México)

1. Hay 50 kilómetros (30 millas) **desde** la ciudad de México hasta la ciudad sagrada de Teotihuacán.

2. Teotihuacán es **desde** 1987 un monumento patrimonio de la humanidad.

   Explicación de **desde**: _____

   _____

   _____

   _____

3. La ciudad se extiende por el llano **bajo** un cielo que parece infinito.

4. La civilización de Teotihuacán desapareció **bajo** las llamas de un gran incendio en el siglo VII.

5. La conservación de las monumentales pirámides debe combinarse con los intereses económicos que ponen **bajo** presión el desarrollo sostenible del lugar.

Explicación de **bajo**: _____

_____

_____

_____

6. Uno se admira **ante** la indudable grandiosidad de Teotihuacán.

7. Uno se maravilla también **ante** las condiciones perfectas en las que se conservan las pirámides de la "Ciudad de los Dioses".

8. Se debe descansar **ante** la Pirámide del Sol si se quiere subir, porque mide 66 metros (213 pies) de alto.

Explicación de **ante**: _____

_____

_____

_____

Ejercicios en parejas

1. Comparen sus respuestas al ejercicio 7 anterior y tomen nota de aquéllas que no comparten. Comparen los ejemplos dados en sus diccionarios y discutan si les parecen adecuados para ilustrar el significado de las expresiones.

   Escriba aquí sus conclusiones:

   _____

   _____

   _____

   _____

2. Organicen la lista de preposiciones del apartado 2 de la explicación teórica en pares de sinónimos y de antónimos. ¿Cuántos pares pueden formar?

   Escriba aquí sus pares:

   _____

   _____

   _____

   _____

3. Escoja siete preguntas de la siguiente lista para hacerle a su compañero/a y escriba las respuestas:

   1. ¿Qué suele haber entre tus libros?

   _____

   2. ¿Qué está junto a tu televisor?

   _____

3. ¿Has escondido algo alguna vez tras un objeto? ¿Qué ha sido? ¿Dónde lo escondiste?

_____

4. ¿Tienes alguna costumbre o hábito peculiar? ¿Qué puedes decirme sobre ello?

_____

5. ¿Dónde está normalmente tu ropa interior?

_____

6. ¿Qué hay sobre tu mesa de trabajo que no debería estar allí?

_____

7. ¿Hay algo extraño bajo tu cama?

_____

8. ¿Qué sueles hacer con las cosas inútiles que tienes, pero que no quieres tirar a la basura?

_____

9. ¿Qué es lo más extraño que te hayas encontrado en la calle?

_____

10. ¿Qué se ve desde tu ventana?

_____

11. ¿Hasta dónde seguirías al amor de tu vida?

_____

12. ¿Sin qué no puedes vivir?

_____

4. Defina tres objetos sin nombrarlos, pero explicando para qué se utilizan y para qué son necesarios. Su compañero tendrá que adivinar de qué se trata.

Modelo: "Esto se utiliza para caminar cuando uno está lesionado" – las muletas.

 Escriba aquí sus definiciones:

1. _____

2. _____

3. _____

5. Como ya hemos visto en la explicación, la preposición **de** suele acompañar a algunos adverbios para formar unidades más complejas. Describa una habitación de su casa a su compañero/a. Él/Ella tendrá que dibujar en un papel los objetos que usted menciona y sus relaciones en el espacio. Cuando los dos hayan terminado la descripción comparen la realidad con el dibujo. Pueden usar algunas de las siguientes expresiones: 😃

además de	debajo de	después de	encima de
antes de	delante de	detrás de	fuera de
cerca de	dentro de	en medio de	lejos de

Escriba aquí su descripción:

_____

_____

_____

_____

6. ¿Cuál sería un sujeto apropiado para realizar la acción expresada en cada ejemplo? ¿Cómo cambia el significado de las preposiciones el de las oraciones?

1. a. Había corrido por el perro.   Sujeto: _____

   b. Había corrido con el perro.   Sujeto: _____

   c. Había corrido tras el perro.   Sujeto: _____

   d. Había corrido hacia el perro.   Sujeto: _____

2. a. Se reunió con el presidente.   Sujeto: _____

   b. Se reunió sin el presidente.   Sujeto: _____

   c. Se reunió hasta el presidente.   Sujeto: _____

3. a. Estará/n bajo los libros.   Sujeto: _____

   b. Estará/n tras los libros.   Sujeto: _____

   c. Estará/n entre los libros.   Sujeto: _____

4. a. Declarará/n contra el juez.   Sujeto: _____

   b. Declarará/n sin el juez.   Sujeto: _____

   c. Declarará/n ante el juez.   Sujeto: _____

   d. Declarará/n sobre el juez.   Sujeto: _____

   e. Declarará/n por el juez.   Sujeto: _____

5. Añada también un objeto directo.

   a. La/lo ha buscado entre los muebles.   _____

   b. La/lo ha buscado en los muebles.   _____

   c. La/lo ha buscado bajo los muebles.   _____

   d. La/lo ha buscado para los muebles.   _____

7. El humor muchas veces surge ante la yuxtaposición entre de dos situaciones disí-
   miles. Tras escoger entre **por** y **para**, expliquen cómo la sorpresa del final del
   chiste es debida a este efecto.

   1. Cambio pastor alemán (a) _____ uno que sepa español.

      _____

   2. —A ver, hijo, ¿cuánto es 4 (b) _____ 4?

      —Empate.

      —¿Y cuánto es 2 (c) _____ 1?

      —Oferta.

      _____

   3. La esposa le dice a su marido:

      —¡Pepe, Pepe, despierta!

      —¿Qué? ¿Qué quieres? ¿(d) _____ qué me despiertas?

      —¡Se te han olvidado las pastillas (e) _____ dormir!

      _____

   4. Un turista está perdido en el campo y se encuentra a un hombre:

      —Señor, ¿(f) _____ dónde va este camino?

      —(g) _____ ningún lado, no ve que no se mueve.

      _____

   5. Un señor va a una óptica.

      —Disculpe, quiero comprar unos lentes.

      —¿(h) _____ el sol?

      —No, (i) _____ mí.

      _____

   6. ¿Qué le dice el 3 al 30?

      (j) _____ ser como yo, debes ser sin-cero.

      _____

   7. ¿Qué le dijo un cuadro a una pared?

      Perdóname (k) _____ darte la espalda.

      _____

   8. ¿(l) _____ qué tiene rejas el cementerio?

      Porque todos se mueren (m) _____ entrar.

      _____

8. Decidan si usan **por** o **para** y unan la adivinanza con su respuesta:

a. Verde (1) _____ fuera, blanca
   (2) _____ dentro, si quieres que
   te lo diga, espera.

1. La pera

b. Todos pasan (3) _____ mí, yo no paso
   (4) _____ nadie, todos preguntan
   (5) _____ mí, pero yo no pregunto
   (6) _____ nadie. ¿Quién soy?

2. A un cuarto (9)
   _____
   las tres.

c. ¿Qué es lo que sirve (7) _____ comer
   y no se come?

3. El camino.

d. Tres amigas se reúnen (8) _____
   alquilar un cuarto en un hotel. ¿A qué hora lo
   alquilaron?

4. La cuchara.

9. Muchos chistes del español juegan con la ambigüedad significativa de las preposiciones creando cierta expectativa que luego se ve defraudada. Presten atención a los siguientes ejemplos:

1. —Buenos día señor, soy paraguayo y vengo para pedirle la mano de su hija.

   —¿Para qué?

   —Paraguayo.

2. —Me han ofrecido un trabajo en Chile.

   —¿En qué?

   —En Chile.

3. —Hola, soy entomólogo y estoy interesado en casarme con usted.

   —¿En qué?

   —Entomólogo.

Trabaje con su compañero/a para escribir ejemplos similares. Decidan un premio apropiado para el mejor chiste. Preséntenlos a la clase y voten por el que les parezca el más divertido.

Escriba aquí sus chistes:

_____

_____

_____

_____

 ***Ejercicios en grupos o para toda la clase***

1. Presenten a la clase los dibujos del ejercicio 5 anterior. Luego, ocúltenlos y hagan preguntas a la clase para confirmar su nivel de atención.

   Escriba aquí sus preguntas:

   _____
   _____
   _____
   _____

2. Cada estudiante debe presentar las tres o cuatro respuestas más interesantes, sorprendentes o divertidas que su compañero/a haya dado al ejercicio 3 anterior.

   Escriba aquí sus respuestas:

   _____
   _____
   _____
   _____

3. **Ejercicio guiado.** Según las instrucciones de su instructor/a, traduzcan cinco refranes del ejercicio 5 individual usando un programa de traducción cibernética disponible en la Red. Lean a la clase sus traducciones y verifiquen si las preposiciones han sido traducidas correctamente.

   Escriba aquí los resultados de la traducción, según el programa:

   1. _____
   2. _____
   3. _____
   4. _____
   5. _____

4. Comparen sus respuestas al ejercicio 7 de parejas. ¿Están todos de acuerdo en qué dos contextos están mezclados los chistes?

   Escriba aquí sus conclusiones:

   _____
   _____
   _____
   _____

5. La preposición **de** es una de las más productivas del español. Por ejemplo, la palabra **cena** puede producir las frases **cena de gala/negocios/trabajo/placer**. En grupos, intenten buscar todos los nombres que puedan para acompañar las siguientes palabras en un período de tiempo limitado. Vamos a ver qué grupo puede generar la mayor cantidad de frases distintas. Escríbanlas todas en la pizarra y discutan aquellos ejemplos que no les parecen apropiados y clarifiquen el significado de los que desconozcan:

1. campo de _____
2. banco de _____
3. tarjeta de _____
4. ataque de _____
5. camión de _____
6. estación de _____
7. consejo de _____
8. tormenta de _____
9. día de _____
10. traje de _____
11. barco de _____
12. cama de _____
13. voto de _____
14. casa de _____

6. ¿Qué preposición creen ustedes que es la adecuada en los siguientes contextos?

1. Hablar _____ dientes – *to mumble*
2. Muela _____ el juicio – *wisdom tooth*
3. Tela _____ rayas – *striped material or fabric*
4. Agradable _____ la vista/el oído/el tacto – *pleasing to the sight, ear, touch*
5. Poco _____ poco – *gradually*
6. Academia _____ idiomas – *language school*
7. _____ hache o _____ be – *for one reason or another*
8. Cuatro grados _____ cero – *four degrees below zero*
9. Tratar _____ cuidado – *treat carefully*
10. Vacuna _____ la gripe – *an anti-flu vaccine*
11. _____ contraluz – *back light*
12. _____ paréntesis – *in brackets*

13. Llegarán _____ las cuatro – *they will arrive at about four*

14. Lo hizo _____ querer – *inadvertently*

15. _____ prisa, pero _____ pausa – *continuously*

16. Anuncios _____ palabras – *classified section*

17. Apretón _____ manos – *handshake*

18. Asesino _____ sueldo – *hitman, hired killer*

19. Asesino _____ serie – *serial killer*

20. Baja _____ maternidad – *maternity leave*

21. Batería _____ cocina – *set of saucepans and kitchen utensils*

22. Billete _____ ida y vuelta – *round-trip ticket*

23. Visita _____ domicilo – *house call*

24. Vino _____ el país – *local wine*

25. Ventana _____ socorro – *emergency exit*

26. Venta _____ plazos – *installment plan*

27. Tipo _____ cambio – *exchange rate*

28. Voto _____ blanco – *blank or spoiled ballot paper*

29. Boca _____ metro – *subway entrance*

30. Canal _____ pago – *subscription channel*

31. Carne _____ gallina – *gooseflesh*

32. Carro _____ combate – *tank*

33. Castillo _____ naipes – *house of cards*

34. Compañía _____ seguros – *insurance company*

35. Contraseña _____ acceso – *password*

36. Crisis _____ los cuarenta – *midlife crisis*

37. Declaración _____ la renta – *income tax return*

38. Despedida _____ soltero/a – *hen/stag night, bachelor party*

39. Educación _____ distancia – *distance learning*

40. Esperanza _____ vida – *life expectancy*

41. Estado _____ ánimo – *state of mind*

42. Éxito _____ ventas – *best-seller*

43. Fabricación _____ serie – *mass production*

44. Envíos _____ reembolso – *parcels sent cash upon delivery*

7. Hagan un debate sobre la siguiente afirmación:

> **En EE.UU. la gente vive para trabajar y en los países hispanos la gente trabaja para vivir.**

Composición

1. Preliminares: reaccione por escrito a las siguientes afirmaciones desde su propio punto de vista.

   1. Es recomendable que otro lector lea nuestra composición.

   2. La comunicación escrita y la hablada tienen objetivos y recursos similares.

   3. Un escritor debe preocuparse por no aburrir a su lector.

   4. Es conveniente leer lo que se escribe varias veces.

2. Como ya se ha estudiado en el capítulo, es problemático adquirir el uso correcto de las preposiciones en todos los idiomas porque éstas se utilizan generalmente de una forma muy idiomática. La única manera de aprender este uso es la práctica continua. Las siguientes sugerencias les ofrecen varias oportunidades de usarlas en diferentes contextos.

   Herramientas: al repasar las preposiciones trate de releer varias veces los ejemplos dados en este capítulo para ilustrar su uso. Puesto que las **reglas** en este caso no pueden ser más que vagas generalizaciones, sin indicaciones precisas ni guías concretas, mucha gente se beneficia del método analógico. Es decir que, en el momento de decidir qué preposición utilizar en cierto contexto, podemos acordarnos de algún caso que hemos visto, donde se usó otra semejante. Esta transferencia es tal vez la manera más segura de decidir cuál se inserta mejor en dicha circunstancia.

   Estrategias: aunque las tres sugerencias son muy diferentes en cuanto a su propósito y la manera de ejecutarlo, queremos enfatizar de nuevo la importancia de la coherencia en todo texto que se redacte. Tanto un **quiz** como un diálogo, y sobre todo un ensayo argumentativo, necesitan presentar una progresión lógica entre sus partes. Además, la presencia de cada párrafo o sección tiene que ser justificada como necesaria para formar un conjunto temático completo y satisfactorio. Así, incluso un **quiz** tiene que consistir en secciones que se interconecten y se complementen.

Opción A ∿∿∿∿∿∿∿∿∿∿∿∿∿∿

Ejercicio guiado. Escriba un **quiz** sobre las preposiciones. Antes de comenzar debe decidir cuántos puntos va a tener su prueba. Como usted ya sabe, normalmente se escogen múltiplos de 10 para facilitar el proceso de evaluación. También debe buscar el modo más eficaz de evaluar su uso y su conocimiento con una variedad de ejercicios como la que le proponemos. Quizá usted quiera enfatizar el uso o la dualidad entre dos preposiciones como **por** y **para**. En cualquier caso, debe ser muy consciente de los puntos que otorga basándose en la dificultad de su ejercicio y en el

conocimiento que su estudiante demostrará: las tareas más sencillas deben tener menos puntos que las más complicadas. Si usted quiere, puede añadir algún otro ejercicio, y tenga en cuenta que tiene que dar instrucciones muy claras y precisas.

Parte 1

Escriba un párrafo dejando espacios en blanco para rellenar con preposiciones. Ésta es la forma de ejercicio más básica.

Parte 2

Escriba una lista de verbos que se utilizan con preposiciones (puede inspirarse en las listas del Apéndice III), pero sin mencionarlas. Pida que se complete cada verbo con las soluciones adecuadas y que, además, se escriban oraciones con estos verbos.

Parte 3

Escriba pares de oraciones que contengan el mismo verbo pero con preposiciones distintas (por ejemplo con **estar por** y **estar para**, **ser de** y **ser para**, **dar con** y **dar para**) y pida que se comenten las oraciones para mostrar cómo la preposición determina el significado del verbo. Por ejemplo, en **La caja es de papel**, **de papel** indica material; en **La caja es para papel**, **para papel** significa propósito.

En este esquema, la progresión va desde un ejercicio más mecánico a uno más creativo, y finalmente a uno interpretativo.

Opción B ∿∿∿∿∿∿∿∿∿∿∿

Ejercicio guiado. Algunas interjecciones utilizan preposiciones para reaccionar ante determinadas situaciones. Tras haberse familiarizado con su significado y haberlas ordenado en una secuencia lógica, escriba un diálogo utilizándolas:

1. ¡Ay de…!

2. ¡Caramba con…!

3. ¡(Tú/Él) Cuenta con…!

4. ¡Cuidado con…!

5. ¡Desdichado de…!

6. ¡Pues vaya con…!

7. ¡(Tú) Quita de… (ahí / delante / detrás / en medio)!

Para preparar su diálogo, escriba un breve resumen de la escena en la que va a situarlo.

Introducción

1. Escriba acotaciones (*stage directions*) para su diálogo. Especifique el lugar y el tiempo y otros detalles necesarios para crear el escenario.

2. Nombre a los personajes y dé una descripción breve de cada uno.

3. Diga lo que cada personaje está haciendo en el momento de empezar el diálogo.

Desarrollo

Escriba el diálogo. No se olvide de continuar con las acotaciones para que el/la lector/a se pueda imaginar toda la escena: ofrezca datos acerca de la intencionalidad en las palabras del diálogo, el movimiento de los personajes, sus gestos, etc. Utilice un lenguaje simple y coloquial, ya que las expresiones dadas pertenecen a este tipo de registro.

Conclusión:

Escriba las acotaciones finales. ¿Cómo termina la escena? ¿Qué hacen los personajes al final?

Opción C

Escriba un ensayo sobre el siguiente tema: **¿Por qué y para qué nacimos y vivimos en este planeta?**

Existen varias opciones para organizar esta composición. Sin embargo, lo primero que hay que hacer es *brainstorming*, tal vez en conjunto con uno/a o más compañeros/as que también hayan escogido este tema. Hay cuatro posibles grupos de cuestiones planteadas: 1. ¿Por qué nacimos?; 2. ¿para qué nacimos?; 3. ¿por qué vivimos?; y 4.¿para qué vivimos? Estos cuatro grupos pueden servirle de guía para hacer una lista previa de respuestas posibles a estas preguntas y también para organizar su ensayo. Después de haber recogido todos los puntos que cree importantes, debe decidir cuál de ellos responde mejor las preguntas del tema según sus propias creencias y convicciones.

Finalmente, conviene organizar una progresión lógica de sus puntos, por orden creciente o decreciente de importancia, por pertenencia a una u otra de las cuatro preguntas, etc., de forma que este plan le pueda servir como esqueleto para su ensayo.

Introducción

1. Empiece con una afirmación que despierte el interés de su lector/a sobre cómo estas preguntas han ocupado la mente humana a través de toda la historia. Quizá puede poner el ejemplo de un personaje histórico o ficticio que represente algunas de las posibles respuestas.

2. Resuma en breves palabras sus propias creencias metafísicas y/o religiosas que van a influir en sus respuestas.

3. Decida quién/quiénes va/n a ser su/s lector/es y escriba algunas palabras de transición para la parte principal, tal vez anticipando posibles argumentos en contra de sus posturas.

Desarrollo

1. Responda las cuatro preguntas por separado o en conjunto.

2. Tenga el cuidado de estructurar esta parte en párrafos dedicados exclusivamente a una sola idea o argumento.

3. Cada párrafo debe estar semánticamente conectado al anterior, por medio de contenidos relacionados y también transiciones lógicas entre los diferentes temas: **además, por otro lado, en cambio**, etc.

4. Asimismo, cada uno debe empezar con una oración temática, cuyo tema debe ser tratado exhaustivamente. Al final de cada párrafo se debe dar un fin satisfactorio al tema introducido por la oración temática.

5. Al discutir cada punto puede incluir posibles contraargumentos y tratar de refutarlos.

Conclusión

1. Resuma sus posturas.

2. Retomando el número 1 de la introducción, dé su parecer sobre la eterna cuestión de la posibilidad (o imposibilidad) de contestar estas preguntas de forma definitiva. Evite la repetición del mismo vocabulario o las mismas estructuras.

3. Puede especular sobre cómo el progreso científico va a influir en esta cuestión en el futuro.

Alternativas de enfoque a la Opción C

También se puede escribir sobre estas preguntas en forma de diálogo. La forma dialogada representa en cierto modo el proceso de búsqueda de respuestas que realiza el autor al reflexionar sobre estas preguntas. Incluso, si su instructor/a se lo permite, puede escribirlo con uno/a de sus compañeros/as alternando las preguntas, las respuestas y las reflexiones.

Sin embargo, en este caso sería tal vez preferible no encuadrarlo en una escena sino concentrarse en hacer hablar dos voces que van a discutir este tema. Se puede, por ejemplo, crear una voz que defienda sus posturas y otra que actúe como abogado del diablo, o sea, que tenga argumentos contra todo lo que la otra voz dice, así que ésta tendrá que defender su punto de vista.

Otra posibilidad sería un diálogo en el que las dos voces se animan mutuamente a llegar a conclusiones definitivas a través de constantes reparos y/o refinamientos de las afirmaciones de la otra voz.

Una tercera posibilidad sería estructurar el diálogo en forma de preguntas y respuestas, o sea, una voz afirma algo y la otra cuestiona lo que acaba de oír.

Capítulo
7

❖ ❖ ❖ ❖ ❖ ❖ ❖ ❖ ❖ ❖ ❖ ❖ ❖

De la oración al párrafo: coordinación, subordinación y comparación

INTRODUCCIÓN

El escritor peruano César Vallejo (1892–1938) es considerado uno de los mayores poetas del siglo XX tanto en su país como en el resto de Hispanoamérica. Asociado generalmente con el movimiento vanguardista, es, sin embargo, difícil incluirlo en cualquier escuela específica debido tanto a su estilo tan individual y libre de toda convención como a sus temas humanos tratados en un lenguaje poético sumamente emotivo y personal. El poema "Masa" pertenece a una colección inspirada por la Guerra Civil española que se titula España, aparta de mí este cáliz en una alusión clara a la pasión de

*Cristo. Aquí la presencia de ciertas conjunciones, sobre todo **pero** al principio del último verso de las cuatro primeras estrofas, contribuye a reforzar la emoción de la voz poética.*

Al fin de la batalla,
y muerto el combatiente, vino hacia él un hombre
y le dijo: "¡No mueras! ¡Te amo tanto!"
Pero el cadáver, ¡ay! siguió muriendo.

5 Se le acercaron dos y repitiéndole:
"¡No nos dejes! ¡Valor! ¡Vuelve a la vida!"
Pero el cadáver, ¡ay! siguió muriendo.

Acudieron a él veinte, cien, mil, quinientos mil,
clamando: "¡Tanto amor y no poder nada contra la muerte!"
10 Pero el cadáver, ¡ay!, siguió muriendo.

Le rodearon millones de individuos,
con un ruego común: "¡Quédate, hermano!".
Pero el cadáver, ¡ay!, siguió muriendo.

Entonces, todos los hombres de la tierra
15 le rodearon; les vio el cadáver triste, emocionado;
incorporóse lentamente,
abrazó al primer hombre, echóse a andar…

Discusión sobre el texto ••••••••••••••••••••••••••••

En este capítulo trataremos de analizar las características formales del párrafo y la estructura de las oraciones complejas. Éstas se componen de cláusulas conectadas entre sí por conjunciones. Si bien la función principal de las conjunciones es la de actuar como conectores, pueden también desempeñar un papel expresivo importante cuando se encuentran al principio de oraciones y, por lo tanto, han perdido su función sintáctica conectora. Intenten definir la contribución de **pero** y **entonces** al tono y al mensaje del poema. Fíjense en el significado básico de estas conjunciones y cómo trascienden aquí su necesidad sintáctica.

Escriba aquí sus ideas antes de hablar con sus compañeros/as:

_____

_____

_____

_____

1. PRELIMINARES

Hasta ahora nos hemos dedicado al estudio de estructuras gramaticales como parte de oraciones. Viene el momento de combinar oraciones para formar párrafos que constituyan unidades parciales de un texto. Con este nuevo enfoque sobrepasamos la preocupación por la corrección gramatical de las relaciones entre palabras para dirigrnos a cuestiones de redacción, las que, sin embargo, también están vinculadas a la gramática.

¿Qué distingue un **buen** estilo de un **mal** estilo? Hablamos de que un texto está estilísticamente bien escrito cuando se lee fácilmente, es decir, **fluye** y, consecuentemente, no tenemos dificultades para entender como un todo coherente las ideas expresadas. Además, debe existir un hilo lógico que lleva esas ideas a la conclusión deseada por el autor del texto.

Decida si el siguiente párrafo fluye con naturalidad o no:

> María estudia ciencias políticas en la Universidad de Salamanca. Sus estudios le interesan mucho. Ella ya ha decidido lo que quiere hacer después de graduarse. Quiere tener un trabajo interesante. También quiere un trabajo bien pagado. Quiere luchar por los derechos de la mujer. Ella estudia mucho. Quiere obtener su diploma lo más pronto posible. Le gusta ir a la biblioteca. No le gusta ir a fiestas. No tiene muchos amigos. Vive sola. Sólo tiene un gato como único compañero.

La simple razón por la cual este párrafo no fluye es porque las oraciones son demasiado cortas y cada punto es una interrupción en la continuidad de las ideas (y de la voz, si leemos el párrafo en voz alta). En la lengua hablada muchas veces utilizamos frases cortas y nos expresamos de forma lineal, porque así pensamos y no tenemos tiempo de organizar nuestras ideas antes de hablar. Pero aquí nos interesa sobre todo, además de saber hablar bien, saber **escribir** bien, de manera que lo redactado sea fácil de leer y entender, aun cuando se trate de un contenido complejo.

En este capítulo hablaremos de cómo producir oraciones complejas en general, mientras que en el capítulo que sigue nos dedicaremos específicamente a las cláusulas relativas y las construcciones que usan un participio.

Discusión 1 ●●●●●●●●●●●●●●●●●●●●●●●●●●●●●●●●●

Expliquen por qué las conjunciones **en negrillas** de las siguientes oraciones no son necesarias para comprender el sentido. Tengan en cuenta la relación lógica entre las dos cláusulas.

1. Me lastimé la pierna en el accidente y **por eso** tuve que ir al hospital.

2. **Como** no tengo dinero, no puedo ir al cine hoy.

3. Estudié toda la tarde, **por lo tanto** ahora tengo derecho a un descanso.

Si no son necesarias las conjunciones, ¿por qué y para qué las utilizamos? Además del deseo de hacernos comprender, ¿qué otros criterios entran en juego cuando queremos comunicarnos con alguien?

 Escriba aquí sus respuestas y sus ideas antes de hablar con sus compañeros/as:

1. _____
2. _____
3. _____

2. LA COORDINACIÓN, LA SUBORDINACIÓN Y LAS COMPARACIONES

Ya hemos mencionado en varias secciones de composición pertenecientes a capítulos anteriores cómo se debe elaborar un párrafo. En lo que sigue nos concentraremos en la estructura de las oraciones que lo constituyen.

La construcción de un párrafo se inspira en la organización de los contenidos de las distintas proposiciones (ideas, acciones, situaciones, etc.). Las oraciones que resultan de esa disposición no deben ser demasiado cortas (como en el párrafo arriba) ni demasiado largas:

> María estudia ciencias políticas en la universidad de Salamanca, estudios que le interesan mucho, y ya ha decidido lo que quiere hacer después de graduarse, quiere tener un trabajo interesante y un trabajo bien pagado y luchar por los derechos de la mujer, y para ese fin estudia mucho porque quiere obtener su diploma lo más pronto posible, de manera que le gusta ir a la biblioteca y no le gusta ir a fiestas y no tiene amigos, vive sola y sólo tiene un gato como único compañero.

Obviamente, esta versión del párrafo tampoco es aceptable. Consiste en una sola oración que contiene demasiada información para ser asimilada con claridad sin la existencia de pausas que la estructuren.

Al organizar un párrafo, la primera decisión que se debe tomar es considerar dónde hacer una interrupción lógica, o sea, dónde termina un grupo de contenidos y dónde empieza el siguiente. Tenemos en este párrafo los siguientes grupos:

a. Los estudios de María

b. Sus planes para el futuro

c. Qué hace para conseguir realizar sus planes

d. Qué consecuencias tiene esto para su vida personal

A continuación se forma una oración con cada grupo, tratando de decidir cuáles de los contenidos se deben coordinar y cuáles se deben subordinar a otros.

a. El primer grupo tiene dos cláusulas: primero lo que estudia María y después información adicional sobre esos estudios. Así, lo más lógico es escribir una cláusula principal y una dependiente subordinada adjetival:

> María estudia ciencias políticas en la universidad de Salamanca, estudios que le interesan mucho.

b. Sus planes para el futuro:

> Ya ha decidido lo que quiere hacer después de graduarse; a saber, conseguir un trabajo tan interesante como bien pagado y luchar por los derechos de las mujeres.

A saber introduce la explicación y enumeración de lo dicho en la primera cláusula. Además, la comparación de igualdad permite evitar la repetición de **trabajo** y variar el ritmo de la oración.

c. Qué hace para conseguir realizar sus planes:

> Para ese fin estudia mucho, porque quiere obtener su diploma lo más pronto posible.

Estos dos contenidos están relacionados causalmente, por lo que tenemos una cláusula principal y otra dependiente subordinada adverbial introducida por una conjunción causal.

d. Qué consecuencias tiene esto para su vida personal:

> Por consiguiente, le gusta más ir a la biblioteca que a las fiestas y no sólo no tiene amigos, sino que vive sola con un gato como único compañero.

Aquí conectamos el contenido de esta oración al de la anterior, ya que la segunda se trata de una consecuencia de la primera. Esta transición la conseguimos al incluir el conector **por consiguiente**. La comparación de desigualdad evita nuevamente la repetición innecesaria de vocabulario y estructuras (aquí se elimina la repetición de **gustar ir**), lo cual genera mayor variedad sintáctica. Además expresamos la gradación de los detalles por la construcción **no sólo… sino que**.

Ahora resulta el siguiente párrafo:

> María estudia ciencias políticas en la Universidad de Salamanca, estudios que le interesan mucho. Ya ha decidido lo que quiere hacer después de graduarse; a saber, conseguir un trabajo tan interesante como bien pagado y luchar por los derechos de las mujeres. Para ese fin estudia mucho, porque quiere obtener su diploma lo más pronto posible. Por consiguiente, le gusta más ir a la biblioteca que a las fiestas y no sólo no tiene amigos, sino que vive sola con un gato como único compañero.

Las conjunciones son, entonces, palabras que introducen una cláusula, aunque algunas de ellas también pueden conectar palabras o frases.[1] Las conjunciones pueden formar: 1. un grupo de contenidos, cada uno con un valor informativo comparable y potencialmente independiente de los otros; o 2. una jerarquía de contenidos en que uno (la cláusula principal) tiene el papel más importante y los otros están subordinados a éste. En el primer caso hablamos de **coordinación** entre las cláusulas y en el segundo, de **subordinación**. Todavía existen otro tipo de conjunciones que sirven para crear **comparaciones**. En los apartados siguientes hablaremos de todas ellas.

Discusión 2 ••

Con qué tipo de estilo se asocian la coordinación y la subordinación, ¿con el hablado y/o con el escrito? Expliquen por qué. Piensen en una variedad de estilos (literario, poético, conversacional, académico, etc.) y cuán largas suelen ser las oraciones en cada uno. Formen dos grupos con ellos, uno en que aparecen oraciones más bien cortas y otro en que preferentemente se encuentran otras más largas y complejas.

 Escriba aquí sus ideas antes de hablar con sus compañeros/as:

_____

_____

_____

3. LAS CONJUNCIONES COORDINANTES

Ya hemos dicho que las conjunciones coordinantes crean grupos de contenidos, cada uno con un valor informativo comparable y potencialmente independiente de los otros.

Tres oraciones como **Escucho música. Leo libros. No veo la televisión**, podrían ser escritas de diferentes formas con el objetivo de tener una estructura más variada y con las leves alteraciones de significado que aportan las conjunciones:

> Escucho música, leo libros **y** no veo la televisión.
> Escucho música, leo libros, **pero** no veo la televisión.
> **O** escucho música **o** leo libros, **sin embargo** no veo la televisión.
> Escucho música **y** leo libros, **por consiguiente** no veo la televisión.

Cualquiera de las opciones anteriores produce un único enunciado en lugar de tres separados al relacionar las ideas entre sí. Este proceso representa una de las claves de una escritura atractiva.

Recuerden que, a diferencia de las conjunciones subordinantes, las coordinantes en sí mismas no provocan la aparición del modo subjuntivo, aunque sí pueden coordinar verbos en este modo:

> El comité de la fiesta quisiera que alguien famoso **viniera** y también **cantara**.

---

[1]Véase la sección sobre las cláusulas en el Capítulo 3.

Las **conjunciones coordinantes** son:

1. Copulativas   y   así... como

                      ni   no sólo/solamente... sino (que) (también)

                                         lo mismo que

> **No sólo** no quiero ir, **sino que** tampoco quiero que vayas tú.

> Cuando usamos **sino que** después de **no sólo**…, las dos conjunciones son copulativas. Se podría decir **No quiero ir y tampoco quiero que vayas tú**. Sin embargo, cuando **sino (que)** es usado solo, tiene función adversativa, como veremos más abajo.

> No te pregunto adónde vas **ni** quiero que me lo preguntes a mí.

> La conjunción y cambia a **e** antes de palabras que empiezan con **i-** o **hi-**, pero no con **hie-**:

> Antonio **e** Ignacio. Padre **e** hijo. Nieve **y** hielo.

2. Disyuntivas   o   bien... bien

                      o... o   sea(n)... sea(n)

                      ya...ya   ni... ni

> **Ni** tengo ganas de ir a comer, ¡**ni** tengo dinero!
> **Sea** día o **sea** noche, siempre puedes contar conmigo.
> ¡**O** me tratas con respeto **o** te cuelgo el teléfono en la cara!

> La conjunción o cambia a **u** antes de palabras que empiezan con **o-** o **ho-**, pero no **hue-**:

> Uno **u** otro. Casa **u** hogar. Carne **o** huevos.

3. Adversativas   pero   sin embargo

                      sino (que)   no obstante

> Me cuesta decírtelo, **sin embargo** no veo otra solución.
> Nunca me llamas, **pero** siempre me acusas de no hacerte caso.
> No estudié para el examen; **no obstante** saqué una buena nota.

> Se utiliza **sino** cuando la primera cláusula es negativa y sigue otra palabra o frase que sustituye el elemento negado de la anterior:

> En esta clase no hablamos inglés, **sino** español.
>   (**no** hablamos inglés, **sí** hablamos español)

Cuando la segunda parte contiene un verbo conjugado normalmente se usa **sino que:**

En esta clase no hablamos inglés, **sino que** hablamos español.

4. Conclusivas　　por eso/esto　　　　y así

　　　　　　　　　por (lo) tanto　　　ahora bien

　　　　　　　　　por consiguiente　　(así) pues

　　　　　　　　　luego　　　　　　　de ahí que

Me dices que lo sabes todo; **ahora bien**, dime cómo funciona esto.

Me encanta el francés; **por eso/por lo tanto/por consiguiente** voy a tomar una clase de francés el próximo semestre.

Trabajé mucho este año, **de ahí que/luego** merezco unas vacaciones.

Discusión 3 •••

Analicen las siguientes oraciones, determinen los conectores coordinantes y transformen las cláusulas coordinadas en oraciones independientes. Así, una oración como **Por la mañana me baño y me visto**, se transformaría en **Por la mañana me baño. Me visto.** Haga lo mismo en los siguientes ejemplos:

1. O quieres pasar las Navidades conmigo o no quieres; dímelo de una vez.

2. Parece que no, pero estoy cansadísima, por consiguiente tengo que descansar.

3. Ven conmigo o no vengas, pero decídete de una vez.

4. Ni lo he visto, ni lo quiero ver, pero me gustaría conocer a su hermana.

5. Te voy a mostrar la carta y te la leeré y así tú podrás ver qué tipo de persona es ese hombre.

 Escriba aquí sus respuestas y sus ideas antes de hablar con sus compañeros/as:

1. _____

2. _____

3. _____

4. _____

5. _____

4. LAS CONJUNCIONES SUBORDINANTES

Ya hemos mencionado que las conjunciones subordinantes crean una jerarquía de contenidos en que uno (la cláusula principal) tiene el papel principal y los otros están sujetos a éste.[1]

> Estudiaré para el examen hasta que no pueda más.

> (Cláusula principal que puede funcionar sola: **estudiaré para el examen**; cláusula dependiente que está sujeta a la anterior para tener significado: **hasta que no pueda más**)

Las **conjunciones subordinantes** son:

1. Temporales

cuando	tan pronto como
cada vez que	una vez que
mientras	después (de) que
en cuanto	antes (de) que
luego que	hasta que
desde que	

> Puedes quedarte en mi casa **cuando** quieras.
> **Mientras** me bañaba, llamaron a la puerta.
> **Desde que** me mudé a Madrid no he tenido noticias de mis padres.
> Te enviaré la foto de mamá **en cuanto/tan pronto como** compre un marco adecuado.
> **Una vez que** tenga toda la información, podré empezar a escribir mi trabajo.

Recuerden que después de **antes (de) que** siempre se usa el subjuntivo y que después de las otras conjunciones temporales se usa el indicativo cuando la acción pasa en el pasado o habitualmente, y el subjuntivo cuando se trata de una anticipación en cualquier ámbito temporal.

2. Causales

como	ya que / puesto que / dado que
visto que	porque
cuanto más que	

> **Como/visto que/ya que** no contestas a mis cartas, me buscaré otro novio.
> Tengo razones para dudar de tus palabras, **cuanto más que** ya me has mentido muchas veces.

---

[1]En el Capítulo 3 se ha hablado de los tipos de cláusulas subordinadas y cómo éstas influyen en la selección del modo verbal, así que para una discusión más detallada de las reglas con respecto al uso del indicativo o subjuntivo, véanse dichas páginas.

Todas estas conjunciones están seguidas de indicativo, a menos que sean negadas:

No voy; **no porque no** quiera, sino **porque** estoy enfermo.

3. Finales   para que   a que

                a fin de que

Estudio mucho **para que/a fin de que** mis padres me compren un coche.

Todas requieren el uso del subjuntivo.

4. Consecutivas   tanto que   de manera / modo / forma / suerte que

                    tan ... que

Esta catedral es **tan** grande **que** uno se pierde en ella.

Con estas conjunciones se usa el indicativo, a menos que el contenido de la cláusula dependiente no pueda ser afirmado:

Estudio mucho, **de modo que** más tarde pueda ser un buen maestro.

5. Concesivas   aunque / aun cuando   pese a que

               a pesar de que   por (muy, mucho) que

Cuando **aunque, a pesar de que** y **pese a que** significan en inglés *even though*, se usa el indicativo; si significan *even if* se usa el subjuntivo.

Aunque gastaba mucho dinero en ropa, nunca se vestía con gusto.
Aunque gaste un millón de dólares en ropa, nunca será un hombre elegante.

6. Condicionales   si   a condición de que

               en caso de que   a no ser que

               con tal de que   siempre que

En caso de que/con tal de que/a condición de que quieras salir esta noche, llámame.
A no ser que te incomode, me gustaría pasar por tu casa esta tarde.
Siempre que no haya inconveniente, claro que me gustaría verte.

Recuerde que en las oraciones condicionales con **si** se usa el subjuntivo en combinación con el condicional solamente en el caso de que no se cumpla el contenido de ninguna de las dos cláusulas. Las otras conjunciones siempre requieren el uso del subjuntivo.

7. Modales   como   salvo que

               según   sin que

               a medida que

Sin que/salvo que me den un sueldo mejor, no puedo pagarme este coche.

Como no me crees, no vale la pena decir nada más.

Según me dicen, siempre hablas mal de mí cuando no estoy presente.

Salvo que, sin que siempre requieren el subjuntivo; las otras sólo cuando no se está seguro de que lo dicho va a pasar:

A medida que bajen los precios, podremos comprar más muebles.

Discusión 4 ••

Analicen las siguientes oraciones y determinen en cada caso si se trata de coordinación y/o de subordinación (las dos pueden aparecer en la misma oración).[1]

Si se trata de coordinación, transformen las cláusulas coordinadas en oraciones independientes. Así, una oración como **Por la mañana me baño y me visto**, se transformaría en **Por la mañana me baña me visto**.

Si se trata de subordinación, expliquen cómo la cláusula dependiente está sujeta al contenido de la cláusula que la introduce. En **Bebo mucho cuando hace calor**, **cuando hace calor** no tiene sentido si aparece sola, ya que necesita de **bebo mucho** para ser inteligible.

1. Estaré lista para el examen con tal de que pueda estudiar esta noche.

2. Una vez que se fueron los invitados nos quedó toda la casa desierta.

3. Nunca se me ocurriría pensar tal cosa a menos que lo hubiera visto con mis propios ojos y hubiera oído ese rumor.

4. Prometió mandarme el libro antes de que yo lo hubiera comprado, a pesar de que, después de que habló conmigo, no me lo mandó.

5. Por mucho que me esfuerce, no consigo olvidar a María; sin embargo, cuando la veo, ella finge no conocerme.

Escriba aquí sus respuestas y sus ideas antes de hablar con sus compañeros/as:

1. _____
   _____

2. _____
   _____

3. _____
   _____

---

[1]Como preparación para esta actividad pueden repasar el apartado 2 del Capítulo 3.

4. _____

_____

5. _____

_____

5. LAS CONJUNCIONES COMPARATIVAS

Todas las estructuras comparativas pueden ayudar a variar el estilo. Observe el siguiente ejemplo:

> Los invitados quieren beber agua y cerveza y comer pocas enchiladas y mucho chile.

> Los invitados quieren beber **tanto** agua **como** cerveza y comer **más** enchiladas **que** chile.

Existen dos tipos de comparación, la de desigualdad y la de igualdad, cuyas estructuras dependen de las palabras incluidas en la equiparación.

La comparación de desigualdad sencilla se forma con **más / menos... que / de**. Estas dos estructuras se distribuyen de la siguiente forma:

1. Para comparar palabras:

   Más/Menos de requiere usarse antes de números o cantidades:

   > Sus padres le dan **menos de** veinte euros cada semana. (cantidad comparada: 20 euros)

   > Creo que mi abuela tiene **más de** setenta años, pero no estoy segura. (cantidad comparada: setenta años)

   Con cantidades enunciadas en un contexto negativo a veces encontramos **no más que...** En este caso la expresión equivale a **solamente**. Comparemos:

   > En Venezuela no se pagan **más de** 225.000 bolívares al mes por la electricidad. (esa cantidad es lo máximo y, probablemente, se paga menos)

   > En Venezuela no se pagan **más que** 225.000 bolívares al mes por la electricidad. (sólo se paga esa cantidad, percibida como escasa)

   > Busco un apartamento que no cueste **más de** 300 euros al mes, aunque me encantaría encontrar uno que no costara **más que** 200.

   Más/Menos... que se usa con sustantivos, adjetivos, adverbios o verbos:

   > Los jefes siempre cobran **más** dinero **que** los empleados. (elemento semejante: el dinero; sustantivos comparados: jefes y empleados)

   > Mi hermana siempre ha sido **menos** alta **que** yo. (elemento semejante: la altura; sustantivos o pronombres comparados: mi hermana y yo)

Juan habla **más** rápidamente **que** su hermano. (elemento semejante: la velocidad con que se habla; nombres o sustantivos comparados: Juan y su hermano)

En las reuniones, el secretario habla **más que** el presidente. (elemento semejante: hablar; sustantivos comparados: el secretario y el presidente)

Existen varios adjetivos con una forma comparativa irregular que impide la aparición de **más** o **menos**:

bueno	mejor (plural: mejores)
malo	peor (plural: peores)
pequeño	menor (plural: menores)
grande	mayor (plural: mayores)
poco	menos (invariable)
mucho	más (invariable)

Son los **mejores** jugadores de la liga, aunque ganan **menos** dinero que otros equipos.

Ésa es la **peor** idea que yo haya oído en mi vida.

2. Para comparar cláusulas:

Más/menos… del/de la/los/las que compara dos cláusulas que comparten un nombre. Aquí podemos observar otro recurso para crear estructuras más económicas, ya que el elemento compartido es representado por un pronombre en la segunda parte de la comparación, la que está en forma de cláusula relativa.

En este caso, la segunda parte de la comparación contiene siempre un verbo conjugado. **El que** cambia de género y número según el nombre al que se refiera:

Antonio gasta **más** dinero **del que** gana. (elemento semejante: el dinero; acciones comparadas: gastar y ganar)

Este profesor discute **más** política **de la que** les gusta oír a los estudiantes. (elemento semejante: la política; acciones comparadas: discutir y gustar oír)

María siempre prepara **más** ensaladas **de las que** comen sus hijos. (elemento semejante: ensaladas; acciones comparadas: preparar y comer)

Compré **menos** libros **de los que** necesitaba. (elemento semejante: los libros; acciones comparadas: comprar y necesitar)

Me trajiste **menos** papel **del que** necesitamos para hacer las copias. (elemento semejante: el papel; acciones comparadas: traer y necesitar)

Más/menos… de lo que compara dos cláusulas que comparten un verbo, adverbio o adjetivo:

Mi abuela siempre está **más** cansada **de lo que** aparenta. (elemento semejante: cansada; acciones comparadas: estar y aparentar)

Los resultados de las elecciones fueron **menos** impresionantes **de lo que** anticiparon las encuestas. (elemento semejante: impresionante; acción comparada: ser y anticipar)

Ese atleta correrá **más** rápido **de lo que** ha demostrado en los entrenamientos. (elemento semejante: rápido; acción comparada: correr y demostrar)

Más/menos de lo que también puede aparecer sin ninguna palabra en medio y después de un verbo:[1]

Antonio gasta **más de lo que** gana. (acciones comparadas: gastar y ganar)

Ese estudiante estudia **menos de lo que** asegura. (acciones comparadas: estudiar y asegurar)

La comparación de igualdad se construye con **tan... como, tanto... como** o **tanto como**. No confunda estas estructuras con **tanto... que** (*so much... that*):

Comió **tanto que** casi no pudo dormir por la tarde.

El científico tenía **tanto** interés en su investigación **que** se obsesionó.

1. En el medio de **tan... como** puede aparecer un adjetivo o un adverbio. Observe estos ejemplos:

El mundo es **tan** grande **como** interesante.

Las ideologías cambian **tan** rápidamente **como** las sociedades que las crean.

El universo parece **tan** vasto **como** infinito.

Las culturas humanas son **tan** diversas **como** importantes.

2. Entre **tanto** y **como** puede aparecer un sustantivo. En este caso, **tanto** varía según el género y el número del sustantivo. Observe la concordancia:

La tierra necesita **tanta** protección **como** desarrollo sostenible.

El futuro ofrece **tantas** posibilidades **como** peligros.

Por eso, la sociedad debe tener **tantos** debates **como** sea posible.

3. **Tanto como** aparece después de verbos:

El secretario dice que la economía no empeoró **tanto como** el año pasado.

Los índices de desempleo importan **tanto como** afirma la prensa.

Discusión 5 ••

Rellene los espacios en blanco con los elementos necesarios para formar comparaciones. Explique sus selecciones:

1. Me pregunto por qué Carlos siempre tiene notas _____ altas _____ yo, aunque yo estudio muchísimo _____ él.

   _____

2. Las dos hermanas son igualmente inteligentes, sólo que María tiene _____ talento para las matemáticas _____ Marta y por lo tanto sabe _____ de computadoras como cualquier experto.

   _____

---

[1]Mencionaremos estas construcciones con una cláusula relativa de nuevo en el Capítulo 8.

3. Si yo hablara _____ rápidamente como tú, los estudiantes entenderían todavía _____ entienden ahora.

   _____

4. Este mueble cuesta mucho _____ mil dólares; el problema es que no tengo _____ ochocientos.

   _____

5. Ya no puedo volver a confiar más en Isabel, porque miente _____ está dispuesta a admitir.

   _____

6. NOTAS ADICIONALES

Los conectores pragmáticos

Algunas conjunciones también se pueden utilizar al principio de una oración como introducción al contenido y para señalar la dirección argumentativa que va a tomar lo que se va a decir a continuación:

> —Creo que voy a escribir un trabajo sobre Cervantes.
> —¡**Pero** si no has leído nada de él!

Con **pero** al principio de su respuesta, el segundo hablante ya señala su oposición a lo que dijo el primero.

Al expandir el análisis gramatical hacia el nivel del texto, ya no se consideran estas palabras como conjunciones con función sintáctica sino como conectores pragmáticos que sirven para estructurar un texto semánticamente. Pueden ser tanto conjunciones como también adverbios.

Encontramos frecuentemente los siguientes conectores al principio de oraciones:

Aditivos

y	además	más aún	así es que
quiere decir	es decir	o sea	o

Adversativos

pero	sin embargo	en cambio	al contrario

Causales

consecuentemente	por eso	por lo tanto	porque
de manera que	de modo que	ya que	entonces
puesto que			

Temporales

entonces	luego	ahora	primero
al fin y al cabo	finalmente	después	

Continuativos

por supuesto   desde luego   pues   bueno

Algunos de estos conectores pueden expresar más de un propósito semántico; por ejemplo, **entonces** puede tener significado temporal, causal o continuativo:

"Pero el cadáver, ¡ay! siguió muriendo.

Entonces, todos los hombres de la tierra le rodearon." (temporal)

—Voy a quedarme en casa todo el fin de semana.

—¿ **Entonces** no vas a venir a mi fiesta? (causal)

—¡Hola Antonio! ¿**Entonces**, cómo andas? (continuativo)

Este uso de conectores se encuentra sobre todo en el estilo hablado o informal. Otro fenómeno que se observa mucho más en conversaciones que en textos escritos formales es la **topicalización**.[1] Básicamente, consiste en desviarse del orden de palabras habitual para el español —Sujeto + Verbo + Objeto— y colocar un elemento de la oración que no sea el sujeto al principio de la oración:

Orden normal: Nosotros no queremos ir al cine contigo.

Topicalización: **Al cine** no queremos ir contigo, ahí siempre te portas mal.
Contigo no queremos ir al cine, preferimos ir con tu hermano.

Orden normal: Necesito comprar un paraguas para mi viaje a México.

Topicalización: **Un paraguas** es lo que necesito para mi viaje a México.
Para mi viaje a México necesito comprar un paraguas.

Orden normal: No llamé a mi madre ayer.

Topicalización: **A mi madre** no la llamé ayer.
Ayer no llamé a mi madre.

Este recurso también puede ser utilizado en textos escritos cuando queremos dar énfasis a algo que no sea el sujeto y cuando queremos evitar la monotonía. Sin embargo, no se recomienda hacerlo muy a menudo para evitar que el uso de estructuras sintácticas irregulares no se vuelva a su vez reiterativo.

Discusión 6 ••

Como ya hemos dicho, los conectores innecesarios para que la oración que encabezan sea gramaticalmente correcta, se utilizan sobre todo en el discurso hablado. Además de servir de introducción a la oración y de señalar la dirección argumentativa de su contenido, ¿qué otras razones puede haber para su uso? Piensen en ejemplos como el siguiente:

—Dime, ¿por qué no hiciste lo que te pedí?

—**Bueno, pues, es que... la verdad es que...** se me olvidó por completo.

---

[1]Ya mencionada en el Capítulo 4.

Escriba aquí sus ideas antes de hablar con sus compañeros/as:

_____

_____

_____

_____

Ejercicios individuales

1. Repase las diferentes categorías de conjunciones listadas en el apartado 3 de la parte teórica. Escriba una oración compleja con un ejemplo de cada categoría reaccionando a la siguiente afirmación polémica: **A los estudiantes universitarios sólo les interesa drogarse y emborracharse.**

	Tipo de conjunción	Ejemplos
Coordinada		

Subordinada		

2. Escriba una oración compleja combinando los dos ejemplos:

   1. a. Construyeron un edificio al lado de la Facultad de Medicina.

   b. Ya no había espacio para enseñar todos los cursos necesarios.

   _____

2. a. Mi tío ganó la lotería el año pasado.

    b. Ahora ya no trabaja.

    _____

3. a. Este verano podré ir a la ciudad de mis sueños, París.

    b. Antes de eso tendré que ahorrar mucho dinero.

    _____

4. a. Ayer a las cinco mi hermano miraba un partido de fútbol en la tele.

    b. Al mismo tiempo yo estaba tratando de hacer mi tarea.

    _____

5. a. Quiero saber hablar bien el español.

    b. Tengo que estudiar en un país hispano.

    _____

6. a. No viniste a nuestra cita.

    b. Fui sola al museo.

    _____

7. a. El profesor les dio a los estudiantes una lista de vocabulario.

    b. Así ellos no tienen que buscar las palabras en el diccionario.

    _____

8. a. En la clase no leímos los cuentos de Borges.

    b. Leímos una novela de García Márquez.

    _____

9. a. No quiero perder mi tiempo limpiando la casa.

    b. Tampoco quiero tener la casa sucia.

    _____

10. a. Parece mentira.

    b. No me apetece ir a comer en ese restaurante famoso.

    _____

3. En el siguiente texto, rellene los espacios con la conjunción que le parezca la más indicada para el contexto.

Recuerdos de un viaje a España 〰〰〰〰〰〰

(1) _____ fui a España por primera vez me quedé muy impresionada

(2) _____ nunca había visto monumentos antiguos y

(3) _____ compré una cámara fotográfica (4) _____ más

tarde pudiera tener recuerdos de ese maravilloso viaje. (5) _____ me
pasó algo muy triste: (6) _____ fui a recoger mis fotos a la tienda, los
empleados me habían estropeado los negativos. (7) _____ yo sé que
esas cosas pueden acontecer, me quedé enojadísima: había sacado tantas fotos
(8) _____ ahora no iba a poder mostrarle a mi familia todos los lugares
hermosos que habíamos visitado. (9) _____, a mi marido se le ocurrió
una idea: (10) _____ le había dicho su colega de trabajo, hay una
tienda que vende postales con fotos de todo el mundo. (11) _____ yo
todavía estaba lamentando la pérdida de mis fotos, él fue a esa tienda
(12) _____ compró lo que ahí tenían de los lugares que habíamos visitado, (13) _____ yo pude hacer un álbum para nunca más olvidarme
de todas esas magníficas iglesias y ruinas de España.

4. Reescriba el siguiente texto formando oraciones complejas en vez de las oraciones cortas:

Ayer fui al cine. Vi la nueva película de Pedro Almodóvar. Pero antes de eso me
fui a comprar un libro sobre ese gran director de cine español. Sus películas son
siempre un poco extrañas. A mí me gustan. Odio esas películas con final previsible. Me encanta el misterio. Y también me encanta el humor negro. Así es que
casi nunca veo comedias de Hollywood. Prefiero ver películas estadounidenses
independientes o películas europeas.

_____

_____

_____

_____

_____

_____

5. Divida el siguiente texto de una manera lógica en oraciones manejables y fáciles de entender:

En las últimas vacaciones de primavera mis amigos y yo fuimos en tren a Cancún, lo que llevó tanto tiempo que casi no valió la pena ir y yo les dije a mis
amigos que la próxima vez no quería repetir esa experiencia sino que prefería
pasar mis vacaciones en un lugar que estuviera más cerca, así como, por ejemplo,
Moab, Utah, donde uno puede andar en bicicleta y ver toda la belleza natural y
no hay necesidad de viajar durante horas y horas para llegar ahí, pero mis amigos
contestaron que ellos sí quieren ir a México el próximo año porque les interesa
practicar su español, aunque yo no creo que ellos realmente hablen mucho, ya

sea en español ya sea en inglés, ya que durante casi todo el tiempo que están ahí
están borrachos.

_____

_____

_____

_____

_____

_____

_____

_____

6. Ponga en un orden coherente las oraciones del siguiente cuento: 🗣️

Cuento popular 〜〜〜〜〜〜〜〜〜〜〜〜〜〜

—¡El cuco cantó para ti! —le dijo Manolo a Juan.

Dos amigos caminaban juntos por la calle.

El abogado debía dar su opinión.

No pudieron decidir para quién había cantado el cuco.

Los dos amigos oyeron cantar un cuco.

En ese momento pasaban por la casa de un abogado.

Todos saben que el canto del cuco significa la infidelidad de la esposa del hombre para quien el cuco canta.

El abogado hojeó unos cuantos libros y dijo que primero Juan y Manolo tendrían que pagarle cien pesos cada uno.

—No, el cuco cantó para ti —respondió Juan.

El abogado metió el dinero en su bolsillo.

Los dos amigos decidieron consultar al abogado.

Con un aire triste el abogado dijo:

—Fue para mí que cantó el cuco.

_____

_____

_____

_____

_____

_____

_____

7. De la siguiente lista de conjunciones, ¿cuáles pueden servir de preposiciones si omitimos **que**? Escriba cinco oraciones con otras tantas preposiciones sobre su clase favorita. Recuerde que el verbo después de una preposición tiene que estar en infinitivo: 😬

a fin de que	con tal de que	luego que
a medida que	de modo que	para que
a no ser que	desde que	puesto que
a pesar de que	después de que	sin que
antes de que	en caso de que	sino que
cada vez que	hasta que	ya que

Pueden servir de preposiciones: _____

_____

1. _____

2. _____

3. _____

4. _____

5. _____

8. Escriba comparaciones que contengan un verbo conjugado en la segunda parte comparativa entre los siguientes pares: 😬

Modelo: La Tierra / otros planetas

La Tierra tiene más vida de la que hay en otros planetas.

1. Europa / América

_____

2. Un médico / un abogado

_____

3. La música / la poesía

_____

4. El hombre / la mujer

_____

5. La ciudad / el campo

_____

6. El amor / el odio

_____

7. El idioma español / el inglés

_____

8. Una casa / un apartamento

_____

9. El vino / la cerveza

_____

10. El lenguaje hablado / el lenguaje escrito

_____

😀 *Ejercicios en parejas*

1. **Ejercicio guiado.** Junten las respuestas que cada uno/a ha dado en el ejercicio 7 anterior. Describan en un párrafo las características generales de una buena clase para ustedes. Utilicen las conjunciones y los conectores estudiados para articular sus ideas en un párrafo lógico. 😀

    Escriban aquí su párrafo:

    _____

    _____

    _____

    _____

    _____

    _____

2. Comparen sus versiones del ejercicio 6 anterior y decidan una progresión satisfactoria. En seguida reescriban el cuento combinando las oraciones simples en secuencias complejas y prepárense para leer a la clase su versión. 😀

    Reescriban aquí el cuento:

    _____

    _____

    _____

    _____

    _____

    _____

    _____

    _____

    _____

3. Decida para cada una de las siguientes profesiones y ocupaciones cuál sería su conjunción favorita. Compare sus respuestas con las de su compañero/a y explíquele los motivos para sus selecciones: 😀

   Modelo: La conjunción favorita de un mecánico es **cada vez que** porque es necesario cambiar el aceite **cada vez que** el coche haya recorrido 3.000 millas.

abogado	camarero	juez
actor de cine	cura	madre/padre
adivino	economista	político
arquitecto	esposo/a	profesor(a)

   1. _____
   2. _____
   3. _____
   4. _____
   5. _____
   6. _____
   7. _____
   8. _____
   9. _____
   10. _____
   11. _____
   12. _____

4. **Ejercicio guiado.** Vuelvan al poema de la introducción y traten de añadir conjunciones o conectores donde sea posible para marcar la subordinación o coordinación y las conexiones lógicas entre las frases. 😀

   Reescriban aquí el poema:

   _____
   _____
   _____
   _____
   _____
   _____
   _____
   _____
   _____
   _____

5. **Ejercicio guiado.** Vuelvan a la introducción del Capítulo 1 y reescriban el cuento tratando de conseguir oraciones que tengan todas más o menos el mismo largo, es decir, combinando aquéllas que en el original sean muy cortas.

Reescriban aquí el cuento:

_____

_____

_____

_____

_____

_____

_____

_____

6. **Ejercicio guiado.** Hable con su compañero/a sobre un tema de la actualidad y traten de introducir cada turno con un conector conforme a la sección 6 de las explicaciones.

Sugerencias: los efectos de las prácticas corporativas en el mundo; la responsabilidad individual en la conservación del medio ambiente; la violencia justificada por motivos religiosos; etc.

7. Compartan sus comparaciones del ejercicio 8 anterior. Verifiquen si las oraciones están correctamente construidas, prestando especial atención a la concordancia.

8. Aquí están las cronologías de dos dictaduras latinoamericanas. Establezcan las similaridades y diferencias entre ellas utilizando las estructuras comparativas estudiadas en el capítulo. Escriban cinco ejemplos con comparaciones de igualdad y cinco con comparaciones de desigualdad:

Modelo: **Tanto** en Argentina **como** en Chile hubo una dictadura militar.
La constitución de Argentina es **más** antigua **que** la de Chile.

Argentina 〰〰〰〰〰〰〰〰〰〰〰

1973 —Juan Perón es elegido presidente y su esposa, Isabel Perón ("Isabelita") es nombrada vice-presidenta.

1974 —Muere Perón y su esposa es declarada presidenta.

1976 —Un golpe de estado militar saca a "Isabelita" del poder y la obliga a permanecer encerrada en su casa. El general Jorge Rafael Videla es declarado presidente de la junta militar.

La dictadura se prolongará entre los años 1976 y 1983. Algunos de los más importantes miembros de la Junta fueron entrenados por EE.UU. en la "Escuela de las Américas", localizada en el Canal del Panamá. La "guerra sucia" de los militares en contra de los opositores políticos crea alrededor de 368 centros o campos de concentración en el país. Esta política de exterminio de la disidencia provoca la **desaparición** de por lo menos 30.000 personas. Esos ciudadanos fueron detenidos y ejecutados sin ningún tipo de juicio.

La dictadura argentina colaborará con los gobiernos de Chile, Paraguay, Brasil, Uruguay, Bolivia y Ecuador en la "Operación Cóndor" destinada a exterminar a los opositores políticos de esos países tanto en el interior como en el exterior. Los miembros de ese equipo son graduados de la "Escuela de las Américas".

1977 —Las Madres de la Plaza de Mayo comienzan a reunirse y a reclamar respuestas a la desaparición de sus familiares. Ellas denunciarán las sistemáticas violaciones de los derechos humanos ante el mundo entero.

1981 —Isabel es obligada a salir de Argentina.

1982 —El gobierno militar intenta invadir las islas Malvinas y es derrotado por Gran Bretaña en una guerra que dura 72 días.

1983 —La presión hace que se legalicen los partidos políticos y que se restauren las libertades políticas básicas. Las elecciones democráticas eligen como presidente a Raúl Alfonsín. Isabel regresa a Argentina.

1994 —Se revisa la constitución de 1853.

Chile

1970 —Salvador Allende es elegido presidente. Su gobierno de izquierdas no es visto con agrado por los EE.UU.

1973 —La política socialista del gobierno había afectado la economía y la clase media temía una radicalización. El parlamento trata de destituir al presidente, pero la moción fracasa. Los militares organizan un golpe de estado en el que muere el presidente. El general Augusto Pinochet es declarado jefe de la junta militar que dirigirá el país. Algunos de los miembros del nuevo gobierno han sido entrenados por los EE.UU. en la "Escuela de las Américas".

La represión de los opositores a la dictadura militar lleva a cerca de 3.000 **desaparecidos** y más de 30.000 personas torturadas en más de 1.200 centros de detención. La dictadura durará hasta 1990.

1974 —Chile comienza a desarrollar las bases de la "Operación Cóndor" destinada a exterminar a los opositores políticos en el interior y en el exterior. Muchos de los miembros de este equipo secreto serán entrenados en la "Escuela de las Américas" situada en el Canal del Panamá. Posteriormente colaborarán en el proyecto los gobiernos de Argentina, Paraguay, Brasil, Uruguay, Bolivia y Ecuador.

1980 —Se vota y promulga la constitución de Chile. Se revisará en 1989, 1993 y 1997.

1988 —En las elecciones Pinochet es derrotado y se convocan elecciones libres para el año siguiente.

1990 —Patricio Aylwin, el primer presidente democrático tras la dictadura, es elegido.

Comparaciones de igualdad:

1. _____
2. _____
3. _____
4. _____
5. _____

Comparaciones de desigualdad:

1. _____
2. _____
3. _____
4. _____
5. _____

 Ejercicios en grupos o para toda la clase

1. **Ejercicio guiado.** El/la profesor/a traerá a la clase tarjetas con cláusulas y conjunciones (en la proporción de dos por una). Se dará a cada estudiante una cláusula o una conjunción. Los estudiantes se agruparán entre ellos de modo que dos cláusulas sean conectadas por una conjunción para formar una oración compleja que tenga sentido.

2. Comparen, discutan y expliquen los resultados del ejercicio 3 anterior entre todos. ¿En cuál de las profesiones u ocupaciones han coincidido más?

3. **Ejercicio guiado.** Lean a la clase algunas versiones de los ejercicios 1 y 2 de parejas. ¿Qué les pareció más difícil, escribir algo producido por ustedes mismos o usar material ajeno?

4. **Ejercicio guiado.** Comparen sus versiones del poema escritas para el ejercicio 4 de parejas y discutan la función y el sentido de cada conjunción o conector añadido.

5. **Ejercicio guiado.** Comparen sus versiones del ejercicio 5 de parejas y discutan los méritos del original con sus frases a veces muy cortas. ¿Qué les parece mejor, el original o el cuento con oraciones de una extensión similar? Argumenten su respuesta.

6. Hagan un debate sobre la siguiente afirmación:

     La democracia no funciona porque las personas no quieren molestarse.

Composición

1. Preliminares: reaccione por escrito a las siguientes afirmaciones desde su propio punto de vista.

     1. La escritura es más auténtica cuando no se piensa lo que se escribe.

     2. Para conectar mejor con el lector es conveniente utilizar un lenguaje coloquial.

     3. Es mejor escribir una composición sin interrupciones.

     4. El primer párrafo es más importante que el último.

2. Al escribir sobre los siguientes temas, sobre todo B y C, tenga en cuenta tanto la importancia de distribuir el contenido en párrafos como la estructura de los mismos.

     Herramientas: repase lo que estudió sobre la estructura de párrafos y la formación de oraciones complejas e inteligibles. Al utilizar conjunciones coordinantes y subordinantes, tenga cuidado de variar entre ellas y usar sinónimos en vez de siempre la misma (por ejemplo: **ya que** = **puesto que**). Cada párrafo debe empezar con una frase temática y, al mismo tiempo, estar conectado al anterior semánticamente, incluso a veces por medio de una cohesión explícita. Ésta se puede lograr por varios medios:

     1. La repetición de palabras o el uso de sinónimos:

          fin de un párrafo: …decidió implementar **reglas nuevas**.

          principio del párrafo siguiente: Cuando los empleados supieron de estas **nuevas reglamentaciones**…

     2. El conector cohesivo:

          … decidió implementar nuevas reglas.

          Sin embargo, los empleados no estuvieron de acuerdo con…

     3. La referencia anafórica que alude a algo dicho anteriormente para retomarlo y resumirlo sin repetirlo literalmente. Elementos anafóricos pueden ser los pronombres personales (lo, la, los, las) y demostrativos (éste, ése, aquél), o los adverbios de tiempo (ayer, entonces) y de lugar (aquí, allí):

…finalmente había terminado **el último capítulo** de su novela.

Al día siguiente, cuando **lo** miró, vio que todavía tenía que añadir algo más.

4. Pregunta y respuesta:

… ¿Cuál iba a ser el desenlace de esta tragedia?

La respuesta le vino de inmediato…

Estrategias: los tres temas dados piden respuestas argumentativas. En estos casos es de suma importancia decidir de antemano quién/es va/n a ser su auditorio o lector/es. Siempre tenga en mente estos factores importantes:

1. ¿Cuánto sabe su lector/a sobre el tema discutido? Según su respuesta, debe incluir más o menos información previa antes de entrar en la discusión.

2. Especule sobre la postura de su lector/a hacia el tema. El enfoque dependerá de si usted cree que él/ella está en contra o a favor de lo que va a leer. Una posibilidad es organizar los argumentos de la siguiente manera: si usted cree que el/la lector/a está a favor, empiece con los argumentos menos persuasivos y progrese hacia los más convincentes. En cambio, si usted cree que está en contra, utilice la estrategia contraria. El/la lector/a antagónico/a deberá ser atacado enérgicamente si se le quiere persuadir de que cambie de opinión. En cambio, este modo de ataque no impresionará a alguien que ya muestra cierta simpatía hacia la tesis que defiende el ensayo.

3. Decida si le importa o no crear en su lector/a reacciones sentimentales. A veces, al intentar transmitir piedad, conmoción, ternura, tristeza o pasión se ayuda a enfatizar un argumento. Por ejemplo, en la Opción A, el abogado obviamente quiere influenciar a los miembros del jurado para que tengan compasión del acusado y por eso no los quiere enemistar con él. En el extremo opuesto, tendríamos una actitud que pretende ser objetiva ante los hechos presentados. Este enfoque sería más útil en la Opción B.

Opción A

Escriba las conclusiones finales del abogado defensor en un caso de homicidio imaginario o real. Este texto debe tener una estructura que refleje el hecho de que va a ser presentado oralmente. Por lo tanto, debe dividirse en párrafos limitados a un único paso en la narrativa del crimen o en la argumentación destinadas a convencer al jurado para que absuelva al acusado. Esta división le recordará al hablante hacer las pausas necesarias para que los oyentes puedan asimilar lo escuchado. Es recomendable el uso de conjunciones al principio de oraciones con el propósito de guiar a los oyentes a través de la narrativa y la argumentación.[1] Así, se señala la dirección hacia la cual se dirige la presentación. Por ejemplo: **en cambio** anuncia una antítesis; **por consiguiente**, una conclusión; **además**, una información o idea adicional, etc. Por último, recuerde que el texto hablado puede contener más redundancia que el escrito, con tal de que las repeticiones tengan el propósito de mantener algo presente en la memoria activa de los oyentes y no vuelvan el discurso monótono y aburrido.

---

[1]Véanse las Notas adicionales de este capítulo

Introducción

Diga algunas palabras sobre su cliente. Limítese a los detalles biográficos que cree que son relevantes para su causa. Una buena estrategia es presentar a su cliente como víctima de circunstancias que no ha podido controlar: el ambiente familiar en que creció o su situación personal en el momento del crimen. Claro, todo su discurso depende de si quiere presentar a su cliente como inocente, o como culpable con una defensa legítima, como si hubiera actuado en defensa propia o si se hubiera vuelto loco en el momento cuando cometió el crimen, etc.

Desarrollo

1. Repase los hechos del crimen según lo que dice el informe de la policía. Enfatice los detalles que sirvan para defender al acusado de la mejor manera posible.

2. Haga referencia de vez en cuando a lo que el fiscal ha dicho, anticipando las dudas que el jurado pueda tener: **El fiscal ha dicho… pero ustedes piensen en…**

3. Dé su versión de los hechos y/o señale la falta de pruebas necesarias para condenar a su cliente. Durante todo su discurso debe siempre tener en cuenta a quiénes está hablando y que el objetivo principal es convencer al jurado de la inocencia del acusado. Por eso de vez en cuando debe haber interjecciones como: **Señoras y señores, ¡¿cómo es posible que mi cliente haya cometido este crimen si…?!**

Conclusión

1. Resuma los detalles que puedan crear duda sobre la culpa del acusado o que justifiquen la defensa legítima.

2. Una buena defensa se basará en que el jurado sienta cierta empatía por el acusado. Subraye cómo las circunstancias de su cliente podrían ser las de cualquier otro miembro del tribunal.

3. Dirigiéndose otra vez directamente al jurado, termine con una frase como: **Y por eso, señoras y señores, es imposible que… y por eso no tienen otra alternativa sino absolver…**

Opción B

Escriba un ensayo explicando las causas y las consecuencias del aumento de la violencia hoy en día y sugiera soluciones. Aquí la división en párrafos que contengan sólo una idea también es importante. Como dijimos anteriormente, es recomendable empezar cada párrafo con una oración temática que resuma la idea expuesta en él. Así, el lector podrá resumir toda la argumentación después de la primera lectura repasando estas oraciones temáticas. Las conjunciones causales y consecutivas deben ser variadas: **porque, por este motivo, por esta razón,** etc.; **por consiguiente, de ahí que, por eso,** etc. Finalmente, recuerde los aspectos retóricos: ¿quién es su lector?; ¿qué postura ideológica se puede asumir que tiene hacia el tema?; ¿cuánto ya sabe sobre este tema?; ¿cuáles son los argumentos más adecuados y que sirven para convencer al lector de que usted tiene razón?

Introducción

1. Tras una frase introductoria que llame la atención y despierte el interés de su lector/a, cuente en breves palabras un incidente que ilustre la proliferación de la violencia.

2. Dé algunos datos y/o estadísticas comparativas para mostrar en qué escala y hasta dónde la violencia ha aumentado en los últimos años. También conviene relatar hechos como: qué porcentaje de los crímenes cometidos recientemente ha implicado armas de fuego; el origen étnico proporcional de los criminales; problemas sociales asociados con la violencia, como por ejemplo, el uso de drogas, etc.

3. Resuma su tesis, pero sin revelarla por completo. Así despertará en el/la lector/a la curiosidad acerca de lo que va a exponer.

Desarrollo

1. Según las características de su lector/a, empiece con argumentos que cree que son irrefutables, afirmándolos de manera más o menos radical.

2. Evite la presencia de la primera persona. Las formas **Yo pienso...** o **Yo opino...** subjetivizan demasiado el contenido. Por el contrario, un tono objetivo y neutro dará a sus razonamientos un carácter más universal y creíble.

3. Continúe con aquellos argumentos que sean más subjetivos y más basados en sus emociones, pero dígalos de forma neutra, usando expresiones impersonales (**Es indudable..., Es cierto que...**) o generalizando (**Todos sabemos que..., La sociedad opina que...**).

4. Por último, exponga su postura fundamental y trate de convencer a su lector/a, con pruebas suficientes, de que es la correcta.

Conclusión

1. Resuma sus razonamientos.

2. Ofrezca posibles soluciones para el problema, cuya gravedad debe ser enfatizada de forma absoluta.

Opción C

Exprese su postura y escriba un comentario sobre la siguiente pregunta: **¿Pensamos porque hablamos o hablamos porque pensamos?**

Tenga nuevamente en cuenta las recomendaciones dadas en la sección de herramientas. Puesto que se trata aquí de la yuxtaposición de dos posturas filosóficas, es útil tener a la disposición una variedad de expresiones de contraste: **en cambio, por otro lado, de otro modo, por el contrario**, etc.

Como ya se recomendó anteriormente con respecto a temas argumentativos, es muy útil recopilar y organizar sus ideas y argumentos de antemano. También, como en la Opción C del Capítulo 6, existe la posibilidad de presentar el tema en forma de diálogo. Si decide seguir esta vía, repase las recomendaciones que allí se ofrecen.

De nuevo recordamos también que tenga en cuenta quién/es es/son su/s lector/es y cuál será la mejor manera de despertar su interés y de hacerlo/s pensar.

Introducción

1. Trate de encontrar y citar a filósofos o científicos que hayan escrito sobre este tema, preferiblemente de ambos lados de la cuestión. Otra posibilidad es ilustrar cada una de las posturas con un ejemplo concreto.

2. Hable de la importancia de hacerse esta pregunta y las consecuencias que tiene.

3. Proyecte su propia opinión hacia este tema sin divulgarla por completo.

4. Haga la transición hacia lo que sigue, quizás con una frase que subraye la dificultad de afirmar lo que sucede en el cerebro humano en el momento preciso de convertir pensamientos en palabras.

Desarrollo

1. Hay dos maneras básicas para tratar este tipo de tema que yuxtapone dos posturas:

   a. Trate primero una por completo y después la otra.

   b. Estructure su ensayo de modo que ofrezca los argumentos y, con cada uno, exponga su relevancia para los dos polos de la controversia.

   Sea como sea, la organización previa de sus argumentos le ayudará a estructurar esta parte del ensayo.

2. No se olvide de discutir una sola idea en cada párrafo, formulada en una oración temática, y de utilizar oraciones complejas, con coordinación y subordinación variadas, pero que sean, al mismo tiempo, claras e inteligibles.

3. Termine esta parte exponiendo su propia respuesta a la pregunta del tema.

Conclusión

1. Resuma su postura.

2. Puede especular si el progreso científico podrá influir en el futuro sobre la determinación de una u otra alternativa al dilema.

Capítulo

8

Cómo evitar la redundancia

INTRODUCCIÓN

Julio Cortázar (1914–1984), hijo de padres argentinos, pasó una gran parte de su vida en París, sin por eso olvidar su país natal ni romper sus amistades con representantes de la izquierda política latinoamericana. Sus cuentos suelen consistir en más de un nivel narrativo, lo que quizás pueda confundir al lector. Al mismo tiempo nos ofrece una perspectiva original y fascinante de una realidad imaginada que, sin embargo, surge de lo cotidiano. "Preámbulo a las instrucciones para dar cuerda al reloj" forma parte de la colección titulada Historias de cronopios y de famas (1962). En este texto se llega a invertir la realidad y a describir la tortura sufrida por alguien que recibe un regalo, en vez de la alegría habitual en una situación semejante. En última instancia se acaban por intercambiar los papeles entre el regalo y quien lo recibe.

Piensa en esto: cuando te regalan un reloj te regalan un pequeño infierno florido, una **cadena** de rosas, un **calabozo** de aire. No te dan solamente el reloj, que los cumplas muy felices y esperamos que te dure porque es
5 de buena marca, suizo con áncora de rubíes; no te regalan solamente ese menudo **picapedrero** que te atarás a la **muñeca** y pasearás contigo. Te regalan —no lo saben, lo terrible es que no lo saben—, te regalan un nuevo pedazo frágil y precario de ti mismo, algo que es tuyo pero no es
10 tu cuerpo, que hay que atar a tu cuerpo con su correa como un bracito desesperado colgándose de tu muñeca. Te regalan la necesidad de **darle cuerda** todos los días, la obligación de darle cuerda para que siga siendo un reloj; te regalan la obsesión de atender a la hora exacta en
15 las vitrinas de las joyerías, en el anuncio por la radio, en el servicio telefónico. Te regalan el miedo de perderlo, de que te lo roben, de que se te caiga al suelo y se rompa. Te regalan su marca, y la seguridad de que es una marca mejor que las otras, te regalan la tendencia a comparar tu
20 reloj con los demás relojes. No te regalan un reloj, tú eres el regalado, a ti te ofrecen para el cumpleaños del reloj.

serie de metal que limita el movimiento de un prisionero; prisión

trabajador de la piedra; parte del brazo donde se lleva el reloj

girar el botón del reloj para que funcione

Discusión sobre el texto ••••••••••••••••••••••••••••

Se suele llamar redundante la información ya conocida y, por lo tanto, no necesaria para que el mensaje sea interpretado correctamente. Por ejemplo, las palabras o expresiones repetidas son normalmente consideradas superfluas. Examinen el texto y decidan dónde se podría eliminar la redundancia sin afectar el contenido. ¿Cuál es la palabra repetida con más frecuencia? ¿Qué efecto tiene este estilo reiterativo? ¿Cómo se relaciona con el propósito y con el mensaje del cuento?

Escriba aquí sus ideas antes de hablar con sus compañeros/as:

_____

_____

_____

_____

1. PRELIMINARES

En el Capítulo 4 sobre la pronominalización ya hemos visto algunas maneras de reducir la redundancia: el uso de pronombres referentes a algo mencionado anteriormente y, en el caso de los pronombres de sujeto, la omisión siempre y cuando no fueran necesarios para evitar la ambigüedad:

Mi hermano se llama Juan. Vive con mis padres en Buenos Aires.

Pero: Tengo un hermano y una hermana. **Él** tiene trabajo, pero **ella** no.

También ya hemos estudiado modos de formar oraciones complejas mediante de la coordinación, la subordinación y las comparaciones para lograr un estilo más fluido. Ahora practicaremos más recursos para evitar la redundancia: el uso de cláusulas relativas/adjetivales, de gerundios, de participios pasados y, finalmente, de aposiciones.

El siguiente ejemplo muestra cómo el uso de cláusulas relativas puede conseguir un enunciado más económico, más conciso:

Ayer fui a una exposición de arte. La exposición la tienen en el Museo de Arte Moderno. La colección de este museo es muy completa.

Ayer fui a una exposición de arte **que tienen en el Museo de Arte Moderno, cuya colección es muy completa.**

Más adelante veremos cómo se puede reducir esto todavía más:

Ayer fui a una exposición de arte en el Museo de Arte Moderno, **poseedor de una colección muy completa**.

> Cuanto más se evita la redundancia, mejor resultará el estilo. Un enunciado reducido lo más posible a su esencia significativa es la forma ideal para transmitir un mensaje comunicativo.

Discusión 1 ••

¿Cómo se define la redundancia? Relacionen este concepto con el de la repetición. Si comparamos textos escritos con discursos hablados nos damos cuenta de que, mientras en el texto bien escrito el autor trata de evitar la redundancia, en el discurso hablado sí se usa a menudo un estilo más redundante. Expliquen la diferencia entre los dos tipos de comunicación y por qué el estilo hablado a veces incluso necesita utilizar la redundancia. Piensen por ejemplo en un discurso político durante una campaña electoral.

Escriba aquí sus ideas antes de hablar con sus compañeros/as:

_____

_____

_____

_____

2. LAS CLÁUSULAS RELATIVAS: TIPOS

Ya hemos visto en el Capítulo 3, al describir los diferentes tipos de oraciones complejas, que las cláusulas relativas son otro de los nombres que reciben las cláusulas adjetivales. El elemento más característico de éstas es el conector relativo que permite la transición entre la cláusula independiente y la subordinada.

Existen conectores de diferentes tipos: **pronombres**, **adjetivos** y **adverbios**. Aunque, como se explicará, hay algunos que funcionan de forma independiente, en general, todo relativo se refiere a un antecedente, definido como el elemento o elementos de la cláusula principal modificados por la cláusula subordinada:

> Busco un lugar donde pueda vivir tranquilo. (adverbio relativo: **donde**; antecedente: **lugar**)
> Fueron a comprar una televisión que fuera más grande. (pronombre relativo: **que**; antecedente: **televisión**)
> En la convención he conocido al autor cuya novela me gustó tanto. (adjetivo relativo: **cuya**; antecedente: **autor**)

Existen dos grandes diferencias entre el uso de los conectores relativos entre el español y el inglés. El idioma español siempre necesita relacionar las dos cláusulas explícitamente por medio del conector relativo; a diferencia del inglés, el que puede prescindir de su presencia. Además, si una preposición es requerida por la estructura sintáctica, en español la preposición debe aparecer antes del relativo. Comparen:

> *That is the movie I was talking about.* (el relativo ha sido eliminado y la preposición aparece al final de la oración)
> Ésa es la película **de la que** estaba hablando. (la preposición que acompaña el verbo **hablar** aparece antes del conector relativo **la que**)
> *That is the movie about which I was talking.* (esta es la estructura del inglés paralela a la del español)

Es fundamental que recuerden las reglas del modo en las cláusulas relativas/adjetivales.[1]

> Tengo una secretaria que **habla** ruso.
> Busco una secretaria que **hable** ruso.
> En esta compañía no hay ninguna secretaria que **hable** ruso.

Existen dos tipos de cláusulas relativas con funciones semánticas distintas. Es muy importante comprender la diferencia entre ambos ya que contienen distinta información acerca del antecedente.

Esos dos tipos de cláusulas son: 1. **especificativas** y 2. **explicativas**; o, en otras palabras, 1. **determinativas** y 2. **incidentales** (en inglés *restrictive* y *non-restrictive*).

---

[1]Véase el Capítulo 3: se usa el indicativo cuando el antecedente es definido y afirmado, y el subjuntivo si el antecedente es indefinido o negado.

1. Las **especificativas** tienen la función de especificar un antecedente no específico o indeterminado:

    El estudiante **que me llamó ayer** quería saber si mañana habrá un examen.

    El estudiante puede ser cualquier estudiante y la cláusula relativa especifica de quién se trata: hablo precisamente del que me llamó ayer.

2. Por otro lado, las **explicativas** se refieren a un antecedente específico; no sirven para identificarlo, sino que sólo añaden información adicional:

    Pablo, **quien no había estado en clase ayer**, me llamó para preguntarme si habrá un examen mañana.

    Pablo es una persona específica, no necesita ser identificado.

    Hay dos diferencias formales entre estos dos ejemplos: en el primero la cláusula relativa no está separada del resto por comas y en el segundo sí; y, además, en uno el pronombre relativo es **que** y en el otro es **quien**. Estas disimilitudes en apariencia formales son las que diferencian el significado entre ambas:

    a. La secretaria **que habla japonés** empezó a trabajar ayer en la oficina.
    b. La secretaria, **quien habla japonés**, empezó a trabajar ayer en la oficina.

    En a. existen probablemente varias secretarias en la oficina, pero solamente se menciona la que **sabe hablar japonés**. Es decir, todas las otras no saben hablar esta lengua. En b., por el contrario, solamente existe una secretaria en la oficina. Como dato adicional se dice que puede hablar ese idioma, pero dicha información es adicional y ni limita ni afecta el significado del antecedente.

Discusión 2

En los siguientes pares de oraciones identifiquen las cláusulas relativas especificativas y las explicativas:

1. a. El reloj que me regalaron me controla la vida.

    b. El reloj, el que me regalaron, me controla la vida.

2. a. El autor que nació en Buenos Aires ha publicado numerosos libros.

    b. El autor, quien nació en Buenos Aires, ha publicado numerosos libros.

¿Cuál es la diferencia de significado entre unas y otras?

 Escriba aquí sus respuestas y sus ideas antes de hablar con sus compañeros/as:

1. a. _____
    b. _____
2. a. _____
    b. _____
    _____
    _____

3. LOS CONECTORES RELATIVOS: PRONOMBRES

Los pronombres relativos son **que, quien/es, el/la/lo/las/los que, el/la/lo/las/los cual/es** y **cuanto**. Vamos a hablar de ellos según el tipo de antecedente que requieren, y también a distinguir entre los que necesitan un antecedente y aquellos que pueden ser usados sin un antecedente explícito.

1. Pronombres que necesitan un antecedente:

    El pronombre relativo **quien/es** sólo puede utilizarse cuando el antecedente es un ser humano. Puede aparecer en cláusulas explicativas o en cláusulas especificativas cuando está acompañado de una preposición:

    El estudiante con **quien** me viste ayer se llama Pablo. (especificativa)
    Pablo, **quien** es estudiante aquí, vino ayer a mi oficina. (explicativa)

    El hombre **para quien** trabajo está en esa oficina. (especificativa)
    Mi jefe, **quien** está en esa oficina, es muy exigente. (explicativa)

    La señora **a quien** hice esa foto es muy bella. (especificativa)
    Hicieron una foto de esa señora, **quien** es mi mejor amiga. (explicativa)

    Los otros pronombres relativos pueden usarse con cualquier tipo de antecedente tanto en cláusulas especificativas como explicativas. El primero, **que**, es necesario no confundirlo con la conjunción **que** usada en las cláusulas nominales:[1]

    Me gustaría **que** (**conjunción**) vinieras conmigo al museo **que** (**pronombre**) visité en Buenos Aires.

    Otros ejemplos del pronombre:

    El estudiante **que** viene ahí se llama Pablo. (especificativa)
    El hombre **que** está en esa oficina es mi jefe. (especificativa)
    La señora **que** está en esa foto es muy bella. (especificativa)
    Leímos los libros, **que** estaban sobre la mesa, y los dejamos en el mismo sitio. (explicativa)

    A pesar de que en los discursos hablados tras las preposiciones **a, con, de, en** es frecuente utilizar solamente **que**, en un estilo más cuidado se prefiere el uso de **el que**, etc.:

    En nuestras vacaciones no estaba previsto parar en la ciudad **a que** llegamos. (estilo coloquial)
    En nuestras vacaciones no estaba previsto parar en la ciudad **a la que** llegamos. (estilo cuidado)

---

[1]De esta diferencia ya se ha tratado en el Capítulo 3.

Los pronombres relativos **el que/cual**, **la que/cual**, **los que/cuales**, **las que/cuales** se suelen utilizar en combinación con preposiciones o para deshacer una ambigüedad en relación con el antecedente de una oración.

Comparen:

a. El hermano de mi amiga, **quien** me cae muy bien, se fue de viaje.
b. El hermano de mi amiga, **el que** me cae muy bien, se fue de viaje.
c. El hermano de mi amiga, **la que** me cae muy bien, se fue de viaje.

En a. el antecedente de **quien** puede ser tanto **el hermano** como **mi amiga**, produciendo una cláusula relativa ambigua. En b. y c. se clarifica uno u otro antecedente al añadir la referencia de género.

El estudiante **para el que** siempre hago la tarea se llama Juan.
Juan, **el que** se suele sentar al final de la clase, no trabaja demasiado.
Se dedica a mirar por la ventana, **la cual** suele estar cerrada.
El motivo **a causa del cual** todavía viene a clase es desconocido.

Aunque existen algunas diferencias de registro y dialectales en el uso de **el que** y **el cual**, la tendencia general del español es utilizarlos como sinónimos. La única diferencia entre la serie de **el que** y la serie de **el cual** es que la primera se prefiere para las preposiciones de una sílaba y la segunda para las de más de una sílaba:

El edificio **en (el) que** vivo tiene 10 pisos.
El edificio **delante del cual** siempre estaciono mi coche está muy cerca.

2. Pronombres que pueden aparecer sin un antecedente:

Quien puede aparecer sin antecedente, como en algunos refranes:

Quien calla, otorga.
En general, **quienes** no estudian, no sacan buenas notas.
Quien no tenga su trabajo hecho para mañana, más vale que no venga a clase.

Los pronombres **quien** y **quienes** en este contexto se refieren a una identidad indefinida. Noten el subjuntivo usado en el último ejemplo, el que expresa una acción en el futuro que puede o no realizarse.

El que también puede aparecer sin antecedente para decir *he who* en un contexto semántico similar al de **quien** usado sin antecedente explícito:

El que no estudia, no aprende.
Los que hablen, no recibirán pastel de postre.
Recibirán un regalo **las que** acudan a la reunion.
Podrá salir antes de que termine la clase **la que** conteste pregunta.

Lo que, **lo cual** son pronombres neutros que se no se refieren a entidades específicas, sino a situaciones, ideas, etc., muchas veces representadas por cláusulas. Estos pronombres están relacionados semánticamente con el pronombre **ello**, ya que **ello** también es neutro.[1] La diferencia entre los dos es que **lo cual** tiene que tener un antecedente y **lo que** no (porque contiene su propio antecedente):

> Se me perdió mi paraguas, **lo cual/lo que** me molesta mucho.
>
> **Lo que** me molesta mucho es que se me perdió mi paraguas.

En el primer ejemplo, la primera cláusula es el antecedente del relativo. En el segundo, **lo que** no tiene antecedente sintáctico, aunque semánticamente hace referencia a algo que sigue, o sea, "se me perdió mi paraguas".

Discusión 3 •••••••••••••••••••••••••••••••••••••••

Decidan si en los siguientes espacios en blanco se puede usar tanto **lo que** como **lo cual**, o sólo **lo que**, y expliquen su decisión:

1. Te digo sinceramente que _____ me molesta es su actitud.

2. Tiene una actitud pésima, _____ me molesta mucho.

3. El profesor nunca está disponible, _____ resulta un gran inconveniente,

4. pero ayer estaba en su oficina y me dijo _____ yo necesitaba saber.

_____

_____

_____

4. LOS CONECTORES RELATIVOS: ADJETIVOS Y ADVERBIOS

Los conectores relativos que funcionan como adjetivos son **cuyo/a/os/as** y **cuanto/a/os/as**; los adverbios son **donde**, **como** y **cuando**.

1. Adjetivos

Cuyo/a/os/as es la traducción de *whose* y puede referirse a personas o cosas. Tiene que concordar con el sustantivo que acompaña:

> La película, **cuyo** director es muy famoso, ganó un premio internacional. (acompaña al sustantivo **director**, por eso debe llevar forma masculina y singular)

---

[1]Ya ha sido menciado en el Capítulo 4.

Los maestros, **cuya** reunión se realizó ayer, decidieron expulsar a los estudiantes denunciados. (acompaña al sustantivo **reunión**, por eso debe llevar forma femenina y singular)

Mi amigo Juan, **cuyas** hermanas ya están casadas, no piensa en casarse nunca. (acompaña al sustantivo **hermanas**, por eso debe llevar forma femenina y plural)

Cuanto/a/os/as también puede aparecer sin un antecedente cuando es equivalente a **todo el/toda la/ todos los/todas las que**:

Me dio **cuanta** (toda la) información que tenía.

Cuando **cuanto** aparece usado solo, funciona como un pronombre y genera, más que una cláusula de relativo, una cláusula subordinada sustantiva. En estos casos no existe un antecedente:

Me dijo **cuanto** (todo lo que) sabía.

2. **Adverbios**

Donde, como y **cuando** son adverbios relativos cuyo antecedente puede ser, respectivamente, un lugar, un modo o manera y un período de tiempo, aunque pueden usarse directamente con un verbo y sin un antecedente.

Ejemplos con antecendente:

No conozco la ciudad **donde** (**en la que**) viven tus padres. (antecedente: **ciudad**)

Me gusta la manera **como** (**en que**) ella explica la gramática. (antecedente: **manera**)

El día **cuando** (**en que**) leas mi carta ya estaré lejos. (antecedente: **día**)

Ejemplos sin antecedente:

Los calcetines estarán **donde** los dejaste ayer.

Cuando era niño, mis padres no me permitían comer **como** yo quería.

Los jugadores llegaron al estadio **cuando** faltaban cinco minutos para empezar el partido.

Discusión 4 ••••••••••••••••••••••••••••••••••••

Identifique el antecedente de los adverbios en las siguientes oraciones y decida en cuáles ejemplos se puede eliminar sin que el significado de la oración sufra. ¿Cuál de los tres adverbios es el que se hace indispensable?:

1. El mecánico arregló el coche del modo **como** él sabía.

2. El detective pudo detener al asesino en el instante **cuando** comprendió la verdad.

3. Es en el trabajo duro **donde** se encuentra la verdad del éxito.

4. No hacía demasiado frío durante el mes **cuando** nació.

5. Se descubrieron nuevos datos para continuar la investigación en las células **donde** los científicos ya habían buscado.

6. Los estudiantes le pidieron al fotógrafo que les enseñara la manera **como** hacía sus fotografías más famosas.

Escriba aquí sus respuestas y sus ideas antes de hablar con sus compañeros/as:

1. _____
2. _____
3. _____
4. _____
5. _____
6. _____
_____
_____
_____

5. LOS PARTICIPIOS

Otra manera de lograr un estilo más conciso es el uso de los participios. Esta técnica sirve muy bien para evitar la monotonía estilística que resulta del uso exagerado de cláusulas relativas. Comparen las siguientes versiones:

> María salió del cine. Acababa de ver una película mexicana. Esta película le gustó mucho. El cine está situado lejos de su casa. Ella tomó el autobús.
>
> María, **quien** acababa de ver una película mexicana **que** le gustó mucho, salió del cine, **que** está situado lejos de su casa, y tomó el autobús.
>
> **Habiendo visto** una película mexicana que le gustó mucho, María salió del cine, **situado** lejos de su casa, y tomó el autobús.

La primera versión es poco elegante. Tiene oraciones demasiado cortas y hay palabras repetidas. En la segunda se evita esta redundancia, pero se repite la misma estructura de cláusula relativa, lo que resulta monótono. En la tercera hay más variedad de estructuras: un gerundio,[1] una cláusula relativa, la cláusula principal seguida de un participio pasado y otra independiente coordinada.

Una regla de estilo fundamental es que hay que evitar no sólo la repetición de palabras, sino también la de estructuras. Ambas repeticiones, sobre todo en el estilo escrito, crean monotonía, lo que provoca que el lector se aburra disminuyendo su capacidad de prestar atención a lo que lee y de asimilar el contenido.

La construcción con el gerundio es en realidad una cláusula relativa abreviada:

> El ladrón, **que estaba huyendo de la policía**, se escondió en el parque.

---

[1] El gerundio será tratado más en detalle en el Capítulo 9.

Eliminamos tanto **que** como el verbo **estar** y resulta lo siguiente:

> El ladrón, **huyendo de la policía**, se escondió en el parque.

Estas frases de gerundio son siempre explicativas. No pasa siempre lo mismo con las frases de participio pasado:

> El ladrón, **que fue acusado de varios robos**, consiguió escaparse de la policía.
>
> La parte de la casa **que está cerrada al público** está ocupada por la policía.

Eliminamos **que** y el verbo **ser** o **estar** y resulta:

> El ladrón, **acusado de varios robos**, consiguió escaparse de la policía.
>
> La parte de la casa **cerrada al público** está ocupada por la policía.

Lo que se encuentra entre comas es una versión abreviada de la voz pasiva. Como vemos, con estas variaciones no sólo se crea una alternativa a las cláusulas relativas, sino que también se reduce el número de palabras. También hay la posibilidad de convertir una voz activa a la pasiva y después a una frase con participio:

> Los ejercicios para hoy, **que hizo la profesora**, son muy difíciles.
>
> Los ejercicios para hoy, **que fueron hechos por la profesora**, …
>
> Los ejercicios para hoy, **hechos por la profesora**, …

Incluso se puede eliminar el pronombre relativo y el verbo **ser** en combinación con un sustantivo o una frase adjetival. Esta secuencia se conoce con el nombre de **aposición** y siempre aparece entre dos comas:

> El ladrón, que era un criminal muy famoso, consiguió escaparse otra vez.
>
> El ladrón, **un criminal muy famoso**, consiguió escaparse otra vez.
>
> El ladrón, que era muy conocido por la policía, consiguió escaparse otra vez.
>
> El ladrón, **muy conocido por la policía**, consiguió escaparse otra vez.

Discusión 5 ••

Cuando se eliminan ciertos elementos de un enunciado hablamos de **elipsis**. Un ejemplo de elipsis sería:

—¿Cuántos años tienes?

—Veinte.

Aquí la respuesta completa sería: **Tengo veinte años**. Piensen en otros situaciones en las que se usa este estilo, como por ejemplo cuando un sargento les da órdenes a sus soldados. Discutan cuáles son las palabras que se omiten y si son importantes para entender el mensaje o no. ¿Cuáles son los propósitos y los efectos de la elipsis?

Escriba aquí sus ideas antes de hablar con sus compañeros/as:

_____

_____

_____

_____

6. NOTAS ADICIONALES

Sustitución de la cláusula relativa por un adjetivo

Muchas veces una cláusula relativa puede ser sustituida por un adjetivo formado a base del verbo que se utilizaría en esa cláusula:

Una violencia **que estremece** — una violencia **estremecedora**

Un ruido **que nos vuelve sordos** — un ruido **ensordecedor**

Un chico **que trabaja mucho** — un chico **muy trabajador**

Un calor **que agobia** — un calor **agobiante**

En los años **que vienen** — en años **venideros**

El adjetivo **agobiante** se relaciona con el gerundio **agobiando**. Existen muchos más adjetivos con esta terminación: **corriente**, **procedente**, etc. Algunas de estas palabras incluso son sustantivos: **estudiante**, **participante**, **calmante**, **oyente**, etc.

Discusión 6 ••

Traten de pensar en el mayor número de palabras derivadas de manera semejante a las que acabamos de mencionar. Agrúpenlas en listas según su terminación y averigüen si parece haber ciertas pautas (*patterns*) para los significados de los sufijos utilizados (**-dor**, **-ante/ente**, **-ero**, etc.).

Escriba aquí sus ideas antes de hablar con sus compañeros/as:

_____

_____

_____

_____

👤 *Ejercicios individuales*

1. Rellene los espacios en blanco con **que** o **quien/es**. Diga de cada cláusula relativa si es especificativa o explicativa y explique su selección del pronombre relativo:

La Malinche 〰〰〰〰〰〰〰〰〰〰

La princesa indígena de México conocida por el nombre de La Malinche es una figura histórica de (1) _____ tenemos una imagen contradictoria: por un lado es considerada como traidora a su raza, y, por otro lado, como la madre de los mestizos.

Cuando el español Hernán Cortés llegó a México en 1519 recibió a La Malinche como parte de un tributo (2) _____ debía detener el avance de los españoles. Desde entonces ella acompañó a Cortés como amante y también como intérprete: era la persona (3) _____ tenía que ayudarle a establecer buenas relaciones con los pueblos indígenas (4) _____ se oponían a los españoles. Finalmente Cortés, a (5) _____ los aztecas habían conseguido derrotar inicialmente, tomó su capital, (6) _____ era conocida por el nombre Tenochtitlán. La Malinche, (7) _____ todavía estaba con Cortés, dio a luz a un hijo (8) _____ marcó el principio de la población mestiza. Más tarde, los dos emprendieron una expedición a Honduras. Poco después, La Malinche murió.

Esta mujer, de (9) _____ se conserva hasta hoy la imagen de traidora y también de madre simbólica de la población mestiza, todavía es venerada en su pueblo natal (10) _____ se encuentra en el estado mexicano de Veracruz.

2. Combine las oraciones de cada grupo para formar una oración compleja que contenga una cláusula relativa. ¡Cuidado con el modo verbal!

   Modelo: Antonio y Pedro son amigos. Los conocí en la clase de filosofía.
   > Antonio y Pedro, a quienes conocí en la clase de filosofía, son amigos.

   1. El lobo feroz vivía en una cueva. Su vida era muy miserable.

   _____

   2. Quería mudarse y buscar un apartamento de lujo. Ese apartamento tendría dos dormitorios.

   _____

3. Sus vecinos, los cerditos, eran constructores inmobiliarios. Esto hizo que el lobo se acercara a pedirles consejo.

   _____

4. Las casas de los cerditos estaban en el mejor lugar del bosque. Cerca de ese lugar había mucho espacio para construir una nueva casa para el lobo.

   _____

5. El lobo los llamó con palabras amables. Esas palabras no fueron oídas por los cerditos.

   _____

6. Buscó una ventana para hablar con ellos. La ventana estaba cerca del suelo.

   _____

7. Vio a los tres cerditos. Los cerditos estaban comiendo.

   _____

8. El lobo oyó que los cerditos hacían chistes sobre su humilde casa. Eso no le gustó.

   _____

9. El lobo decidió en ese momento destruir la casa. Allí estaban los cerditos.

   _____

10. Los tres cerditos tenían cada uno su casa. Esto complicó los planes del lobo.

    _____

11. El lobo tenía la intención de destruir las tres casas. El aliento del lobo era muy fuerte.

    _____

12. La primera casa cayó. La casa era de paja.

    _____

13. Los tres cerditos tuvieron miedo del lobo. Huyeron del lobo y se refugiaron en la casa del segundo cerdito.

    _____

14. El lobo destruyó también las otras dos casas. Los cerditos habían gastado mucho dinero en las casas.

    _____

15. Traten de pensar en una moraleja para esta historia. La moraleja será una verdad universal.

    _____

3. En las siguientes oraciones trate de sustituir las cláusulas relativas por una estructura de gerundio o de participio pasado o por una aposición donde sea posible:

1. Paco, quien es el mejor estudiante de la clase, siempre saca una A en sus exámenes, lo que les molesta a los otros estudiantes, porque no consiguen entender todas las preguntas que hace la profesora.

   _____

   _____

   _____

   _____

2. Mi papá, que estaba mirando la televisión, no se dio cuenta de que entró un ladrón en la parte de la casa que está situada lejos de la sala y se llevó las joyas que mi mamá había heredado de su abuela.

   _____

   _____

   _____

   _____

3. No te pierdas esa película, que fue dirigida por Martin Scorsese y que fue filmada en Marruecos, porque es una de las mejores películas que ha hecho este director, al que yo siempre he considerado como uno de los mejores.

   _____

   _____

   _____

   _____

4. Parte del problema es que no estoy segura de quién estás hablando, lo cual complica la situación, que ya no es nada fácil; aún más, me hace pensar que tal vez estés inventando esa historia que es tan fantástica que no puedo creerla.

   _____

   _____

   _____

   _____

5. Los resultados de las elecciones que se realizaron ayer tendrán repercusiones que nadie ha anticipado, porque el nuevo presidente, que había prometido mejorar la situación, no cumplirá con sus promesas.

   _____

   _____

   _____

   _____

6. Todos estamos muy preocupados por el medio ambiente, el que ya está muy deteriorado, y esperamos poder remediar la situación, la que ha sido muy discutida en la cumbre mundial.

_____

_____

_____

_____

7. El senado, que está debatiendo la nueva ley, no podrá llegar a un acuerdo mientras la oposición no esté lista para aprobar algunos puntos que están diametralmente opuestos a lo que quiere el gobierno.

_____

_____

_____

_____

8. No sabemos si la situación económica mundial, que cambia siempre, va a beneficiar a nuestro país, el que es miembro de algunos de los grupos de países que están representados en los acuerdos que se hicieron en los últimos años.

_____

_____

_____

_____

4. Seleccione el pronombre relativo correcto:

La santería ⌇⌇⌇⌇⌇⌇⌇⌇⌇⌇⌇⌇

Los africanos **que/cuales/cuyos** (1) llegaron a Latinoamérica como esclavos trajeron sus formas culturales con ellos. Como pertenecían a una clase social **lo que/quien/que** (2) estaba oprimida, su importancia política no era tan grande como la de otros grupos étnicos. A pesar de eso, la población de origen africano, **cuya/el que/que** (3) importancia no puede subestimarse, ha dejado influencias **cuyas/lo que/que** (4) pueden confirmarse todavía por toda América. Hoy en día se manifiesta todavía su gran impacto en muchos aspectos **los cuales/cuyos/que** (5) se relacionan con la cultura y, en particular, con la religión. Así, aunque actualmente en todo el continente predomina el catolicismo, en Cuba, por ejemplo, encontramos la santería, **quien/la cual/lo que** (6) combina la religión de ciertas comunidades africanas con el catolicismo.

A pesar de que la Iglesia católica no aprueba las creencias santeras, esta forma sincrética de religión no ha desaparecido, sino que aparece muy arraigada en ciertas comunidades **quienes/que/los que** (7) la conservan intacta. **Lo que/que/quien** (8) resulta muy importante es comprender las modificaciones **quienes/los que/que** (9) la santería ha introducido en el catolicismo, debido a los contrastes **que/los que/los cuales** (10) existen entre ambas. Mientras en la Iglesia católica hay sacerdotes **que/quienes/cuyos** (11) son guías espirituales, en la santería también existen estos personajes, intermediarios entre los creyentes y los "santos", **los que/cuyos/quien** (12) representan una mezcla entre los santos cristianos y los dioses africanos. Estos nuevos "santos" tienen características carnales **quienes/que/lo que** (13) los relacionan con los seres humanos. Por ejemplo, si un creyente le quiere pedir un favor a su santo preferido, le ofrece cosas **las cuales/que/las que** (14) satisfacen sus necesidades físicas como, por ejemplo, comida.

Además de estas variaciones, hay diferencias **las que/que/las cuales** (15) son fundamentales entre la santería y la religión cristiana. Así, los adeptos a la santería no creen que los dioses vivan en un mundo **que/lo cual/donde** (16) sea distinto del nuestro. Además, el mal no es una fuerza absoluta, **lo cual/el cual/la cual** (17) significa que se entiende sólo en relación al bien. Tampoco existe el concepto del pecado original. Y también, en el momento **en que/en lo cual/en cuyo** (18) el creyente se comunica con un dios, se comporta como un poseído **quien/que/el que** (19) se mueve y baila como en trance extático.

Las ceremonias santeras también incorporan en sus rituales otros elementos poco tradicionales, entre **los que/quien/que** (20) se encuentran la música y el baile de tradición africana. De hecho, es indispensable valorar la importancia de esta herencia musical para comprender algunos ritmos musicales **los que/quienes/que** (21) típicamente se asocian con la cultura latinoamericana. Ritmos como el merengue y la salsa, **quien/cuya/la cual** (22) fama trasciende el continente sudamericano, solamente se pueden entender desde este punto de vista. De hecho, casi no hay música latinoamericana en **la que/lo cual/cual** (23) no esté presente el elemento africano.

Para que los antropólogos puedan realizar un análisis completo de la cultura latinoamericana es imprescindible que incluyan en su investigación, además del catolicismo, la santería y otras religiones **cuyas/las que/las cuales** (24) prácticas todavía influyen en la vida en muchas partes del continente latinoamericano. **Lo cual/lo que/la que** (25) resultará de tal investigación es una mejor comprensión de las influencias mutuas **las que/las cuales/que** (26) conectan dos continentes y dos culturas: la latinoamericana y la africana.

5. Sin nombrarlo, describa un deporte en 4 ó 5 oraciones que contengan cláusulas relativas. 👥

   Modelo: Es un deporte en el que los jugadores se comportan a veces como boxeadores (el hockey sobre hielo).

   Sugerencias: tenis, esquí, baloncesto, hípica, golf, ciclismo, patinaje, fútbol, natación, buceo, alpinismo, escalada, pesca, automovilismo, judo, karate, caza, paracaidismo, gimnasia, boxeo, lucha libre, remo, béisbol.

   _____

   _____

   _____

   _____

6. Complete las siguientes oraciones con construcciones de participio o aposiciones:

   1. Nuestro planeta, _____, en poco tiempo será inhabitable si continuamos destruyendo el ambiente.

   2. Esa novela, _____, es una de las más vendidas de todos los tiempos.

   3. No me gusta esa película porque el papel principal es interpretado por Clint Eastwood, _____

   4. Sería un gran problema si tuviéramos que reescribir el ensayo sobre Cervantes, _____

   5. Mi abuela tiene en su casa un cuadro _____

7. Complete las siguientes oraciones de un modo lógico y contextualizado. A continuación, para mejorar el estilo, sustituya la cláusula de relativo por una frase de participio o de gerundio.

   Modelo: Paso 1 : El periódico dice que el bar que se abrió ayer **ya ha tenido que cerrar porque no tenía sus permisos en regla**.
   Paso 2: El bar **abierto ayer** ya ha tenido que cerrar porque no tenía sus permisos en regla.

   1. Me han dicho que la casa que se construyó en poco tiempo _____

   _____

   Paso 2: _____

   2. En las noticias informan que la carretera que se inauguró el mes pasado

   _____

   Paso 2: _____

3. Inmediatamente nos dimos cuenta de que la niña que vino corriendo hacia nosotros _____

_____

Paso 2: _____

4. Ya han confirmado que el petrolero que se hundió frente a la costa _____

_____

Paso 2: _____

5. El entrenador comentó que la atleta que estaba participando en los campeonatos _____

Paso 2: _____

6. Te he dicho que la carta que hemos escrito hoy _____

_____

Paso 2: _____

7. La rueda de prensa desmintió que el periodista que se había muerto

_____

Paso 2: _____

8. Los economistas predicen que si las circunstancias que se observan en el sector se mantienen _____

Paso 2: _____

9. Me gustaría que el dinero que se gasta en ropa _____

_____

Paso 2: _____

10. Todo el mundo pudo saber que el accidente de tráfico que se vio por televisión _____

Paso 2: _____

11. Los medios de comunicación enfatizaban que las personas que iban acudiendo a la manifestación _____

Paso 2: _____

12. Cuando llegué a la librería, el diccionario que se recomendaba

_____

Paso 2: _____

13. La televisión ha anunciado que las personas que habían sido secuestradas

_____

Paso 2: _____

14. Siempre nos cuenta que el camino que se anda _____

    Paso 2: _____

15. Anunciaron que las corbatas que se compren _____

    Paso 2: _____

16. El público estaba de acuerdo en que el partido que se estaba jugando en el estadio en ese mismo momento _____

    Paso 2: _____

8. **Ejercicio guiado.** ¿Cuáles son los principales problemas del siguiente texto? Reescríbalo intentando mejorar el estilo en todo lo posible, evitando la redundancia y variando el estilo. También tenga en cuenta la economía estilística:

Gabriel García Márquez

Cuando en 1982 el escritor Gabriel García Márquez recibió el Premio Nóbel, que se le daba por su trabajo literario, se presentó a la ceremonia, la que es muy formal, estando vestido con una guayabera, la que es una prenda típica de su país y que se viste en todo tipo de ocasiones que son tanto formales como son informales. La intención de Gabriel García Márquez, quien es de Colombia, para hacer esto fue que se reconociera la diferencia de la cultura de Latinoamérica frente a la cultura de Europa.

A Gabriel García Márquez, quien es conocido entre sus amigos como "Gabo", le preocupa con un énfasis especial la situación, la que es muy violenta, de su país a causa de los secuestros y matanzas, que son continuos, por parte de los que trafican con drogas y los que están en organizaciones guerrilleras. Por este motivo, Gabriel García Márquez colabora con asiduidad con artículos publicados en periódicos de todas las naciones con los que intenta sacudir la conciencia de los habitantes de Colombia y la conciencia de todo el mundo en los que exige soluciones que son inmediatas para una situación que resulta ser insostenible.

Su obra, la que ha sido escrita, abarca guiones para el cine y actividades que son periodísticas, que ya han sido mencionadas, y, claro, su obra que pertenece a la literatura. Las novelas y cuentos cortos y su autobiografía, que ha sido publicada en el año 2002, han generado y siguen generando un gran interés para el público que se interesa en la literatura y para la crítica literaria que se especializa en su obra que ha sido editada hasta el momento. Una de las características que es fundamental en su escritura, la que es de creación, es la mezcla entre los mitos que son de Latinoamérica y la historia de Latinoamérica y, más en concreto, de su país, que es Colombia. Para otros, esto es una mezcla entre una realidad que es dura y que es implacable y una fantasía que regenera y que desborda. Estas características pueden verse en su obra, la que es la más conocida, *Cien años de soledad,* que apareció en los años del *Boom* de los escritores de Latinoamérica, los que son muy importantes, entre los que estaban Guillermo Cabrera Infante, el que es de Cuba, y José Donoso, el que es de Chile, y Mario Vargas Llosa, el que es de Perú, y Julio Cortázar, el que es de Argentina, y Carlos Fuentes, el que es de México. En esta obra de Gabriel García Márquez, la que se publicó en 1967, se cuenta la historia de la familia Buendía, la que de forma paralela es la historia del pueblo que es imaginario de Macondo, la que es la historia de su país, Colombia y, desde un punto de vista que es más amplio, la del continente de América del Sur.

9. **Ejercicio guiado.** Usted tiene que escribir las definiciones para un diccionario monolingüe español de las siguientes palabras. Escriba definiciones concisas, evitando lo más posible la redundancia: 😀

   1. La justicia: _____

      _____

   2. La democracia: _____

      _____

   3. La envidia: _____

      _____

   4. La religión: _____

      _____

   5. La inteligencia: _____

      _____

😀 *Ejercicios en parejas*

1. **Ejercicio guiado.** Compartan sus definiciones del ejercicio 9 anterior. Combinando las dos versiones, escriban una versión final que les parezca a la vez precisa y concisa. Más tarde la deberán leer a la clase. 😀

   Escriban aquí su versión final:

   _____

   _____

   _____

   _____

2. **Ejercicio guiado.** Entrevístense para un puesto de trabajo. Piensen en preguntas como éstas: ¿Es un trabajo que exige mucha concentración y dedicación? ¿Es usted capaz de hacerlo? Después, el entrevistador será el entrevistado:

Modelo: —Yo tengo experiencia en ventas. ¿Es el puesto que ofrecen un trabajo en el que yo pueda utilizar esa experiencia?

Sugerencias: secretario/a, profesor/a, vendedor/a de seguros, camarero/a, periodista, vendedor/a de coches usados, meteorólogo/a, arqueólogo/a, ingeniero/a, médico/a de urgencias, enfermero/a, recepcionista de hotel.

Escriban aquí sus preguntas:

_____

_____

_____

_____

3. Busquen en la Red algunas letras de canciones en español. Un buen ejemplo es "Latinos en Estados Unidos", cantada por Celia Cruz. Discutan el propósito o la necesidad de utilizar repeticiones en muchas canciones y piensen también en el papel del estribillo (*refrain*). Escriban sus conclusiones para después discutirlas con la clase.

Escriban aquí sus conclusiones:

_____

_____

_____

_____

4. Léanse las descripciones de deportes escritas en el ejercicio 5 individual como adivinanzas. Después continúen improvisando más descripciones chistosas de deportes.

5. **Ejercicio guiado.** Vuelvan al texto de la introducción al capítulo y traten de reducirlo todavía más, eliminando, por ejemplo, repeticiones de metáforas que expresan lo mismo que la primera: **te regalan un pequeño infierno florido**. El objetivo es utilizar un mínimo de palabras sin cambiar el contenido del texto.

Escriban aquí su texto:

_____

_____

_____

_____

6. Seleccionen un tema de la historia de España o de un país latinoamericano y recopilen los detalles que crean necesarios para ofrecer una visión ordenada y coherente del mismo, sus causas y efectos. Organicen una presentación, sirviéndose de las estructuras gramaticales aquí discutidas, y preparen para la clase una serie de preguntas concisas y bien enfocadas que enfaticen y resuman los aspectos clave de su presentación.

Sugerencias: la Guerra Civil Española, la Revolución Mexicana, la muerte de Salvador Allende, 1492, la guerra de las Malvinas, la muerte de Eva Perón, los dictadores latinoamericanos o españoles (Pinochet, Stroessner, Videla, Franco, Primo de Rivera), el Canal de Panamá, la Revolución Cubana, el movimiento zapatista.

 Escriban aquí sus notas y sus preguntas:

_____

_____

_____

_____

Ejercicios en grupos o para toda la clase

1. Elijan a un **presidente**. Cada estudiante hará una promesa para cuando sea presidente y después la clase votará en secreto. Ejemplo de promesa: **Yo soy el candidato por quien pueden votar los de la izquierda porque iniciaré una reforma de la Seguridad Social, echada a perder por mi predecesor.**

2. **Ejercicio guiado.** Discutan las definiciones del ejercicio 1 anterior, presentadas por cada pareja. Traten de decidir cuáles son las mejores, por qué y, finalmente, cuáles son las características de una buena definición.

3. Discutan sus conclusiones del ejercicio 3 anterior. ¿Cuáles fueron los argumentos más frecuentemente citados?

4. Hagan un debate sobre el siguiente tema: ¿Son válidas aún hoy en día las siguientes palabras de Jesús?

   Al que te hiera en una mejilla, preséntale también la otra;
   y al que te quite la capa, ni aun la túnica le niegues. (S. Lucas 6:29)

Composición

1. Preliminares: reaccione por escrito a las siguientes afirmaciones desde su propio punto de vista.

   1. Los párrafos cortos son más claros.

   2. No es bueno releer la composición en voz alta.

   3. Escribir es un talento innato en las personas.

   4. Es más importante lo que se dice que cómo se dice.

2. Al tratar de evitar la redundancia, debemos tener en cuenta los recursos que sirven para minimizar la repetición y para potenciar tanto la concisión como la precisión del discurso. Recuerden que también la pronominalización y la omisión de ciertos pronombres tienen el mismo propósito.[1] Sea consciente de estos recursos al tratar uno de los siguientes temas.

---

[1]Véase el Capítulo 4.

Herramientas: repase los recursos destinados a evitar o reducir la redundancia discutidos en este capítulo: las cláusulas relativas, los participios y las aposiciones. Es muy importante variar entre estos recursos. Un texto lleno de cláusulas relativas resulta monótono y aburrido. También hay que tener cuidado de no hacer las estructuras participiales y las aposiciones demasiado largas. Un ejemplo exagerado sería la siguiente oración:

Habiendo pasado una semana terrible y careciendo de fondos para comprarse lo más necesario, Pablo, un trabajador despedido de su empleo y en busca de trabajo, sin ser capaz de encontrar nada, finalmente decidió pedirle dinero a su ex-esposa, divorciada de él hacía ya varios años y casada de nuevo con un antiguo colega de trabajo de Pablo.

Así como recomendamos mantener un equilibrio razonable respecto a la extensión de una oración, aplicamos la misma advertencia a todo recurso que sirva para evitar la redundancia. Como demuestra el ejemplo dado, en oraciones sobrecargadas con estas estructuras se incluye demasiada información que dificulta la asimilación y obliga al lector a releer el texto para entenderlo.

Estrategias: los tres temas dados requieren estrategias distintas. En el primero, predomina la necesidad de limitarse a cierto número de palabras, aunque el autor quiere incluir todos los datos necesarios para que el lector pueda tener una idea suficientemente concreta de la obra descrita. En el segundo, el autor quiere convencer a su lector de la validez de su selección. Mientras en el tercero el objetivo es despertar la imaginación del lector y animarlo a proyectar todavía más allá de lo que se describe en el relato. De nuevo enfatizamos la importancia de imaginarse a su público antes de empezar a escribir. ¿Cuánto sabe del tema? ¿Cuánto querrá saber? ¿Cuáles son aquellos detalles que le van a interesar más? Lo más importante es evitar que su lector se aburra a consecuencia de una forma excesivamente complicada, como señalamos en el párrafo anterior, o como resultado de un contenido irrelevante, demasiado detallado, o fuera del ámbito del tema. Resumiendo, es tan importante evitar la redundancia en la forma como también la falta de foco en el contenido.

Opción A

Escriba una reseña de un libro o de una película dando un brevísimo resumen de su contenido, sus opiniones y recomendaciones al respecto. Usted es periodista y se le ha dado espacio para 200 palabras. Tendrá que hablar de los aspectos más importantes, sin detenerse en cada uno más de lo necesario, para darle al lector una impresión sumaria a la vez que exhaustiva del libro o de la película. En el caso de ésta habrá que hablar de la fotografía, el guión, los actores, el director, etc. Para el libro hay que tener en cuenta: la trama, el estilo y lenguaje, los personajes, la estructura, etc. Una guía posible para orientar su opinión, la que deberá seguir la discusión de todos estos detalles, es preguntarse si la obra contiene algún mensaje, algún propósito artístico, y decidir si, a su parecer, constituye un éxito en este sentido.

Introducción

1. Como en cualquier artículo de periódico, dé información sobre los datos fundamentales. En este caso: título de la obra, autor/director, cuándo y dónde pasa la acción, personajes/intérpretes, género literario/cinematográfico (drama, comedia, género policial, histórico, de mensaje socio-político, etc.).

2. Ofrezca alguna información sobre otras creaciones del autor/director para que el/la lector/a pueda tener una referencia a libros/películas que haya leído/visto de la misma autoría.

3. Proyecte su opinión sobre la obra sin revelarla por completo.

Desarrollo

1. Dé un breve resumen de la trama, sitúe la acción en su contexto. Normalmente, los críticos evitan revelar demasiados detalles de la historia o desenlaces sorprendentes para no robarle el suspenso al/a la lector/a.

2. Hable de elementos formales y estructurales, tales como, en el caso de la película, la interpretación, la fotografía, la edición, la progresión de las escenas y las conexiones entre ellas, etc. En el libro interesará sobre todo el lenguaje/estilo, la estructura, la manera de presentar a los personajes y los conflictos entre ellos, etc.

3. Pasando ahora a su opinión, presente los aspectos positivos y/o negativos de la obra de la manera más objetiva posible. Como ya señalamos varias veces, aquí le servirán las expresiones impersonales (**sería mejor, preferible, es una lástima,** etc.) y las construcciones impersonales de los verbos con **se, uno,** etc.

Conclusión

Ahora ya puede usar un tono más personal para dar su opinión sobre la obra y si la recomienda a sus lectores o no. Siempre hay la posibilidad de modificar su consejo, diciendo algo como: **Si le interesan las películas de acción, ésta es para usted. Sin embargo, no le va a gustar al espectador/lector que tenga horror a la violencia representada gráficamente en el cine/en la literatura.**

Opción B 〰〰〰〰〰〰〰〰

¿Cuál fue, según usted, la invención más importante del siglo XX? Describa sus efectos buenos y malos en la sociedad. Estructure su ensayo en párrafos dedicados a varios aspectos de esta invención, como por ejemplo: el trasfondo histórico, invenciones precursoras, su importancia para la vida diaria, repercusiones que ha tenido o podrá tener en el futuro, el significado que tiene en su vida personal, etc. Ordene estos elementos como le parezca más adecuado para justificar su selección.

Introducción

1. En este caso, quizás la mejor manera de empezar es formular ya su invención más importante. Si vamos directamente al grano, el/la lector/a puede tener una idea clara de lo que se va a exponer.

2. Dé un poco del trasfondo histórico con detalles que sean relevantes para justificar su selección.

3. No se olvide de hacer una transición que ayude a conectar con el cuerpo de su ensayo.

Desarrollo

1. Explique en qué consiste el descubrimiento que seleccionó. Recuerde que es importante imaginarse a su lector/a y determinar cuánto sabe sobre este tema. De acuerdo con esto, deberá escoger los detalles descriptivos necesarios para que el/la lector/a entienda bien de lo que se trata.

2. Enumere los usos posibles del invento y los campos en los que ha contribuido de manera significativa (economía, medicina, comunicación, etc.).

3. Hable de las repercusiones globales del hallazgo en términos de comercio, problemas socio-económicos, educación, curas medicinales, etc.

4. Compare su invención con otras importantes del siglo XX y justifique por qué escogió la suya de entre otras importantes también.

Conclusión

1. Resuma en pocas palabras lo más importante del desarrollo.

2. Hable de los usos y beneficios futuros de su invención.

Opción C

Describa un viaje en una máquina del tiempo hacia el futuro o hacia el pasado. Dependiendo de la dirección que ha escogido, tendrá que hablar de lo que se verá o se vio y lo que se experimentará o se experimentó. Recuerde que cada objeto o lugar de este período necesitará una identificación o caracterización. Para éstas sirven muy bien las aposiciones. Ejemplo: **Atenas, en su tiempo una ciudad estado, era la urbe más importante de la antigua Grecia**.

Decida si quiere contar este viaje en primera o en tercera persona. Si hay un solo personaje, tal vez la primera sea más indicada. En este caso se puede utilizar recursos típicos del monólogo interior (**¿Qué será esto?**, **¡Qué maravilla!**, **¿Debo o no acercarme a esa criatura de seis brazos?**, etc.)

Trate de darle a su cuento un propósito y quizás utilice también un *leitmotiv* (entendido como un tema que se repite, una idea que estructura y organiza una obra) junto a otros recursos que creen coherencia. Un ejemplo de propósito sería mostrar cómo un fenómeno actual se puede transformar en algo absurdo a lo largo del tiempo, y un *leitmotiv* podría ser cierto aspecto, olor o sonido encontrado repetidas veces durante el viaje.

Introducción

1. Ambiente su viaje dando indicaciones espaciales y temporales, de personajes y de modo de transporte.

2. Explique los motivos por los cuales esta expedición se realiza.

3. Proyecte el final de la aventura sin revelarlo por completo.

Desarrollo

1. Cuente sus primeras impresiones y las reacciones sorprendidas del/de la/de los viajero/a/s.

2. Desarrolle su cuento. Si hay más de un personaje, no se olvide de incluir diálogo directo, una manera muy efectiva de expresar las emociones y especulaciones de otros individuos.

3. No llene el relato con demasiados detalles para no confundir al/a la lector/a. Recuerde que será necesario describir adecuadamente cada lugar o fenómeno.

4. Dele a su historia un fin creíble y describa los efectos intelectuales y emocionales en los personajes.

Conclusión

Hay varias maneras de terminar un cuento de este tipo. Una es mencionar explícitamente el propósito que guió su relato. Otra es terminar con una frase corta para animar al/a la lector/a para que se imagine consecuencias y repercusiones de este viaje: **Y así XXX volvió de su viaje en el tiempo con una visión del mundo cambiada para siempre.**

Capítulo
9

Cuestiones estilísticas

INTRODUCCIÓN

*F*ederico García Lorca (1899–1936), natural de Granada (España), fue, además de poeta, un artista multifacético, activo tanto en prosa y teatro, como también en las disciplinas de la música y del dibujo. Durante sus años de formación en Madrid perteneció a un grupo de estudiantes compuesto, entre otros, por Luis Buñuel y Salvador Dalí. Después de estallar la Guerra Civil en España, Lorca fue detenido y fusilado en 1936. Gran parte de su obra lírica refleja sus raíces andaluzas, como sucede en el caso de "Canción de jinete". Aquí, la extraordinaria expresividad de los adjetivos calificativos contribuye a la creación del ambiente en el poema. Una parte del presente capítulo está dedicada a este recurso estilístico, de una especial importancia en el género poético.

Córdoba.
Lejana y sola.

Jaca negra, luna grande,   *caballo pequeño o hembra de caballo*
y **aceitunas** en mi **alforja.**   *olivas; bolsa que lleva el caballo*
5   Aunque sepa los caminos
yo nunca llegaré a Córdoba.

Por el **llano,** por el viento,   *superficie geográfica plana*
jaca negra, luna roja.
La muerte me está mirando
10   desde las torres de Córdoba.

¡Ay qué camino tan largo!
¡Ay mi jaca valerosa!
¡Ay que la muerte me espera,
antes de llegar a Córdoba!

15   Córdoba.
Lejana y sola.

Discusión sobre el texto ••••••••••••••••••••••••

Hagan una lista de los adjetivos utilizados en este poema. ¿Qué función tienen?
¿Cómo contribuyen al tono y al clima emocional? Describan sus características rítmi-
cas y las emociones que tratan de despertar en el el/la lector/a.

Escriba aquí sus ideas antes de hablar con sus compañeros/as:

_____

_____

_____

_____

1. PRELIMINARES

En los dos capítulos anteriores ya empezamos a estudiar algunas técnicas para mejorar el estilo escrito en español: la estructuración del párrafo y algunos recursos formales para evitar la redundancia. Ahora nos dedicaremos a asuntos relacionados con
la semántica, como el uso beneficioso de diccionarios, los equivalentes en español
del gerundio inglés, la selección de adjetivos y el uso de sinónimos. Para ello creemos
imprescindible tener a la disposición un diccionario monolingüe de la lengua
española.

Discusión 1 ••

¿Por qué puede ser útil saber la etimología (origen) de una palabra? Piensen en el ejemplo **filosofía**, que viene del griego *filos* = **amante** y *sofia* = **sabiduría**. Otros ejemplos interesantes son: **democracia**, **ironía**, **lírico**. Piensen también en el origen étnico de ciertas palabras, como, por ejemplo, las que vienen del árabe: **arroz**, **álgebra**, **safari**.

Escriba aquí sus ideas antes de hablar con sus compañeros/as:

_____

_____

_____

_____

2. EL USO DEL DICCIONARIO BILINGÜE

¿Qué información provee un buen diccionario? Da el significado y la pronunciación de una palabra, su categoría gramatical (sustantivo, verbo transitivo o intransitivo, adjetivo, adverbio, etc.), tal vez la etimología, variaciones dialectales (en Argentina, **falda** se dice **pollera**), el uso de la palabra en determinadas expresiones (bajo la palabra **pata** puede mencionar **meter la pata**), ejemplos de citas en las que aparece la palabra, sinónimos (palabras con significado igual o casi igual) y antónimos (palabras con significado opuesto). En el caso del diccionario bilingüe todo esto puede aparecer junto a la traducción correspondiente.

El diccionario bilingüe puede ser **peligroso** para el estudiante extranjero. Sin duda han oído el famoso ejemplo: ***Yo lata mosca** para decir *I can fly* o ***Soy un ventilador** para *I am a fan*. Si buscamos por ejemplo la palabra inglesa *head*, encontramos en la edición no abreviada del *Oxford Spanish Dictionary* dos páginas enteras de traducciones y expresiones que la contienen. Por eso, a la hora de buscar un término, el primer aspecto que hay que tener muy claro es qué tipo de palabra se está buscando y su papel dentro de la cláusula: ¿se busca un sustantivo?, ¿un verbo?, etc. Y aun así se pueden leer oraciones escritas como la siguiente: **Fuimos a caminar en las montañas y tuvimos un ****aumento** **maravilloso.** Le llevó algún tiempo a la maestra descubrir de dónde el estudiante había sacado la palabra **aumento**: del inglés *hike*, como se usa en la expresión *salary hike*.

Un campo particularmente resbaladizo son los verbos acompañados de preposición. En el capítulo dedicado a ellas vimos algunos de estos verbos en español,[1] pero la dificultad se multiplica si queremos traducir algún verbo con preposición del inglés. Piensen sólo en las múltiples combinaciones posibles con verbos como *get* y *put*. Un diccionario bilingüe que sea completo tendrá todas las posibilidades y sus traducciones.

[1]Véase el Capítulo 6 y también el Apéndice III.

Como ya se ha dicho, para evitar traducciones erróneas hay que prestar atención tanto a la categoría gramatical como al campo semántico de la palabra que se busca. Incluso para asegurarse de que la opción seleccionada es la correcta, a veces es útil buscarla en la dirección opuesta y ver si la información que da esa entrada corresponde a lo que se quiere decir.

Otra utilidad del diccionario bilingüe es evitar el uso de *cognados* falsos. Aunque se oyen a veces algunos de estos errores en hablantes nativos de español que han vivido mucho tiempo en EE.UU., ni **eventualmente** es la traducción correcta de *eventually*, ni **actualmente** es correcto como equivalente de *actually*. En la parte de los ejercicios podrán recapitular algunas de estas palabras problemáticas y si tienen dudas sobre su uso correcto, el diccionario puede aclararles su significado.

Además de los *cognados* falsos también hay que tener mucho cuidado con las **expresiones idiomáticas**, ya que sólo en casos excepcionales se pueden traducir literalmente de un idioma a otro: *it is raining cats and dogs* no es en español **llueve gatos y perros**, sino algo como **llueve a cántaros**. Para buscar secuencias de más de una palabra, un diccionario bilingüe más detallado es muy útil: no sólo sirve para traducir una expresión, sino también para confirmar si algo se dice de la misma manera en los dos idiomas.

Atención: el diccionario bilingüe sólo debe servir de ayuda ocasional para buscar el equivalente español de una palabra desconocida o para comprobar que algún uso específico sea correcto. En ningún caso se debe escribir un texto en inglés y después traducirlo enteramente. La recomendación general es que se deben formular las ideas directamente en español mediante el uso del vocabulario y las estructuras aprendidas. Por eso, debemos conformarnos con el hecho de que nuestra exposición de ideas en español sea lingüísticamente menos sofisticada que en nuestra lengua materna: requerirá un largo proceso de aprendizaje poseer la misma facilidad de expresión que tenemos en nuestro idioma nativo al usar un idioma extranjero. Sin embargo, un estilo sencillo y directo no necesita ser monótono o aburrido, incluso puede ser más sugestivo y convincente que un estilo complicado.

Discusión 2 ••

De estudios lingüísticos que se han efectuado con personas de descendencia mexicana de segunda o tercera generación (hijos o nietos de inmigrantes mexicanos) se ha concluido que existen actitudes muy distintas hacia la gramática y el vocabulario del español: se conserva la corrección, o sea, no se pierden particularidades gramaticales como indicativo/subjuntivo, ser/estar, imperfecto/pretérito; sin embargo, el vocabulario sufre mucha influencia del inglés creando *cognados* falsos: **aplicar** ≠ *apply*; **eventualmente** ≠ *eventually*; **actualmente** ≠ *actually*; **realizar** ≠ *realize*; **regular** ≠ *regular*. Discutan y especulen sobre la diferencia entre estas actitudes y por qué el vocabulario es más susceptible a la influencia del inglés que la gramática.

Escriba aquí sus ideas antes de hablar con sus compañeros/as:

_____

_____

_____

_____

3. EL USO DEL DICCIONARIO MONOLINGÜE

El diccionario monolingüe sirve para verificar definiciones, para asegurarse de que una palabra existe en cierto contexto o expresión, y también para buscar sinónimos y antónimos.

Si la persona que escribió **tuvimos un *aumento maravilloso** hubiera buscado **aumento** en un diccionario monolingüe se habría dado cuenta de que la palabra no sirve para este contexto.

Con esta herramienta, también se puede averiguar el significado exacto de algún *cognado* y ver si se traduce sin problemas al español. Además, las expresiones idiomáticas mal traducidas se pueden evitar usando un diccionario monolingüe. Así, no ocurriría lo que se vio en una composición de una estudiante que insistía en hablar de su **significativo otro** (*significant other*).

El uso de sinónimos ayuda a evitar la monotonía de estilo. Claro, para muchos conceptos hay sólo una palabra, como, por ejemplo, para **democracia**, pero en otros casos, como en el de **bello**, encontramos una o más variantes: **lindo, guapo, hermoso, bonito,** y también **bueno, excelente, noble.** No obstante, hay que tener cuidado con términos que tienen más de un matiz de significado porque, por ejemplo, **bello** se puede utilizar como cualidad física y también como característica que agrada a nivel intelectual, moral o emocional: **Una bella flor, un bello gesto** (*a beautiful flower, a noble gesture*). De todas formas, incluso en casos en que no existe un sinónimo ya hemos aprendido que la pronominalización y las conjunciones ayudan a evitar las repeticiones.

La mención de antónimos en un diccionario monolingüe sirve para dar la información sobre lo contrario de algo, pero también para precisar el significado original. Así, el diccionario que consultamos para estos ejemplos da dos antónimos para **bello**: 1. feo y 2. mezquino, innoble.

Discusión 3 ••••••••••••••••••••••••••••••••••••••

Imagínense que tienen que preparar una edición bilingüe de las obras de un poeta de habla hispana, como, por ejemplo, Federico García Lorca. Discutan las posibilidades y decidan si les parece mejor una traducción literal de los poemas (en la que seguramente se pierde la calidad poética original), o si es preferible tratar de hacerlo de manera menos literal, aunque más poética.

Escriba aquí sus ideas antes de hablar con sus compañeros/as:

_____

_____

_____

_____

4. FORMAS ESPAÑOLAS CORRESPONDIENTES AL GERUNDIO INGLÉS

Una de las formas del inglés que más problemas causa a los angloparlantes es el gerundio, o sea, la equivalencia en español de las palabras terminadas en *–ing*. Como vamos a ver en algunos casos, existe una correspondencia con el gerundio español, mientras en otros se usan otras opciones diferentes.

1. **–ing = –ndo**

En español el gerundio tiene una función análoga a la del adverbio, es decir, describe el modo o la manera en la que se realiza la acción del verbo. Ya previamente hemos estudiado las formas progresivas.[1]

> Estoy **trabajando**. Iba **cantando**. Seguía **hablando**.

El gerundio especifica cómo **estaba** o **seguía** el sujeto. Esta forma también puede aparecer en construcciones elípticas:

> Acabo de ver a una niña (que estaba) **pidiendo** limosna.

Al hablar de las diferentes maneras de evitar la redundancia, mencionamos el uso del gerundio como núcleo de una construcción que permite escribir enunciados más concisos y expresar diferentes tipos de relaciones.[2]

1. Relación temporal:

> **Saliendo** de casa me di cuenta de que había olvidado las llaves.
>   (= Cuando salí de casa...)

2. Relación modal:

> Pasé todo el santo día **esperando** que me llamaras.

3. Relación condicional:

> **Vendiendo** esta casa (= si vendemos esta casa) podremos comprar otra.

4. Relación concesiva:

> Aun **estudiando** toda la noche, no conseguiré aprenderlo todo.
>   (=Aunque estudie...)

5. Relación causal:

> **Siendo** una persona tacaña, se negó a prestarme dinero.
>   (= Porque es una persona tacaña...)

---

[1]Véase el Capítulo 1.
[2]Véase el Capítulo 8.

6. Relación coordinante:

> Ella es muy elegante, **llevando** siempre vestidos muy caros.
> (= Ella es muy elegante; lleva siempre vestido muy caros.)

El gerundio también aparece en ciertas expresiones fijas:

> **Pensándolo** bien, no tengo por qué pedirle disculpas.
> **Volviendo** a lo de tu trabajo, ¿cuándo te vas de vacaciones?
> **Considerando** que la situación no tiene remedio, tenemos que encontrar otra solución.
> **Suponiendo** que no hay lugar en el avión de hoy, ¿cuándo quieres que venga?

2. –ing ≠ –ndo

En inglés, el gerundio puede ser usado como adjetivo, pero en español se hace con formas terminadas en –ante, –ente, –iente, –ado/a, –ido/a, –dor/a, –oso/a:

> *An interesting book* — un libro **interesante**
> *A growing concern* — una preocupación **creciente**
> *The existing laws* — las leyes **existentes**
> *An entertaining movie* — una película **entretenida**
> *An illuminating thought* — un pensamiento **esclarecedor**
> *An embarrasing situation* — una situación **embarazosa**
> *It is shocking* — es **escandaloso**
> Excepción: *boiling water* — agua **hirviendo**
> (En este caso también se usa el gerundio en español)

En algunos casos se traducen las formas terminadas en –*ing* por sustantivos en español:

> *feeling* — sentimiento
> *meaning* — significado
> *building* — edificio
> *lightning* — rayo
> *warning* — advertencia
> *painting* — pintura
> *recycling* — reciclaje o reciclado
> wedding — boda

Hay varios usos del gerundio inglés que corresponden al infinitivo en español.

1. La forma verbal del infinitivo nominalizada, o sea, utilizada como un sustantivo:

> *Smoking is not permitted* — No se permite **fumar**.
> *Seeing is believing* — **Ver** es **creer**.
> *Knowing foreign languages is useful* — (El) **saber** idiomas extranjeros es útil.

En algunos casos, como en el tercer ejemplo, el uso del artículo definido es opcional.

Hay casos en que el gerundio inglés puede ser traducido también por un sustantivo en español:

> *Working with children is her life* — El **trabajo** (=trabajar) con los niños es su vida.

2. Después de verbos como **escuchar**, **oír**, **ver**, **observar**, etc. también se puede usar el infinitivo:

> *I heard him singing in the shower* — Lo oí **cantar** en la ducha.

Estos verbos de percepción pueden aparecer también con el gerundio:[1]

> Lo oí **cantando** en la ducha.

3. Ya hemos dicho que después de preposiciones se utiliza siempre el infinitivo en español:[2]

> *After eating* — después de **comer**
> *Without knowing* — sin **saber**
> *In spite of being poor* — a pesar de **ser** pobre

Atención a casos como:

> *Washing machine* — lavadora
> *Human being* — ser humano
> *Cutting board* — tabla para cortar
> *Eating place* — sitio para comer
> *Sleeping bag* — saco de dormir

Una manera de resumir la correspondencia entre el gerundio inglés y el infinitivo español es decir que ambas formas pueden funcionar como un sustantivo:

1. Sujeto:

> ***Working*** *too hard is bad for your health* — **Trabajar** demasiado es malo para la salud.
> ***Exercising*** *is an essential condition for enjoying good health* —
> **Hacer ejercicio físico** constituye una condición esencial para disfrutar de buena salud.

2. Complemento del verbo **ser**:

> *Freedom is* ***owning*** *as little as possible* — La libertad es **poseer** lo menos posible.

---

[1]Véase el Capítulo 1.
[2]Véase el Capítulo 6.

The worst you can do at this moment is **neglecting** *your health* —
Lo peor que puedes hacer en este momento es **descuidar** tu salud.

3. Objeto directo:

I prefer not **going** *out tonight* — Prefiero no **salir** esta noche.
He hates **explaining** his own decisions — Odia **explicar** sus propias decisiones.

4. Objeto de una preposición:

He left without **saying** *a word* — Se fue sin **decir** ni una palabra.
Before **leaving the house, I packed my bags** — Antes de **salir** de casa hice mis maletas.

En todos estos casos el uso del gerundio en español es imposible.

Discusión 4 ••

La explicación anterior nos da una variedad de formas en español que se corresponden al gerundio en inglés. ¿Qué características generales de los dos idiomas se reflejan en este fenómeno? Piensen también en otros ejemplos como: dos tiempos de pasado (pretérito e imperfecto) en español, uno en inglés; el sistema de modos verbales en español mucho más complejo que el del inglés; dos géneros del sustantivo en español y solamente uno en inglés.

Escriba aquí sus ideas antes de hablar con sus compañeros/as:

_____

_____

_____

_____

5. EL USO DE LOS ADJETIVOS

Los adjetivos en español pueden estar antes o después del sustantivo que modifican. La regla básica es: los cuantificadores están antes del sustantivo y los calificativos después:

Tengo **dos** hijos.
El coche **azul** es mío.

Esta regla rudimentaria tiene que ser complementada por otra con respecto a los adjetivos calificativos. Para ello conviene recordar la distinción entre las cláusulas relativas especificativas y las explicativas.[1] Las especificativas son necesarias para identificar y especificar la entidad que describen; pero las explicativas no tienen ese papel, sino que sólo añaden información sobre una entidad ya de por sí especificada:

> El vino **que es blanco** sirve para acompañar el pescado. (especificativa)
> Esta rosa, **que es muy bella**, expresa mis sentimientos por ti. (explicativa)

Siendo las cláusulas relativas al mismo tiempo cláusulas adjetivales, es lógico que algo semejante se pueda aplicar a los adjetivos. Así, resulta que hay dos tipos: los especificativos y los explicativos, usualmente también denominados contrastivos (colocados después del sustantivo) y no contrastivos (colocados antes o después) respectivamente. Los contrastivos definen su entidad en contraste a otras. Así, tenemos que colocar el adjetivo **blanco** después de **vino** para distinguir o contrastar entre el vino blanco y los otros tipos de vino, tinto, *rosé*, etc.:

> El vino **blanco** acompaña el pescado, el vino **tinto**, la carne.

La colocación de los adjetivos no contrastivos es muchas veces una cuestión de estilo. Así, podríamos decir lo siguiente:

> Esta **bella** rosa expresa mis sentimientos por ti.
> Esta rosa **bella** (o tan bella) expresa mis sentimientos por ti.

Los siguientes ejemplos muestran claramente la diferencia de significado debida a la posición del adjetivo:

> El **famoso** escritor recibió un premio literario.
> El escritor **famoso** recibió un premio literario, el que no era famoso, no.

En el primero sólo se habla de un escritor, quien es famoso, y en el segundo se distingue y se contrasta entre el escritor famoso y el que no lo es.

> Mi **antiguo** coche está descompuesto.
> Mi coche **antiguo** está descompuesto.

En la primera frase sólo hablo de mi coche, el que es antiguo o que ya no poseo; mientras en la segunda hablo de mi coche que es antiguo, es decir, que puede ser que yo tenga más de un coche y que quiera identificarlo en contraste a otro que no es antiguo.

Debido al diferente espacio que pueden ocupar, algunos adjetivos presentan leves matices de significado según su posición con respecto al sustantivo:

---

[1]Véase la parte 2 del Capítulo 8.

	Antes del sustantivo	Después del sustantivo
grande	*(gran) great*	*big*
antiguo	*former*	*ancient*
cierto	*certain*	*sure*
mismo	*same*	*him (her, my, etc.)self*
nuevo	*new (different)*	*new (brand new)*
viejo	*old (of long standing)*	*old (in age)*
pobre	*unfortunate*	*poor*
alto	*high-ranking*	*tall*
puro	*whole*	*pure, clean*
raro	*rare*	*strange*
simple	*only*	*simple*
solo	*single*	*alone*
triste	*pitiful*	*sad*
varios	*several*	*varied*
único	*only*	*unique*
verdadero	*real (= big, important, etc.)*	*real, genuine*
caro	*dear (literary use)*	*expensive*

Ghandi fue un **gran** hombre.

Esta casa **grande** parece un palacio.

Mi **antiguo** jefe ganaba diez veces más que yo.

La mesa **antigua** que compré ayer es del siglo XVII.

Este chico tiene **cierto** encanto, ¿no te parece?

Solamente expresa sus opiniones **ciertas**.

No digas nada, pero éste es el **mismo** examen del año pasado.

El profesor **mismo** me dijo que no teníamos que venir mañana.

El coche **nuevo** de Juan es una maravilla, es modernísimo.

Mi **nuevo** coche lo compré de segunda mano.

Ese hombre **viejo** que ves allá es mi abuelo.

¿Cómo te va, **viejo** amigo? ¿Ya te graduaste de la secundaria?

Ayer fui a llevar unas ropas a esa familia **pobre** que vive cerca.

¡**Pobre** Rafael! Ayer se le murió su abuela.

Las personas **altas** tienen problemas con los asientos en los aviones.

Mi amigo Juan se graduó hace poco y ahora ya es un **alto** funcionario del gobierno.

Puedes estar segura, esta bebida **pura** no te va a hacer daño.

Puedes creerme, ésta es la **pura** verdad.

A veces mi amiga Juana tiene reacciones **raras**.

Raras veces la veo sin su perro.

Es un vestido **simple**, pero muy elegante.

Una **simple** llamada sería suficiente para resolver el asunto.

Un café **solo**, por favor.

Un **solo** instante y ya bajaré.

Pasé un domingo **triste**, sin ver a nadie.

Con esa cara que tienes pareces una **triste** figura.

Hoy aprendimos métodos **varios** para construir una frase en español.

Ya te he dicho **varias** veces que no me interesa ver esa película.

Este libro es un ejemplar **único**. Lo encontré en París.

La **única** vez que Juan me habló fue cuando necesitaba mi ayuda.

Aquel collar es de oro **verdadero**.

Es un **verdadero** milagro que tu mamá te haya dado permiso para salir conmigo.

Ella llevaba un vestido **caro**, y sin embargo, no me gustó.

Mi **caro** amigo, espero que le haya ido bien la entrevista de trabajo. (uso poco frecuente en el lenguaje cotidiano)

Discusión 5 ••

¿Cómo se relacionan los distintos significados de los adjetivos en la lista precedente con la distinción entre la descripción contrastiva y la no contrastiva? ¿Qué tienen en común los adjetivos de cada columna?

Escriba aquí sus ideas antes de hablar con sus compañeros/as:

_____

_____

_____

_____

6. NOTAS ADICIONALES

Factores extratextuales; registros; diferentes estilos

Todas las recomendaciones hechas en este capítulo deben obedecer a las reglas generales de estilo. Para eso hay que tener en cuenta ante todo varios factores extratextuales: ¿es un texto escrito o un discurso hablado? ¿Quiénes son mis lectores u oyentes? ¿Cuánto ya saben del tema? ¿Entienden o no los términos técnicos que quiero utilizar? ¿Qué tipo de texto voy a escribir: una composición, un artículo de periódico, un libro, una carta, etc.? ¿Voy a presentar mi discurso en un ambiente más formal o menos formal: en una clase, en mi lugar de trabajo, en una cena de amigos, etc.? ¿Cuántas palabras me permiten escribir o cuánto tiempo tengo a mi disposición?

En seguida hay que escoger el registro apropiado para el tema y la forma en cuestión. Una descripción de un paisaje romántico podrá contener muchos adjetivos para

describir la belleza natural del lugar, mientras una descripción técnica de un aparato de cocina se limitará al uso de adjetivos que definan con precisión su utilidad. Un poema tendrá una estructura sintáctica muy distinta a la de un cuento. El estilo más difícil de conseguir es el estilo literario, porque en general se le exige, además de su calidad superior, cierta originalidad.

Se oye muchas veces decir que el estilo **anglosajón** es mucho menos **florido** que el de los idiomas latinos. Como todas las generalizaciones, ésta es peligrosa porque describe un estereotipo muy vago, ya que uno puede encontrar textos de estilo **florido** en cualquier lengua. Los factores mencionados más adelante pueden servir para definir el estilo apropiado para lo que se quiere escribir o decir en determinadas circunstancias.

Discusión 6 ••

Definan el estilo **florido** y determinen cuáles son los elementos estilísticos concretos que lo caracterizan. ¿Por qué creen ustedes que se atribuye este tipo de estilo a las personas de habla española (entre otras)? ¿Puede ser que los no hispanos relacionen este estilo con lo que perciben ser el carácter **hispánico**? Si llamamos **florido** al estilo de los idiomas latinos, ¿con qué adjetivos se podría describir el estilo anglosajón (inglés, alemán, etc.)?

Escriba aquí sus ideas antes de hablar con sus compañeros/as:

_____

_____

_____

_____

🧑 *Ejercicios individuales*

1. Coloque los adjetivos en su forma correcta en el lugar apropiado y explique su selección:

   1. La (segundo) _____ prueba _____ fue muy fácil.

   2. La (viejo) _____ señora _____ que viste ayer en mi casa es mi abuela.

   3. El (famoso, español) _____ actor _____ Antonio Banderas ya ha actuado en muchas películas norteamericanas.

   4. Mi (querido) _____ Papá _____, espero que te encuentres bien.

   5. Por favor, déme (medio) _____ libra _____ de café.

   6. Juan no es mi (único) _____ hijo _____, tengo dos más.

   7. Que no vas a aprobar esta clase es una (cierto) _____ cosa _____.

   8. ¿(alguno) _____ vez _____ has pensado que tal vez no tengas razón?

9. Esta pulsera es de (verdadero) _____ oro _____.

10. En la (próximo) _____ semana _____ ya sabremos los resultados de los exámenes.

11. ¡ (pobre) _____ Bill Gates _____! Tiene (tanto) _____ dinero _____ que no sabe qué hacer con su fortuna. Lo bueno es que ya ha dado (mucho) _____ dinero _____ para ayudar a la (pobre) _____ gente _____.

2. Sustituya las cláusulas relativas **en negrillas** de las siguientes oraciones por adjetivos que tengan más o menos el mismo significado y colóquelos antes o después del sustantivo. Tenga en cuenta que muchas veces con adjetivos derivados de una palabra contenida en la cláusula relativa, así que el diccionario puede ayudarles:

1. El amor de madre es un amor **que dura**.

   _____

2. Su ex-marido es un hombre **que persigue a muchas mujeres**.

   _____

3. Este collar, **que tiene mucho valor**, es mi joya favorita.

   _____

4. Para tu trabajo sobre la gramática española tienes que utilizar el fichero **que corresponde**.

   _____

5. El día **que vino después** él pudo salir del hospital.

   _____

6. Las palabras **que son de** la misma familia se pueden entender fácilmente.

   _____

7. Cuando vi el sol **que apareció en la madrugada** me di cuenta de que era el día de mi boda.

   _____

8. La gente entró en el cine por la puerta **que se abrió**.

   _____

3. Sustituya el adjetivo **en negrita** con una frase preposicional:

1. ¡Esto sí que me parece ser un coche **verdadero**!

   _____

2. Lo que te dije ayer es **poco importante**.

   _____

3. Dicen que el último libro de mi autor favorito es una obra **muy meritoria**.

   _____

4. El ladrón sólo se llevó objetos **valorados**.

   _____

5. El rey **español** visitó EE.UU. el año pasado.

   _____

6. Cuando escribo en inglés cometo muchos errores **ortográficos**.

   _____

7. Voy a tomar mi bebida **habitual**.

   _____

8. Mis tíos se compraron una casa **muy lujosa**.

   _____

4. En el siguiente párrafo escriba un sinónimo de cada palabra **en negrillas:** 😛

Santiago de Compostela 〰〰〰〰〰〰〰〰

La ciudad de Santiago de Compostela, en España, es un lugar muy (1) **bello**
_____ que atrae a muchos (2) **turistas** _____. Pero su
mayor (3) **fama** _____ se debe al hecho de que ha sido (4) **venerada**
_____ por muchos siglos como (5) **el sitio** _____ donde,
según la religión católica, (6) **están** _____ (7) **los restos mortales**
_____ del Apóstol Santiago el Mayor. (8) **Pero** _____, no
sólo los católicos hacen el peregrinaje del Camino de Santiago; también hay
muchas (9) **personas** _____ que no son católicas y que caminan
(10) **durante** _____ muchos días (11) **por** _____ todo el
país para llegar a Santiago. Si uno les pregunta cuál es (12) **el motivo**
_____ para hacerlo, (13) **contestan** _____ que es una
(14) **experiencia** _____ espiritual para todos, no importa su religión
u (15) **origen** _____. (16) **La verdad es que** _____,
cuando se llega a Santiago, ver esta (17) **preciosa** _____ ciudad es
(18) **recompensa** _____ suficiente para todo el (19) **padecimiento**
_____ del peregrinaje.

5. Palabras problemáticas. Decida cuál es la palabra correcta:

   1. Antonio me **preguntó / pidió** que le hiciera un favor.

   2. Ayer llamó tu amigo José y **preguntó / pidió** por ti.

   3. Parece que no quiere comprar el coche, **pero / sino que** siempre habla de
      que le gustaría tenerlo.

   4. Finalmente no compró el coche, **pero / sino que** alquiló uno.

5. **Sabe / conoce** mucho, pero siempre se hace el ignorante.

6. No **sé / conozco** esa ciudad, pero dicen que es muy hermosa.

7. No sé por qué no **pensé en / pensé de** invitarla, y ahora ella está ofendida conmigo.

8. La primera vez que voté en las elecciones no sabía qué **pensar en / pensar de** todas las promesas hechas por los candidatos.

9. Esta computadora no **trabaja / funciona** muy bien, creo que voy a comprar otra.

10. Los empleados que no **trabajan / funcionan** tienen que ser despedidos.

11. **Pasamos / gastamos** mucho tiempo en aquella tienda y finalmente no compramos nada.

12. Fue tiempo **malgastado / mal pasado**.

13. ¿Ya es **hora / tiempo** de irnos?

14. ¡Finalmente llegaste, ya era **hora / tiempo**!

15. No es **el primer tiempo / la primera vez** que me dice una mentira.

16. En **los primeros tiempos / las primeras veces** yo me imaginaba que éramos felices.

6. **Ejercicio guiado.** Defina en español uno de los posibles significados de cada palabra, comparando cada par o grupo. Use su diccionario solamente si desconoce la diferencia entre ambos términos. Escriba un ejemplo en el que aparezcan los dos, tres o cuatro sentidos en contraste: 😀

Modelo: soportar / apoyar

   Soportar: sufrir

   Apoyar: favorecer

   No puedo **soportar** el hecho de que el gobierno siempre **apoye** los intereses de las grandes corporaciones y no apoye a los ciudadanos.

1. asistir / atender

   _____

   _____

2. crecer / cultivar

   _____

   _____

3. el derecho / la derecha

   _____

   _____

4. el papel / el periódico / el trabajo (escrito)

_____

_____

_____

5. el punto / la punta

_____

_____

6. el cuento / la cuenta

_____

_____

7. moverse / mudarse

_____

_____

8. próximo / siguiente

_____

_____

9. salvar / guardar / ahorrar

_____

_____

10. tratar / tratar de / tratarse de

_____

_____

_____

11. ponerse / hacerse / llegar a ser / convertirse en

_____

_____

_____

12. revisar / repasar / reseñar

_____

_____

_____

13. quedar / quedarse

_____

_____

14. el tópico / el tema / el sujeto

_____

_____

_____

15. el argumento / la discusión

_____

_____

16. jugar / tocar

_____

_____

17. el corte / la corte

_____

_____

18. avisar / aconsejar

_____

_____

19. igual / mismo

_____

_____

20. parecer / parecerse a

_____

_____

7. **Ejercicio guiado.** Escriba dos poemas cortos, uno sobre un animal, el otro sobre una emoción, usando el siguiente modelo:

el tema (sustantivo)
el mismo sustantivo con uno o dos adjetivos
una metáfora del sustantivo
un símil
efecto o acción de ese animal o emoción

Modelo:

El tigre
el veloz tigre silencioso
una flecha en el bosque
corre rápido como un relámpago
aterroriza a su presa hasta la muerte.

_____
_____
_____
_____
_____
_____
_____
_____
_____

8. **Ejercicio guiado.** Los *cognados* falsos. Busque en el diccionario el significado de las siguientes palabras y escriba una oración con cada una que muestre claramente su significado correcto: 😶

1. embarazada	10. casualidad	19. suceso
2. lectura	11. fastidioso	20. sensible
3. actualmente	12. pariente	21. pretender
4. cuestión	13. sentencia	22. oficio
5. éxito	14. librería	23. sano
6. eventualmente	15. simpático	24. largo
7. facultad	16. sujeto	25. realizar
8. colegio	17. introducir	26. letra
9. asistir	18. firma	27. fraternidad

1. _____
2. _____
3. _____
4. _____
5. _____
6. _____
7. _____
8. _____
9. _____
10. _____
11. _____

12. _____

13. _____

14. _____

15. _____

16. _____

17. _____

18. _____

19. _____

20. _____

21. _____

22. _____

23. _____

24. _____

25. _____

26. _____

27. _____

9. **Ejercicio guiado.** Busque en el diccionario la información etimológica de las siguientes palabras y compare el significado original con su significado actual:

1. pudín	7. protocolo	13. hallar
2. amén	8. algodón	14. metáfora
3. alcantarilla	9. carácter	15. sortija
4. enseñar	10. ser	16. sopa
5. teocracia	11. anfitrión	17. sabio
6. moreno	12. cuñado	18. hostia

1. _____

2. _____

3. _____

4. _____

5. _____

6. _____

7. _____

8. _____

9. _____

10. _____
11. _____
12. _____
13. _____
14. _____
15. _____
16. _____
17. _____
18. _____

10. Sustituya las palabras **en negrillas** por otras que tengan un significado más concreto y preciso o para evitar repeticiones de vocabulario:

La ciudad de México 〜〜〜〜〜〜〜〜〜

La Ciudad de México es la (1) **ciudad principal** _____ de México y también la más grande. En esta (2) **ciudad** _____ viven dieciséis millones de (3) **gentes** _____. Es una ciudad (4) **increíble** _____ con muchos (5) **edificios** _____ históricos, aunque conserva relativamente pocos restos de la (6) **vieja** _____ Tenochtitlán, la capital (7) **del tiempo** _____ de los aztecas. La plaza principal, El Zócalo, es (8) **muy grande** _____ y siempre hay muchos (9) **visitantes** _____ (10) **andando en** _____ (11) **la plaza** _____.

Cuando estuve en México pasé (12) **mucho tiempo** _____ en esta ciudad e (13) **hice** _____ (14) **muchas cosas** _____. Por ejemplo, (15) **fui al** _____ Museo de Antropología, un lugar muy (16) **bueno** _____ para conocer la historia de las civilizaciones (17) **de antes de la llegada de Colón** _____. (18) **Entonces,** _____ tuve la oportunidad de ver el (19) **buen** _____ arte de los muralistas mexicanos. Indudablemente, (20) **el arte** _____ que más me impresionó era de Diego Rivera.

(21) **Indudablemente,** _____ también hay (22) **lados** _____ negativos. El aire de la ciudad está muy (23) **sucio** _____ y (24) **la cantidad** _____ de delitos que se (25) **hacen** _____ es muy alta. Ya se (26) **hicieron cosas** _____ para tratar de (27) **hacer mejor** _____ la situación, pero (28) **estas cosas** _____ son muy difíciles de solucionar. Por una

parte, (29) **el número** _____ de los delitos se (30) **ha bajado**

_____ al poner más policías en las calles. Por la otra parte, para

(31) **finalizar** _____ con la contaminación sería necesario (32) **tener**

menos _____ cantidad de coches y autobuses y (33) **hacer**

_____ (34) **andar** _____ a (35) **la gente** _____

en sus (36) **coches** _____ lo menos posible. (37) **La cosa**

_____ es que nadie quiere (38) **hacer un sacrificio** _____

por el beneficio de todos. De las decisiones de (39) **ahora** _____ va a

depender el (40) **después** _____ de esta gran ciudad.

11. **Ejercicio guiado.** ¿Cuál es la palabra base que les da significado a los siguientes ejemplos? ¿Es posible adivinar qué quieren decir aquéllas que usted desconoce? Cuando sea necesario puede utilizar el diccionario.

Modelo: abovedado: bóveda

A	
abrazar:	acalorar:
acariciar:	aclaración:
acondicionar:	acorralar:
acortar:	acostumbrar:
afear:	afortunado:
amansar:	aprecio:
asociar:	

CON	
concentración:	conformar:
conmemoración:	consecuencia:
contacto:	contener:

DE	
decolorar:	degeneración:
demostrar:	

EN	
encabezar:	encadenar:
encajonar:	encrucijada:
endomingarse:	endurecer:
enflaquecer:	enfriar:
engordar:	engrandecer:
enjaular:	enlazar:
enlutar:	enmudecer:
enredar:	enriquecer:
ensanchar:	ensuciar:
entristecer:	envalentonar:
envanecer:	envasar:
envejecer:	envenenar:
enviudar:	

ENTRE	
entrelazar:	entrevista:

MENOS	
menospreciar:	

TRAS	
trasladar:	trasnochar:
trasplantar:	

12. Los siguiente sufijos pueden aparecer unidos a adjetivos o sustantivos para expresar diferentes actitudes que el hablante tiene hacia las palabras que los utilizan:

    Diminutivos: *-ito/a, -illo/a, -ico/a.*

    Aumentativos: *-azo/a, -ón/ona, -ote/a.*

    Despreciativos: *-aco/a, -ejo/a, -ucho/a*

    Escriba tres oraciones con cada grupo de sufijos, imaginándose que usted es Gulliver y que ha visitado el reino de los enanos y le fascinaron (diminutivos)… Más tarde ha visitado el reino de los gigantes y le asombraron (aumentativos)…

Ahora, al regresar al mundo de los humanos, le disgustan (despectivos)… Tendrá que justificar los despectivos.

Modelo: En el reino de los enanos me fascinaron las cas**itas**, porque eran muy bellas; los coche**cillos**, porque parecían de juguete; y los edificios pequeñ**icos** donde vivían como hormigas. En el país de los gigantes, me asombraron las cas**azas** tan grandes como un campo de fútbol; los coch**ones** enormes como camiones; y los edificios gigant**otes** que llegaban hasta las nubes. En el mundo de los humanos, me disgustan sus cas**uchas** porque son todas iguales, los coch**ejos** que consumen demasiada gasolina y los edificios simpl**etes** porque los arquitectos no demuestran ninguna imaginación.

Diminutivos

2. _____

2. _____

3. _____

Aumentativos

1. _____

2. _____

3. _____

Despectivos

1. _____

2. _____

3. _____

13. En las siguientes oraciones hay adjetivos derivados de verbos. Reescriba los ejemplos sustituyéndolos por cláusulas adjetivales y haga los cambios necesarios en la estructura de la cláusula.

Modelo: Hacía un calor asfixiante. → Hacía un calor que asfixiaba.

1. Hacía un calor **sofocante**. En el suelo vimos una moneda tan **brillante** como **resplandeciente**.

_____

_____

2. Este candidato utilizaba siempre ideas **chocantes** y, a veces, **insultantes** en un tono **abrumador**. Los pocos electores **confiados** en sus posibilidades de victoria ya se habían dado cuenta de que sus discursos **furiosos** siempre eran negativos.

_____

_____

3. El partido **gobernante** ha tomado algunas decisiones **desalentadoras** para el **existente** bienestar social. Los artículos de los periódicos no utilizan palabras ni **tranquilizadoras** ni **alentadoras** cuando animan a la población para que proteste contra los **constantes** abusos legislativos.

_____

_____

_____

_____

4. Las personas **hispanohablantes** y las **angloparlantes** deben aprender sus respectivos idiomas. Hay que redescubrir las similitudes **perdidas** entre las dos culturas. Estas son conexiones **reveladoras** porque muestran los prejuicios **representativos** de los dos modos de ver el mundo.

_____

_____

_____

5. En el juicio, el acusado **siguiente** utilizó palabras **conmovedoras**.

_____

😷 *Ejercicios en parejas*

1. Comparen sus selecciones del ejercicio 4 anterior. Decidan cuál de las opciones que han escrito es un sinónimo más perfecto, es decir, hasta qué punto el significado de las dos palabras coincide.

   Escriban aquí sus conclusiones:

   _____

   _____

   _____

   _____

2. Comparen y discutan los resultados del ejercicio 8 anterior. Fíjense también en las diferencias entre los significados de las palabras correspondientes en los dos idiomas. Ejemplo: **embarazada** frente a *embarrassed*.

3. Cada uno/a de ustedes asume la identidad de un/a escritor/a famoso/a. Cada uno/a publica obras de temática diferente. En seguida escriban cinco preguntas para su compañero/a sobre sus costumbres de trabajo: qué lo/la inspira, cuál es su mejor hora del día para escribir, si escribe a mano o en computadora, si corrige mucho lo que ha escrito, si al escribir piensa en sus lectores, si acepta sugerencias de su editor (*publisher*) para cambiar algo, si le importa mucho la fama o el dinero, etc. Entrevístense mutuamente, pidiendo también una justificación bien razonada de sus respuestas y escriban lo que contestó su compañero/a para poder compartirlo con la clase. 😷

Sugerencias de materias: usted puede escoger entre escribir novelas románticas, novelas de horror, poesía, novelas de suspenso, ensayos teóricos, filosofía, tratados científicos, crítica literaria, libros de texto.

 Escriban aquí sus preguntas:

1. ¿————————————————————————————?
2. ¿————————————————————————————?
3. ¿————————————————————————————?
4. ¿————————————————————————————?
5. ¿————————————————————————————?

4. **Ejercicio guiado.** Vuelvan al poema de la introducción y traten de encontrar sinónimos para los adjetivos utilizados.

Escriban aquí sus sinónimos:

_____

_____

_____

_____

5. **Ejercicio guiado.** Vuelvan al poema de Gustavo Adolfo Becquer en la introducción al Capítulo 3 y sitúen las imágenes utilizadas en campos semánticos. Por ejemplo, los alambres de telégrafo pertenecen al campo de la tecnología. Escriban sus conclusiones para compartirlas con la clase.

Escriban aquí sus campos semánticos y sus conclusiones:

_____

_____

_____

_____

6. Escojan una ciudad que conozcan, preferentemente en España o Latinoamérica, y busquen información adicional sobre ella en libros o la Red. Preparen una presentación con el firme propósito de convencer a sus compañeros para que la visiten. Estén listos para contestar preguntas de la clase.

Escriban aquí sus ideas:

_____

_____

_____

_____

7. Escriban la palabra base de la que salen los siguientes sustantivos.

Modelo: realización → realizar; llegada → llegar

resultado		mostrador	
mandamiento ordenamiento		ciudadano cirujano	
calmante		igualdad	
vendedor/a		gerente	
cartera		carpintero	
belleza		cobardía	
realidad		cocido	
apariencia		conocimiento	
socialismo		socialista	
escritor/a		director/a	
bondad		empleado/a	
comprador/a		fundamento	
constancia		gobernante	
corrección		vaguedad	
inteligencia		cocinera	
librería		escasez	
modestia		rendición	
salida		consumidor/a	
oyente		rebelión	
alcoholismo sonambulismo		dentista pianista	
voluntad		prefectura	
comedor		azucarero	

Ahora clasifiquen los sufijos en las siguientes categorías, según lo que han observado anteriormente. Tengan en cuenta que un mismo sufijo puede dar dos significados distintos. ¿Pueden ustedes añadir ejemplos similares a los que se le han ofrecido?:

Sufijos que expresan acción:		

Sufijos que se refieren a personas realizando ciertas acciones:		

Sufijos que expresan el resultado de una acción:		

Sufijos que expresan características:		

Sufijos que expresan lugar:		

Sufijos que expresan otros conceptos: recipiente, remedio, enfermedad, sistema político y aquél que sigue un sistema:		

8. Estos son los sufijos más frecuentes encontrados en la formación de adjetivos:

Sufijos que expresan posibilidad:	
-able – desear – deseable	**-ible** – describir – descriptible

Sufijos que expresan características:	
-áceo – (color de) rosa – rosáceo (otros sufijos relacionados a colores son: azul**ado**, amarill**ento**, roj**izo**, negr**uzco**, etc.)	**-oso** – pereza – perezoso

Sufijos que expresan relación:	
-aco – policía – policiaco	**-al** – semestre – semestral
-áneo – instante – instantáneo	**-ario** – segundo – secundario
-iente – recibir – recipiente	**-ico** – categoría – categórico
-ífico – ciencia – científico	**-ino** – mar – marino
-ivo – relación – relativo	

Sufijos que expresan una relación causativa:	
-ante – penetrar – penetrante	**-ente** – existir – existente

Los sustantivos y adjetivos derivados de nombres de países o regiones son muy variados: español, francés, catalán, polaco, uruguayo, guatemalteco, nicaragüense, chileno, mallorquín, etc.

A continuación les damos una serie de lexemas. Formen adjetivos añadiendo sufijos de la lista precedente:

val-		cardí-	
filosóf-		fenomen-	
poder-		magn-	
preservat-		conceb-	
present-		gris-	
origin-		contempor-	
and- (de los Andes)		facultat-	
desodoriz-		pensat-	
imperi-		recomend-	
pertin-		fam-	
maní-		faraón-	
resplandec-		impercept-	
cautiv-		planet-	
piramid-		racion-	

9. Éstos son los sufijos más frecuentes encontrados en la formación de verbos:

Sufijos que expresan una relación causativa:	
-ificar – intenso – intensificar	**-iguar** – paz – apaciguar (= pacificar)
-itar – capaz – capacitar	**-izar** – real – realizar

Otros sufijos:	
-ear – (acción repetida) – hoja – hojear	**-ecer** – (= ponerse, hacerse) – mañana – amanecer; triste – entristecer(se)

Ahora completen los siguientes lexemas con los sufijos apropiados para formar verbos:

plat-		grat-	
enriqu-		enroj-	
plan-		amort-	
actual-		ejerc-	
parpad-		felic-	
valor-		sacr-	

10. **Ejercicio guiado.** Su instructor/a les va a repartir una serie de prefijos y ustedes anotarán aquí la mayor cantidad de palabras que se les ocurran con ellos:

Escriban aquí sus palabras:

_____

_____

_____

_____

_____

11. Rellenen los espacios en blanco sustituyendo **las negrillas** por palabras formadas con prefijos o sufijos:

Flora. —Pedro, ¿entendiste **lo que explicó** (1) _____ (d)el profesor en la clase sobre los sistemas de **la manera de escribir** (2) _____ de **las primeras personas que habitaron** (3) _____ el Oriente Medio? Si no estoy equivocada, **los que investigan** (4) _____ de estas cosas **están de acuerdo** (5) _____ que se hablaban distintos idiomas en esas regiones. Me pregunto cómo pudieron **escribir en nuestra lengua** (6) _____ lo que encontraron en tablas de barro sin saber hablar esos idiomas…

Pedro. —Tengo que **leer de nuevo** (7) _____ mis apuntes, pero lo que a mí me parece **imposible de creer** (8) _____ es cómo esos **hombres de ciencia** (9) _____ consiguen **adivinar el código de** (10) _____ ese idioma teniendo poco más que algunos fragmentos apenas **posibles de leer** (11) _____. Hay **peritos** (12) _____ que pasan su **vida** (13) _____ dedicándose a este trabajo.

Flora. —Sí, a veces sólo existen **pequeños pedazos** (14) _____ de papiro, y es un **gran monte** (15) _____ de trabajo adivinar lo que falta. **El proceso de leer** (16) _____ de estos documentos **hace justo** (17) _____ el interés **en la arqueología** (18) _____, porque intenta **quitarles el aliento** (19) _____ a los que tienen **opiniones ya formadas de antemano** (20) _____ acerca de **la manera de comportarse** (21) _____ de nuestros **parientes antiguos** (22) _____.

Pedro. —A mí me gustaría un día trabajar en un país de Latinoamérica para estudiar los fenómenos de **los tiempos antiguos** (23) _____ de las culturas indígenas. Me interesa todo **lo que pasó antes de Colón** (24) _____. Creo que este trabajo **importa** (25) _____ para entender la cultura de **los que viven en el mismo tiempo que nosotros** (26) _____.

🗣 *Ejercicios en grupos o para toda la clase*

1. Compartan entre todos los resultados del ejercicio 3 de parejas y extraigan conclusiones generales. Por ejemplo: ¿cuáles son las mejores condiciones de trabajo para un autor?; ¿qué factores han sido mencionados con más frecuencia?; ¿han predominado motivaciones materialistas o razones filosóficas?

2. **Ejercicio guiado.** Compartan y comparen sus definiciones de los ejercicios 6 individual y continúen con las palabras problemáticas que les dará su instructor/a.

3. Cada estudiante lee su poema del ejercicio 7 individual a la clase. Decidan si cada verso se corresponde al modelo. Discutan el propósito, los méritos, los efectos y los problemas de usar metáforas y símiles.

4. Traduzcan las siguientes expresiones al otro idioma. Hagan primero una traducción literal y, en seguida, encuentren el equivalente idiomático:

   1. *Pay the piper.*
   2. *Go fly a kite.*
   3. *Every Tom, Dick and Harry.*
   4. *That's the way the cookie crumbles.*
   5. *With flying colors.*
   6. Rascarse la barriga.
   7. Tomarle el pelo a alguien.

8. Se me fue el santo al cielo.

9. Tener mala pinta.

10. Darle la lata a alguien.

5. **Ejercicio guiado.** Comparen los resultados del ejercicio 4 de parejas y decidan entre todos cuál de los sinónimos encontrados para cada adjetivo es el más próximo al original con respecto al significado y también al poder de sugerencia.

6. **Ejercicio guiado.** Comparen sus resultados del ejercicio 5 de parejas. ¿Qué puede contribuir este ejercicio a la interpretación del poema? ¿Cuáles son las golondrinas que tal vez vuelvan y cuáles no volverán?

7. Compartan todos los ejemplos del ejercicio 10 de parejas. ¿Qué grupo obtuvo más ejemplos válidos?

8. Compartan las soluciones del ejercicio 11 de parejas. ¿Es posible más de una solución?

9. **Ejercicio guiado.** Hagan un debate sobre las dos siguientes definiciones de la retórica. ¿Cuál de las dos les parece más acertada?:

> **Arte de saber expresarse correcta y elegantemente mediante la palabra, con la finalidad de convencer, conmover, agradar o entretener a los oyentes.**
> (*Diccionario Esencial Santillana de la Lengua Española*)

> **No es la misión de la retórica persuadir, sino ver los medios de persuadir que hay para cada cosa particular… La retórica es la facultad de considerar en cada caso lo que cabe para persuadir.** (Aristóteles)

Composición

1. Preliminares: reaccione por escrito a las siguientes afirmaciones desde su propio punto de vista.

   1. Los escritores sólo escriben bien cuando el tema que tratan les interesa.

   2. Las buenas ideas se defienden solas.

   3. El tono no debe ser un factor en la escritura.

   4. Es mejor escribir oraciones simples y correctas que oraciones complejas con problemas gramaticales.

2. En este capítulo se enfatizan los aspectos semánticos, retóricos y pragmáticos que se deben tener en cuenta al escribir o hablar. Intente aplicarlos al redactar una de las siguientes composiciones.

   Herramientas: repase las guías para el uso del diccionario bilingüe y del monolingüe. Es muy importante no sólo saber encontrar la palabra o frase que exprese exactamente lo que queremos decir, sino también saber escoger entre los sinónimos dados en el diccionario para variar el vocabulario. Para un trabajo escrito es siempre mejor consultar diccionarios más detallados, los que contendrán suficientes ejemplos de usos que ilustren claramente su significado. Si tiene duda acerca de algún vocablo, utilice un sinónimo con cuyo uso ya esté familiarizado/a. Por supuesto, la correspondencia entre un vocablo inglés y su equivalente en español, o entre dos sinónimos, muchas veces no es 100% exacta. Hay que buscar la mejor aproximación posible. Repase también el uso de los adjetivos y de las formas correspondientes al gerundio inglés. Sobre todo en las opciones A y B podrá utilizar adjetivos con mayor libertad.

Estrategias: uno de los propósitos de los temas ofrecidos es ayudarles a perfeccionar la selección y ejecución del registro adecuado para cada uno. La escala va del poético, pasando por el narrativo, hasta el expositivo. Mientras que en un poema pueden aparecer adjetivos descriptivos en abundancia, metáforas, una sintaxis a veces muy **marcada**, es decir que no sigue el orden de palabras esperado,[1] en la narrativa uno se debe concentrar en la acción y, por lo tanto, en la expresividad de los verbos. El registro periodístico se caracteriza tanto por la concisión como por la claridad y por lo tanto se debe prescindir por completo del **estilo florido**. Una carta personal pertenece al registro coloquial e informal y, como solamente suele haber un destinatario, el vocabulario y la expresión no suelen estar tan cuidados. Por último, la exposición necesita un estilo objetivo, claro y lógicamente bien formulado, en el que aparezcan los elementos de transición (adverbios y conjunciones), discutidos en el capítulo anterior.

Así, antes de escoger una de las siguientes sugerencias, trate de tener una idea muy concreta del registro que pide cada una —o de los dos de la opción D— y de sentirse seguro/a en el estilo seleccionado.

Opción A

Tema libre: escriba un poema sobre un tema que puede ser expresado adecuadamente en el estilo poético.

1. Antes de empezar a escribir piense en una emoción que usted quiere transmitir: amor, tristeza, felicidad, pérdida, deseo, esperanza, etc.

2. Haga una lista de palabras (verbos, nombres, adjetivos) que pueden expresar la emoción que usted quiere transmitir a su lector.

3. Piense en símbolos, metáforas y comparaciones que pueden ayudar a transmitir su sensación. La poesía tradicional se ha servido de la naturaleza para esto, pero quizá usted prefiera utilizar un vocabulario más tecnológico o más moderno.

4. La poesía se basa, tradicionalmente, en una estructura de versos, pero también existen poemas en prosa. Decida si va a utilizar versos o no.

5. Una de las características fundamentales de la poesía es el ritmo. Repase los poemas que aparecen en este libro para inspirarse si lo necesita. Piense también en el tipo de ritmo más adecuado para expresar su emoción y si va a usar versos regulares o va a alternar versos largos con otros cortos. Los cortos ofrecen una lectura más rápida y los largos ofrecen una más calmada.

---

[1]Véase el apartado 4 del Capítulo 7.

6. El ritmo se puede crear a través de repeticiones de palabras al principio de cada verso o secuencia sintáctica. También usted puede optar por crear estructuras sintácticas paralelas que solamente cambian pequeños elementos.

7. La poesía tradicional en español también se basa en la rima. Quizás usted quiere usar este recurso poético. Existen tres tipos de rima relacionados con la palabra que termina el verso:

   a. Rima consonante: después de la vocal de énfasis coinciden las vocales y las consonantes. Esta rima es la más difícil de conseguir y, por lo tanto, es la más artificial. Es la más utilizada por la poesía culta.

   > cami**ón** rima con le**ón**, con raz**ón** y con expresi**ón**
   > pu**erta** rima con al**erta**, con ci**erta** y con exp**erta**
   > vent**ana** rima con anci**ana**, con mañ**ana** y con **Ana**

   En los siguientes versos de "A Colón", poema escrito por Ruben Darío, existe rima consonante entre **América** e **histérica** y entre **cálida** y **pálida**:

   > ¡Desgraciado Almirante! Tu pobre Am**érica**,
   >
   > tu india virgen y hermosa de sangre c**álida**,
   >
   > la perla de tus sueños, es una hist**érica**
   >
   > de convulsivos nervios y frente p**álida**.

   b. Rima asonante: después de la vocal de énfasis solamente coinciden los sonidos vocálicos. Esta rima es más fácil de conseguir y, por lo tanto, es menos artificial que la anterior. Es la más utilizada por la poesía popular.

   > s**i**ll**a** rima con l**i**br**a**, con r**i**m**a** y con pr**i**s**a**
   > carret**e**r**a** rima con pel**e**a, con c**e**rc**a** y con v**e**l**a**
   > am**o**r rima con pasi**ó**n, con volvi**ó** y con rel**o**j

   Los versos 1, 3 y 4 de "Frente al mar", poema escrito por Octavio Paz, riman en asonante:

   > ¿La ola no tiene f**o**rm**a**?
   >
   > En un instante se esculpe
   >
   > y en otro se desm**o**r**o**n**a**
   >
   > en la que emerge, red**o**nd**a**.

   c. Sin rima: el sonido vocálico que lleva énfasis en la pronunciación no se repite.

   > cu**a**dro no rima con r**e**to ni con p**i**co
   > escrit**u**ra no rima con ah**o**ra ni con esp**e**ra
   > m**a**no no rima con m**e**nos ni con m**o**no

Los siguientes versos de "Ah, que tú escapes", de José Lezama, no tienen ningún tipo de rima:

> Ah, que tú escapes en el instante
>
> en el que ya habías alcanzado tu definición mejor.
>
> Ah, mi amiga, que tú no querías creer
>
> las preguntas de esa estrella recién cortada,
>
> que va mojando sus puntas en otra estrella enemiga.

Opción B

Escriba un cuento original. Se recomienda incluir algún diálogo directo entre los personajes para hacer el cuento más animado. Repase los adjetivos que cambian de significado según su posición antes o después del sustantivo y utilícelos en sus descripciones y diálogos. Puede también buscar información sobre el género narrativo en la parte de composiciones de los Capítulos 1, 3 y 8. Recuerde las decisiones que hay que tomar de antemano una vez que haya inventado su historia: ¿primera persona o tercera persona con un narrador omnisciente, o tal vez tercera persona con el punto de vista de uno de los personajes? ¿Cuál es su propósito al contar esta historia: entretener, informar, educar al/a la lector/a, hacerlo/la pensar? El tiempo verbal también puede variar: lo tradicional es contar una historia en el pasado, pero se encuentra a veces el presente, e incluso el futuro, como tiempo de base.

Introducción

1. Cree un escenario para la acción del cuento. En esta y otras partes descriptivas puede aparecer un estilo lírico, poético, dependiendo de la historia que va a contar.

2. Otra posibilidad es entrar directamente a la acción y describir el escenario, los personajes, el marco temporal, etc. a lo largo del relato. Todo depende del tipo de historia que haya inventado.

Desarrollo

1. Pase ahora al conflicto central y cuente la historia de manera que el/la lector/a se interese por lo que pasa y sienta el deseo de saber cómo termina todo. Hay muchas maneras de crear suspenso, y todo depende del contenido del cuento.

2. Formalmente puede ser efectivo entremezclar acción y descripción. Las partes descriptivas detendrán un poco la acción y despertarán la curiosidad en cuanto a lo que va a pasar después.

3. Otra estrategia puede ser entremezclar el relato con diálogo transcrito. Éste también interrumpe la acción y, al mismo tiempo, deja entrever más de cerca las emociones y los pensamientos de los personajes.

Conclusión

1. El desenlace de un cuento suele ser muchas veces una sorpresa. Hay varias posibilidades de terminar una historia: simplemente relatando el final de la acción; añadir alguna idea sobre el futuro visto a partir del momento de la acción (**y vivieron felices para siempre**); o tal vez formular una moraleja, como acontece, por ejemplo, en las fábulas.

2. Quizás usted prefiera dejar su final colgando para que el lector extraiga consecuencias o para prolongar el relato en su imaginación. Piense, por ejemplo, en las películas de horror, que siempre preparan una sorpresa para el espectador justo al final.

Opción C

Regrese a sus notas del ejercicio 3 de parejas. Basándose tanto en sus respuestas como en las de su compañero/a, describa las motivaciones, la misión de un escritor y cómo el contenido de su obra afecta sus hábitos de trabajo. Si necesita más ideas puede repasar en los capítulos anteriores las afirmaciones preliminares que se encuentran al inicio de cada sección de composición. Ordénelas, primero en grupos generales: contenido, motivaciones, misión, hábitos de trabajo. Después haga subgrupos de temas relacionados, por ejemplo: motivaciones personales, preocupaciones sociales, notoriedad, motivaciones financieras, etc. Escoja una progresión lógica de los subtemas.

De nuevo hay que decidir si quiere escribir su ensayo en primera persona, es decir usted mismo/a es el/la escritora, o en tercera. La primera modalidad permite una exposición que incluya aspectos emocionales, personales, íntimos, mientras la segunda resultará más objetiva y generalizada.

Introducción

1. Presente al/a la escritor/a, dando alguna información personal que le parezca relevante para este tema; esboce tanto el género de escritura que practica como los temas y contenidos más frecuentemente encontrados en su obra. Por ejemplo: escribe romances, historias de horror, relatos policiacos, poemas, es periodista, etc.

2. Para completar la presentación del/de la escritor/a imaginario/a añada datos sobre cuánto ya ha escrito, la edad a la que empezó a escribir, lo que ha publicado y si ha tenido éxito o no, etc.

Desarrollo

1. Describa los hábitos de trabajo de su autor/a: cuántas horas por día trabaja, qué parte del día prefiere para escribir, si escribe en computadora o a mano, si necesita algún estimulante, como, por ejemplo, algún tipo específico de música o ciertas condiciones de luz, etc.

2. Hable de las motivaciones que siente para escribir. Éstas pueden incluir: la necesidad psicológica de expresar sus ideas y sentimientos; el deseo de compartir con los demás sus preocupaciones acerca del estado del mundo, de la sociedad, del individuo, del ambiente, etc.; el incentivo de hacerse famoso/a; o simplemente porque es su trabajo y necesita ganarse la vida.

3. Explique cómo percibe su misión como escritor/a. Todo depende de qué género de escritura se trata, pero aquí es el lugar para formular ideales y/o elevadas ambiciones artísticas.

Conclusión

1. Especule sobre si y cómo las motivaciones personales pueden o no armonizar con la misión del escritor. En esta parte puede alejarse de su modelo concreto y formular generalizaciones sobre todo el material recogido en las entrevistas.

2. Puede terminar con algunas palabras sobre su papel en la sociedad.

Opción D 〰〰〰〰〰〰〰〰〰

Escriba dos breves descripciones del mismo incidente como, por ejemplo, una corrida de toros, o alguna celebración, como una misa, un funeral, una boda, una ceremonia de graduación, un concierto, etc. Una será para un periódico y la otra una carta a su mejor amigo/a. En el artículo de periódico deberá prevalecer la objetividad, la narración de los hechos sin matices emocionales y el estilo impersonal. ¡Recuerde la utilidad del **se** impersonal/pasivo! En la carta puede dar rienda suelta a su subjetividad, su imaginación e incluso a sus prejuicios. Esto se reflejará en un estilo más coloquial, con interjecciones dirigidas al receptor de la carta y expresiones comunes entre personas que se conocen bien, como, por ejemplo, modismos.[1]

Artículo

Introducción

1. Conteste las preguntas básicas: ¿qué?, ¿quién?, ¿cuándo?, ¿dónde?, ¿cómo?
2. Describa la escena del incidente.
3. Si es necesario, dé alguna información de fondo relevante.

Desarrollo

Cuente el incidente. No omita detalles necesarios para comprender lo que pasó, pero evite incluir detalles innecesarios que puedan confundir al/a la lector/a. Narre sólo los hechos, sin su participación emocional en el relato.

---

[1]Para el artículo de periódico consulte las guías dadas para este género de escritura en los Capítulos 1, 5 y 8.

Conclusión

Hable de cómo este incidente podrá afectar a los que participaron en él y de sus otras repercusiones.

Carta

Introducción

Después del encabezamiento (Querido/a amigo/a), despierte la atención del/de la destinatario/a con exclamaciones como: **No te puedes imaginar…, Cómo me hubiera gustado que tú estuvieras presente cuando…**

Desarrollo

Cuente el incidente. Entremezcle su relato con expresiones emotivas personales (**No me había esperado que…, Me quedé sorprendidísimo/a…**) y siempre diríjase directamente a su lector/a usando la segunda persona: **A ti tampoco te gustaría que…, Tú serías el/la primero/a en…**

Conclusión

Pregúntele a su lector/a cuál hubiera sido su reacción si hubiera presenciado el incidente. Termine dándole recuerdos y saludos.

APÉNDICE I
GLOSARIO DE TÉRMINOS GRAMATICALES

acento tónico: característica fónica que hace resaltar la sílaba tónica en una **palabra**; se obtiene por un aumento de intensidad de la voz. Por ejemplo, en la palabra **CA-sa**, el **acento tónico** recae sobre la primera sílaba, **CA-**. Es muy importante distinguirlo del **acento escrito** (también conocido como **acento gráfico** o **tilde**) ya que en español todas las palabras tienen un acento tónico, pero solamente algunas tienen un acento escrito. *Véase* el Apéndice II

acento escrito o gráfico: *véase* **tilde**.

activa: *véase* **voz** y **agente**.

adjetival: *véase* **cláusula** y **frase**.

adjetivo: tipo de **palabra** que describe al **sustantivo**; puede cambiar según el **género** y el **número** del nombre al que acompaña. Ej.: **bueno, malo, flaco, hermoso, valiente, rojo**.

adjetivo calificativo: adjetivo que atribuye una calidad a una entidad. Se distingue entre los adjetivos **contrastivos**, que sirven para contrastar una entidad con otra (ej.: el vino **blanco**) y que siempre siguen al sustantivo; y los adjetivos **no contrastivos**, que sirven para añadir información sobre una entidad o expresar una opinión del hablante (ej.: El **pobre** niño está completamente solo.).

adverbial: *véase* **cláusula** y **frase**.

adverbio: tipo de **palabra** invariable que complementa un **verbo, adjetivo** u otro **adverbio**. Existen diferentes tipos de adverbios según la información que añaden (modo, tiempo, cantidad, lugar, etc.) Ej.: **mal, consecuentemente, muy, bien, ayer, hoy**.

agente: entidad que hace la acción, normalmente idéntica con el **sujeto**, pero no siempre (*véase* **voz activa** y **voz pasiva**). En la **oración pasiva** el agente se vuelve objeto de la preposición **por**. Ej.: **Manuel** pinta la casa (Manuel = sujeto = agente); la casa es pintada **por Manuel** (Manuel = objeto de la preposición **por** = agente).

ámbito temporal del verbo: marco temporal en el que la acción expresada por el verbo se desarrolla. Hay tres ámbitos: el presente, el pasado y el futuro. Una de las funciones de una **forma verbal** es situar la acción en uno de estos ámbitos. Ej.: **Tú estudias**: ámbito presente; **Tú estudiabas** o **estudiaste**: ámbito pasado; **Tú estudiarás**: ámbito futuro.

anafórica: *véase* **referencia anafórica**.

antecedente: una **palabra** o **frase** a la que se refiere un **pronombre, adjetivo** o **adverbio relativo** subsiguiente. Ej.: **La actriz que ganó el premio ya ha actuado en muchas películas.** El pronombre **que** tiene como antecedente **la actriz**.

antónimos: palabras que tienen significados opuestos. Ej.: **bonito / feo**.

aposición: frase o **cláusula nominal** que explica y expande su antecedente y tiene la misma **función sintáctica** que éste. Ej.: Antonio, **el chico más guapo de nuestra clase**, no me hace caso.

artículo: tipo de **palabra** que acompaña al **sustantivo** para marcarlo como **definido** (el, la, los, las) o **indefinido** (un, una, unos, unas). Cambia según el **número** y el **género** del sustantivo al que acompaña.

aspecto verbal: categoría gramatical del verbo que indica cómo la acción se desarrolla en el **ámbito temporal** y si está completa o no. Hay dos aspectos: el de la **perfectividad** y el de la **progresividad**. La perfectividad es expresada por el pretérito y las **formas compuestas** o **perfectas**; una acción expresada en estas formas es considerada por el hablante como terminada (perfecta), en relación a cierto momento en el ámbito temporal que indica. La progresividad se expresa por el imperfecto y las **formas progresivas**; cuando el hablante usa una de estas formas verbales quiere referirse al desarrollo (progreso) de una acción sin interesarse por su inicio o su final.

categoría gramatical: clase o tipo de unidad lingüística establecido para formalizar el estudio y la descripción lingüística.

cláusula: conjunto de palabras que se organizan alrededor de un verbo.

> **adjetival:** tipo de **cláusula dependiente** que realiza la función de un adjetivo al modificar un nombre. La cláusula adjetival también funciona como cláusula relativa. Ej.: Después vi el libro **que me regaló** mucho más barato; Las noticias **que me causan sorpresa** no me gustan nada.
>
> **adverbial:** tipo de **cláusula dependiente** que realiza la función de un adverbio al modificar el verbo, un adjetivo u otro adverbio. Ej.: **Cuando entra por la puerta**, yo salto por la ventana; Ya estaba trabajando **antes de que se lo repitiera**.
>
> **coordinada:** tipo de **cláusula independiente** que aparece conectada a otra cláusula por medio de una **conjunción** coordinante. Ej.: **Me gustaría ir al cine, pero no tengo dinero**.
>
> **dependiente:** tipo de cláusula en una **oración** que no puede funcionar independientemente y que necesita de otra cláusula para tener sentido. Ej.: La persona **que buscas** no existe en todo el mundo; **Que la situación era definitiva** resultaba ya una verdad.
>
> **independiente:** tipo de cláusula en una **oración** que puede funcionar de modo independiente. Ej.: ¡Perdóname!
>
> **independiente principal:** una cláusula independiente de la que dependen otras cláusulas. Ej.: **Le dijo que ya no tenía espacio para que se buscara otro lugar**; Tan pronto como lo oyó, **salió por la puerta**.

nominal: tipo de cláusula dependiente que realiza la función de un nombre. Ej.: Necesito un coche → Necesito **que me lo asegures muy pronto**.

principal: *véase* **cláusula independiente principal**

relativa especificativa: cláusula relativa que especifica el antecedente. También llamada **determinativa**. Ej.: **El libro que compré ayer fue muy caro**. Libro es un antecedente indeterminado y la cláusula relativa especifica de qué libro se trata. Estas cláusulas relativas no se separan del resto de la **oración** con comas.

relativa explicativa: también llamada **incidental**, no es necesaria para identificar el antecedente sino que sólo añade información sobre él. Ej.: **Mi madre, a quien quiero mucho, me viene a visitar a menudo.** Mi madre es un antecedente ya definido, determinado, y no necesita la cláusula relativa para identificarlo. Estas cláusulas relativas se separan del resto de la **oración** por medio de comas.

subordinada: *véase* **cláusula dependiente**

cognado: una **palabra** que es semejante a otra palabra en un idioma diferente. Ej.: español – **información**, inglés – *information*. Los *cognados* falsos son los que no tienen el mismo significado en los dos idiomas. Ej.: embarazada / *embarrassed*.

coherencia: conexión semántica que articula entre sí las partes de un texto o discurso. Continuidad semántica de un tema a otro, relación de contenidos entre sí.

cohesión: relación entre oraciones y/o párrafos de un texto lograda por elementos textuales como **pronombres** (Juan es mi primo. **Lo** veo todos los días.), transiciones y conectores entre oraciones (Hoy estoy enferma. **Por eso** no voy a trabajar.), repeticiones (Parte del problema es que no tengo dinero, y **parte del problema** es que no tengo tiempo para nada.), etc.

comentario: información sobre el **tópico** de la oración. En **Mi primo Juan asiste a la Universidad de Salamanca**, mi primo Juan es el tópico y **asiste a la Universidad de Salamanca** es el comentario sobre ese tópico. Normalmente es el sujeto. *Véase* **proposición**.

complemento circunstancial: función sintáctica que expresa la circunstancia de la acción verbal (modo, tiempo, lugar, etc.). Ej.: Llegaron a la cita **muy tranquilamente**; **Cuando aparecieron en la fiesta**, nosotros ya nos íbamos.

complemento directo: *véase* **objeto directo**.

complemento indirecto: *véase* **objeto indirecto**.

conector pragmático: conjunción o **adverbio** utilizado al principio de una **oración** e incluso para iniciar un turno en la conversación. Su función no es sintáctica, sino semántica y/o pragmática. Ej.: Vamos al cine. Respuesta: **Pero** si no me apetece…

conjunción: tipo de **palabra**/s invariable/s que une palabras o secuencias de palabras (*véase* el Capítulo 7). Ej: ni, también, pero, aunque, mientras, que. Las conjunciones pueden crear relaciones de **coordinación** o **subordinación**.

contrastivo: *véase* **adjetivo**.

coordinación: relación gramatical que existe entre **palabras** o grupos sintácticos del mismo nivel jerárquico, de forma que ninguno de ellos esté subordinado al otro. En el

ejemplo **Me gustaría ir al cine, pero no tengo dinero**, las dos **cláusulas independientes** se unen mediante la **conjunción** pero.

definido: *véase* **artículo**.

dependiente: *véase* **cláusula**.

desinencia: terminación, la parte variable de una **palabra** que contiene información **morfológica**: niños, habl**amos**, guapa.

diptongo: núcleo vocálico de una **sílaba** formado por la combinación de cualquier vocal con una de las dos vocales débiles, *i* o *u*. Ej.: rEI-na, pIE-dra, pUEr-to, nEU-tro. *Véase* el Apéndice II.

elipsis: proceso mediante el cual se omiten elementos de una **oración** que se pueden sobrentender. Ej.: La respuesta **tres** a la pregunta: **¿Cuántos boletos quiere usted?**. Se sobrentienden las palabras **yo**, **quiero**, **boletos**, que no son necesarias para entender la respuesta.

etimología: estudio de los orígenes de una **palabra**, se usa a veces también para designar la historia de una palabra.

expresión idiomática: expresión en un idioma que no se puede traducir a otro idioma literalmente. Ej.: meter la pata = decir algo no apropiado; en inglés: *to put your foot in your mouth*.

extratextual: son extratextuales todos los factores comunicativos que no sean lo que se dice, por ejemplo, los gestos, el tono de voz, etc.

figura retórica: recurso estético del lenguaje mediante el cual se intenta lograr una mayor originalidad o expresividad. Ej.: la **metáfora: cabello de oro** para **pelo rubio**.

fonología: la ciencia que describe y estudia cómo funciona el sistema de sonidos de un idioma.

forma verbal: cada una de las diferentes expresiones formales de los verbos. Contienen información relativa al **ámbito temporal** en el que pasa la acción del verbo, el **aspecto**, el **modo**, la **persona** que actúa como sujeto, etc. Ejemplos de formas verbales son: amas (segunda persona singular del **presente de indicativo**), amaste (segunda persona singular del **imperfecto**), etc.

formas verbales compuestas (también conocidas como tiempos compuestos): consisten en el **verbo auxiliar haber** y un **participio pasado** del **verbo principal**. Ej.: había estudiado, habrá trabajado.

formas verbales progresivas (también conocidas como **tiempos progresivos**): construidas por verbos como, por ejemplo, estar, **ir**, **llegar** o **venir** más el **gerundio** de otro **verbo**. Ej.: va llegando, iba comiendo, está esperando.

formas verbales simples o tiempos simples: aquellas de cuya construcción no forma parte un verbo auxiliar. Ej.: presente de indicativo, pretérito, futuro simple, etc.

frases: combinación de dos o más palabras que forman una unidad **semántica** y que no tienen un **verbo** como núcleo.

Adjetival: frase cuyo **núcleo** es un **adjetivo**. Ej.: muy valiente, bien rápido, poco tranquilo.

Adverbial: frase cuyo **núcleo** es un **adverbio**. Ej.: muy rápidamente, bastante mal.

nominal: frase cuyo **núcleo** es un **nombre**. Ej.: un avión rápido, mis amigas, la importante decisión.

preposicional: frase introducida por una **preposición**. Ej.: en la cama, por la mañana, a las cinco de la tarde.

función sintáctica: papel relacional que, en la estructura gramatical de la oración, desempeña un elemento: **sujeto, objeto directo, complemento circunstancial,** etc.

futuro: *véase* **ámbito temporal** y **forma verbal.**

género: categoría gramatical que puede marcar algunos tipos de palabras (el sustantivo, el adjetivo, el pronombre) según el rasgo masculino/femenino/neutro. Ej.: **él** – género masculino, **ella** – género femenino, **ello** – género neutro; **guapo** – género masculino, **guapa** – género femenino.

gerundio: forma **no personal** e invariable del verbo que se crea añadiendo la terminación **–ndo** a los verbos terminados en **–ar** y **–iendo** a los verbos terminados en **–er** e **–ir.** Ej.: **Trabajando** toda la noche consiguió terminar su tarea; Estuve **trabajando** toda la noche para terminar mi tarea.

gramática: conjunto de las reglas de una lengua y su descripción. Según diferentes definiciones, puede contener sólo las reglas **morfológicas** y **sintácticas** (en su acepción tradicional), o todas las reglas aplicables a la producción y comprensión lingüísticas (en su acepción más moderna, en la que se incluyen las reglas **fonológicas, semánticas** y **pragmáticas**). Otra definición de la gramática la percibe como teoría lingüística que describe la competencia lingüística de los hablantes de una lengua.

indefinido: *véase* **artículo.**

independiente: *véase* **cláusula.**

independiente principal: *véase* **cláusula.**

infinitivo: forma verbal **no personal,** que aparece en el diccionario como unidad básica. Es muy importante recordar que el infinitivo tiene una función análoga al sustantivo (El **viajar** es mi pasatiempo favorito.) y, por eso, es la única forma del verbo que puede aparecer después de preposiciones (Después de **cenar** siempre miro la televisión.).

intransitivo: *véase* **verbo.**

léxico: conjunto de las palabras y sus posibles derivaciones (por ejemplo: hablar, hablante, [el] habla, etc.) de una lengua, considerados sobre todo desde el punto de vista de su significado.

lexicología: disciplina gramatical que estudia el **léxico.**

lingüística: ciencia que estudia la lengua.

locativo: frase o **palabra** que significa un lugar donde se encuentra algo, normalmente un **adverbio** de lugar. Ej.: aquí, en esta ciudad, etc.

metáfora: figura retórica, palabra o expresión que representa otra, con la que comparte ciertas características **semánticas.** Por ejemplo, si utilizamos **una flecha** para referirnos a un/a atleta, estamos describiendo la velocidad de esta persona.

metalengua (o metalenguaje): lenguaje que se usa para describir una lengua o parte de una lengua. La terminología que usamos en un libro de **gramática** (sujeto, verbo, etc.) es una metalengua.

modo verbal: categoría gramatical del verbo que refleja la actitud comunicativa hacia la acción expresada por la forma verbal. Hay cuatro modos:

condicional: se utiliza en las situaciones hipotéticas. Ej.: **Iría** a la playa si hoy no hiciera frío. También puede usarse como **tiempo verbal** de **indicativo** para expresar el futuro del pasado: Les dijo que **comería** toda la comida antes de salir y así lo hizo.

imperativo: utilizado en los mandatos directos. Ej.: ¡**Cállate!**

indicativo: constata o afirma la realidad. Ej.: Hoy **hace** frío.

subjuntivo: refleja una actitud personal, sin afirmar una realidad. Ej.: Espero que mañana **haga** calor.

morfología: estudio de las formas gramaticales de una lengua. Un ejemplo de una regla morfológica del español es que se añade una **–s** o **–es** para formar el plural de **sustantivos, adjetivos, artículos,** etc.

no contrastivo: *véase* **adjetivo.**

no personal: forma verbal invariable que no contiene información acerca de la persona. Son el **infinitivo, gerundio** y **participio**

nombre o sustantivo: tipo de **palabra** con **género** específico y **número** que nombra a una entidad. Ej.: arte, coche, comida, filosofía, conciencia, psicología.

nominal: *véase* **cláusula** y **frase.**

nominalizar: acción de dar a un tipo de palabra que no sea un nombre la función de un sustantivo. Verbo nominalizado: El **esquiar** es muy divertido. Adjetivo nominalizado: No quiero el vestido azul, sino **el verde.**

núcleo: parte más importante de una secuencia de palabras, **frase** o **cláusula,** alrededor de la que se organizan otras palabras. Por ejemplo, el núcleo de una cláusula es el **verbo.**

número: categoría gramatical que sirve para marcar **nombres, adjetivos, pronombres, artículos** y **verbos** con respecto a su cantidad. Usamos el singular **casa** para una sola entidad y el plural **casas** para más de una entidad.

objeto o complemento directo: función sintáctica que representa la entidad que recibe la acción indicada por el **verbo transitivo** directamente. Ej.: Aparcaron **el coche** junto a la boca de incendios; Espera **que vayamos al cine con él hoy.**

objeto o complemento indirecto: función sintáctica que representa a la entidad que se beneficia de la acción del verbo. Ej.: **Le** escribí una carta **a mi mamá; Le** confirmaron la decisión **a quienes asistieron a la reunión.**

objeto o complemento preposicional: complemento del verbo introducido por una preposición. Ej.: Manuel viene **de la clase de biología.**

oración: palabra o conjunto de palabras con las que se expresa un sentido gramatical completo. Puede consistir en una o más cláusulas.

ortografía: convención establecida por un grupo de hablantes de una lengua que prescribe el modo correcto de escribirla.

paciente: entidad que recibe la acción, normalmente idéntica al **objeto directo,** pero no siempre. **Oración activa:** Manuel pinta **la casa** (la casa = paciente, objeto directo); **Oración pasiva:** La casa es pintada por Manuel (la casa = paciente, sujeto). *Véase* **voz.**

palabra: conjunto de sonidos que tienen un sentido completo.

aguda: tiene su **acento tónico** en la última **sílaba**. Ej.: ca-te-DRAL; fe-LIZ.

esdrújula: tiene su **acento tónico** en la **antepenúltima sílaba**. La **sílaba tónica** de las palabras esdrújulas siempre lleva un **acento escrito**. Ej.: es-DRÚ-ju-la; i-DÉN-ti-co.

llana (o grave): tiene su **acento tónico** en la penúltima **sílaba**. Ej.: pa-LA-bra, GRA-ve, LLA-na.

sobresdrújula: tiene su **acento tónico** en una **sílaba** anterior a la antepenúltima. Su **sílaba tónica** siempre lleva un **acento escrito**. Ej.: PRÉS-ta-me-lo; RÁ-pi-da-men-te.

participio: forma **no personal** del **verbo** usada en las **formas compuestas perfectas** (he **vivido**). También puede funcionar análogamente a un adjetivo. Ej.: los soldados **comandados** por el sargento Pérez.

Participio pasado: forma **no personal** del **verbo** formada por las terminaciones **–ado** para los verbos en **–ar** y la terminación **–ido** para los verbos en **–er** e **–ir**. Algunos participios pasados se han convertido en **adjetivos**: casado, descuidado, etc.

pasado: *véanse* **ámbito temporal** y **forma verbal**.

pasiva: *véase* **voz** y **agente**.

perfectividad: *véase* **aspecto verbal**.

persona: **categoría gramatical** que se refiere a los distintos participantes implicados en el acto comunicativo. Se aplica a los **pronombres, verbos** y **adjetivos** posesivos. Las que se refieren al hablante son de primera persona (yo, mi, me, etc.), las que se refieren al destinatario a quien se dirige el hablante son de segunda (tú, te) y aquéllas que se refieren a quienes no son ni primera, ni segunda persona, pertenecen a la tercera persona (él, ella, lo, le).

pragmática: rama de la **lingüística** que estudia cómo se establece, se mantiene y se modifica la comunicación entre los hablantes, teniendo en cuenta sobre todo aspectos no contenidos en las palabras dichas, como, por ejemplo, la situación, información personal sobre los hablantes, el lugar y el tiempo del intercambio, etc.

preposición: **palabra** invariable que establece una relación de dependencia entre palabras o grupos de palabras que no contengan un verbo conjugado. Suelen relacionarse con el tiempo y el espacio, aunque no se limitan exclusivamente a estos contenidos. Ej.: a, ante, bajo, con, contra, de, desde, en, entre, por, para, sin, tras.

presente: *véase* **ámbito temporal** y **forma verbal**.

progresividad: *véase* **aspecto verbal**.

pronombre: tipo de **palabra** que está en el lugar de un **nombre** y puede realizar la misma función que el nombre al que se refiere (personales, demostrativos, posesivos, etc.). Ej.: ella, él, éste, aquélla, mío, suyo.

proposición: el contenido de una **oración**, independientemente de su estructura, normalmente compuesta por un **tópico** y un **comentario**. Así, **Cervantes escribió el Don Quijote**, **El Quijote fue escrito por Cervantes** y **Fue Cervantes quien escribió el Don Quijote**, son oraciones de estructuras distintas. Sin embargo, todas ellas son variaciones de una misma proposición en la que el **tópico** es **Cervantes** y el **comentario** es **escribió el Quijote**.

redundancia: información superflua, no necesaria para que el receptor entienda el mensaje emitido por el hablante. Toda comunicación contiene cierta cantidad de elementos redundantes, sobre todo el lenguaje hablado.

referencia anafórica: alusión a algo dicho anteriormente para retomarlo y resumirlo sin repetirlo literalmente. Elementos anafóricos pueden ser los pronombres personales (él, ella, lo, la, los, las, me, te, le, les, etc.) y demostrativos (éste, ése, aquél), o los adverbios temporales (ayer, entonces) y de lugar (aquí, allí). Estas referencias sirven para establecer relaciones entre las partes del discurso para cohesionarlas. Ej.: Compré unos dulces. Se **los** daré a los niños esta tarde.

registro: nivel estilístico (coloquial, poético, formal, informal, etc.).

semántica: rama de la **lingüística** que estudia el significado de **palabras** o expresiones.

sílaba: parte de una **palabra** constituida por una vocal (o un **diptongo** o un **triptongo**) y, posiblemente, por consonantes alrededor de ese núcleo vocálico. Ej.: a-bo-ga-do, cons-tan-te, pie-dra.

símil: tipo de **figura retórica**. Se basa en una imagen con la que se compara algo por medio de la partícula **como**. Ej.: grande **como un elefante**.

sinónimos: palabras que tienen más o menos el mismo significado. Ej.: hermoso / bello.

sintaxis: estudio de las relaciones que las palabras mantienen entre sí y sus combinaciones para formar una oracion.

subordinación: relación de dependencia entre dos cláusulas. En el ejemplo **Dime lo que piensas**, la segunda cláusula, **lo que piensas**, se subordinada a la primera, **Dime**.

sujeto: **función gramatical** que representa a la entidad que rige la acción indicada por el verbo, con el cual concuerda en persona y número. Ej: **El ordenador que me regalaron** es un modelo antiguo; (**Nosotros**) prestamos mucha atención a las explicaciones.

sustantivo: *véase* **nombre**.

tiempo verbal: (en inglés *tense*) **categoría gramatical** que representa el **ámbito temporal** en el que la acción del verbo pasa, en relación con el momento en que el hablante la relata. A cada uno de los ámbitos temporales le corresponde uno o varios **tiempos** o **formas verbales**. Ej. **ámbito temporal del presente: presente, presente perfecto; ámbito temporal del pasado: imperfecto, pretérito, pluscuamperfecto,** etc.; **ámbito temporal del futuro: futuro, futuro perfecto**. *Véase*, además, **forma verbal**.

tilde: otra palabra para el **acento escrito** o **acento gráfico**. Ej.: la palabra **útil** lleva una tilde en la **u**. *Véase* el Apéndice II.

topicalización: transferencia al inicio de la **oración** de un componente sintáctico que normalmente no ocupa ese lugar, o sea, cualquier función que no sea el **sujeto**. Es una manera de dar énfasis a cierto elemento de la **oración**. Ej.: **Mañana** no puedo venir, pero el jueves sí.

tópico: es el tema de una **proposición**, algo sobre lo que se da cierta información. Normalmente es idéntico al sujeto pero no siempre. En "**El Rey Juan** Carlos vive en Madrid", "El Rey Juan Carlos" es el tópico y "vive en Madrid" es el comentario. *Véase* **topicalización** y **comentario**.

transitivo: *véase* **verbo.**

triptongo: núcleo vocálico de una sílaba compuesto por: **i** o **u** + vocal fuerte (**a, e, o**) + **i** o **u**. Ej.: bUEY, Pa-ra-gUAY. *Véase* el Apéndice II.

verbo: tipo de palabra que representa una acción, un suceso o un estado; varía en **persona, número, tiempo, modo** y **aspecto.** Ej.: partir, leer, ser, comer, estar, hacer, romper.

auxiliar: verbo usado en combinación con una forma no conjugada (**infinitivo, gerundio, participio pasado**) para constituir **formas compuestas.** Aporta al **verbo principal,** además de su significado, la información relativa al modo, tiempo, persona y número. Ej.: **He** comido, **Estoy** trabajando, **Quiero** dormir, **Voy** a leer.

intransitivo: verbo que no puede tener un objeto directo. Ej.: ir, crecer, florecer, pertenecer, etc. Cuando un verbo transitivo no lleva **objeto directo** nos encontramos ante un uso intransitivo del verbo. Ej.: María lee todas las noches un poco

principal: en un **tiempo compuesto** o **forma verbal compuesta,** la parte que contiene el significado léxico principal. Ej.: iba **cantando;** estaba **durmiendo.** El verbo acompañante es el **verbo auxiliar.**

transitivo: verbo que tiene o puede tener un **objeto directo.** Ej.: comer, comprar, dar, decir, etc. Se puede verificar si un verbo es transitivo o no añadiendo un **objeto directo** si la **oración** no lo tiene. Por ejemplo, en la **oración** "aquí se come bien", no hay un **objeto directo,** pero se puede decir "como una manzana", así que **comer** es un verbo transitivo, aunque, en determinados contextos, pueda usarse de forma intransitiva.

voz: **categoría** verbal que expresa la relación semántica entre los participantes en una acción (por ejemplo **agente, paciente,** etc.) y las **funciones sintácticas** (sujeto, objeto). En español, puede ser de dos tipos: activa y pasiva (excluimos aquí la voz media por razones de simplificación).

activa: **categoría** verbal que codifica una acción de la siguiente manera: **Agente + Verbo + Paciente.** Ej.: **El gato comió el ratón.** El sujeto representa al agente. Así, definimos la voz activa diciendo que la identidad del sujeto corresponde a la del agente.

pasiva: **categoría** verbal que codifica la acción de la siguiente manera: **Paciente + Verbo** (ser + **participio pasado**) + **por Agente.** Ej.: **El ratón fue comido por el gato.** La voz pasiva se define así: el sujeto representa al paciente y el agente es representado por la frase preposicional.

APÉNDICE II
ACENTUACIÓN ORTOGRÁFICA

El **acento tónico:** (inglés = *stress*) es la característica fónica que hace resaltar cierta sílaba (la **sílaba tónica**) en una palabra. Se obtiene mediante un aumento de la intensidad de la voz. Las palabras se dividen en **sílabas** y una sílaba es una parte de la palabra que consiste en un núcleo vocálico y que puede tener consonantes antes o después de ese núcleo. En español, prácticamente todas las palabras tienen una vocal en la sílaba tónica que recibe el énfasis de la pronunciación, constituyendo así el núcleo silábico de la palabra. Solamente a veces es necesario marcar esa vocal con un acento gráfico para marcar algún tipo de excepción.

Cuando existen dos vocales juntas, es necesario saber si pertenecen a la misma sílaba (un diptongo) o forman dos sílabas diferentes (un hiato). En español hay cinco vocales, clasificadas en vocales fuertes (**a, e, o**) y vocales débiles (**i, u**). Los diptongos son tanto cualquier tipo de combinación entre una vocal fuerte y una débil sin importar el orden (**ai**re, fe**u**dal. c**ie**rto, g**ua**rdia), como una combinación entre las dos débiles (b**ui**tre, v**iu**da). Los triptongos son una combinación de vocal débil + vocal fuerte + vocal débil, por ejemplo b**uey**, Urug**uay**.

En español existen fundamentalmente cuatro tipos de palabras según la posición de la silaba tónica:

1. Las palabras **agudas** tienen el acento tónico en la **última** sílaba. Todas las palabras que solamente tienen una sílaba son consideradas palabras agudas.

   pro-fe-SOR, a-ten-CIÓN, u-ni-ver-si-DAD

2. Las palabras **graves** o **llanas** tienen el acento tónico en la **penúltima** sílaba.

   CA-sa, HOM-bre, LÁ-piz

3. Las palabras **esdrújulas** tienen el acento tónico en la **antepenúltima** sílaba.

   RÁ-pi-do, DÁ-me-lo, ri-DÍ-cu-lo

4. Las palabras **sobresdrújulas** tienen el acento tónico en una sílaba **anterior a la antepenúltima** sílaba.

   PRÉS-ta-me-lo, QUÍ-ta-te-lo

El español tiende a pronunciarse con el énfasis en la penúltima sílaba de la palabra, o sea, la mayoría de las palabras son llanas (al contrario del francés, por ejemplo, donde la tendencia general es pronunciar las palabras con el énfasis en la última sílaba.) Aunque en menor cantidad, hay también una gran cantidad de palabras agudas. Las reglas para los acentos escritos fueron establecidas a base de esta tendencia general. Sin embargo, hay dos razones principales para colocar un acento escrito (también llamado gráfico, ortográfico o, simplemente, tilde) en una palabra:

1. La primera razón es marcar que una palabra rompe la pronunciación esperada en español. Esto ocurre en dos situaciones cuando la palabra tiene más de una sílaba:

    a. La sílaba tónica está en un lugar diferente al que se esperaría según las tendencias generales del español.

    b. En un diptongo normalmente el énfasis está en la vocal fuerte. Si el núcleo silábico, es decir, el énfasis de la palabra, de la combinación recae sobre la vocal débil, el diptongo se destruye y, por lo tanto, ésta lleva un acento: a-le-GRÍ-a. Ahora, la sílaba con la vocal débil es la sílaba tónica. Si la **i** no llevara acento, la pronunciación de la palabra sería: *a-LE-gria.

2. La segunda razón para colocar un acento escrito es distinguir palabras con significados distintos, pero que serían idénticas ortográficamente si no se marcara una de ellas con un acento gráfico. Las palabras que solamente tienen una sílaba no llevan tilde excepto cuando, como veremos más abajo, existe una diferencia semántica entre dos de ellas.

1. La palabra rompe las expectativas de la estructura más frecuente en español:

    a. **La mayor parte de las palabras agudas terminan en una consonante distinta o diferente a** *–n, –s* (las más frecuentes son –d, –l, –m, –r, –x, –z, pero son posibles otras); en cambio, **las palabras llanas tienden a terminar en *vocal, –n, –s*. El acento escrito o gráfico señala siempre una excepción a estas tendencias generales del español.** Como hay relativamente pocas palabras esdrújulas y sobresdrújulas, su pronunciación también va en contra de esa tendencia general.

        Según esta regla general:

        1. Llevan un acento escrito las palabras **agudas** de más de una sílaba terminadas en **vocal, –n, –s**.

            pa-PÁ, an-DÉN, com-pra-RÁS

            Por consiguiente, las palabras agudas que **no** terminan en vocal, **–n, –s, no** llevan acento escrito.

        2. Llevan un acento escrito las palabras **llanas** terminadas en **cualquier consonante**, excepto **–n, –s**.

            MÁR-mol, ca-DÁ-ver, CÉS-ped

            Consecuentemente, las palabras llanas que **no** terminan en cualquier consonante excepto **–n, –s no** llevan acento escrito.

        3. Todas las palabras **esdrújulas** y **sobresdrújulas** llevan un acento escrito en la sílaba tónica.

            BÁR-ba-ro, DÍ-gan-se-lo

Para resumir: llevan un acento escrito las siguientes palabras:

1. **agudas terminadas en vocal, –n, –s**

2. **llanas NO terminadas en vocal, –n, –s**

3. **esdrújulas y sobresdrújulas**

Atención: las palabras agudas pueden convertirse en llanas al cambiar del singular al plural y entonces siguen la regla correspondiente a las palabras llanas: **camión** pero **camiones**, **acción** pero **acciones**, **cortés** pero **corteses**.

b. Ya se ha dicho que en un diptongo, el acento tónico está siempre en la vocal fuerte (a, e, o) y nunca en la vocal débil (i, u), a no ser que el diptongo esté formado por las dos débiles. Si esta norma se rompe, el diptongo se deshace y las dos vocales ya no forman una sola sílaba, sino que ahora son dos sílabas distintas.

con-ti-nú-a (*he/she continues*) frente a **con-ti-nua** (forma femenina de *continuous*)

ha-cí-a (*I/he/she made, did*) frente a **ha-cia** (*towards*)

rí-o (*river*) frente a **rio** (*he/she laughed*)

Éste es el motivo por el cual los imperfectos de los verbos terminados en **–er** y en **–ir** y todos los condicionales necesitan llevar acento escrito: te-ní-a, vi-ví-an, ha-bla-rí-a.

2. El acento escrito es necesario para diferenciar dos palabras iguales pero con significado distinto o que pertenecen a categorías diferentes. La gran mayoría de estos ejemplos solamente tienen una sílaba porque, como hemos aprendido, los monosílabos no necesitan acentuarse:

a. El acento ortográfico se utiliza para distinguir entre dos palabras iguales, pero de significado distinto:

solo (*alone*) / **sólo** (*only*)

de (preposición) / **dé** (presente del subj. del verbo **dar, que yo dé**; y mandato formal, **¡Dé una respuesta inmediata!**)

se (pronombre) / **sé** (presente del indicativo del verbo **saber, yo sé**; mandato de segunda persona del singular del verbo **ser**)

el (artículo) / **él** (pronombre)

mi (adjetivo posesivo) / **mí** (pronombre de objeto de preposición)

tu (adjetivo posesivo) / **tú** (pronombre de sujeto)

si (conjunción) / **sí** (*yes* y pronombre reflexivo)

ve (*he/she sees*) / **vé** (mandato de **ir**)

te (pronombre de objeto) / **té** (*tea*)

mas (= pero, arcaico) / **más** (*more*)

aun (= incluso *even*) / **aún** (= todavía)

Este último ejemplo es un caso especial: **aun** sólo tiene una sílaba, mientras que en **aún** el diptongo se ha deshecho y formado dos sílabas; por lo tanto no se trata aquí de dos palabras exactamente iguales, aunque casi no se oye una diferencia en su pronunciación.

b. Todos los pronombres interrogativos llevan un acento escrito para distinguir-los de las mismas palabras no-interrogativas: **¿cuándo?**, **¿cómo?**, **¿por qué?**, **¿quién/es?**, **¿cuál/es?**, **¿qué?**, etc. Este acento se necesita incluso si la interro-gación es indirecta o cuando el pronombre o adverbio requiere énfasis: Me preguntó **cómo** se hace este ejercicio; Que te diga **qué** quería; Todavía no me ha confirmado **cuándo** va a venir.

c. Es recomendable que todos los pronombres demostrativos lleven un acento escrito para distinguirlos de los adjetivos demostrativos:

No quiero este libro sino ése.

¿Te gusta esa falda? No, prefiero aquélla.

Esta recomendación se transforma en obligación si se necesita evitar alguna ambigüedad de sentido. Compare los siguientes ejemplos:

Yo no he pedido la comida pero mis amigas ya la han pedido: **ésta** ensalada y **ésa** sopa. ¿Qué quieres tú?

Yo no he pedido la comida, pero mis amigas ya la han pedido: **esta** ensalada y **esa** sopa. ¿Qué quieres tú?

En el primer caso los pronombres ésta y ésa se refieren a las dos **amigas**, mien-tras en el segundo caso **esta** y **esa** son adjetivos y señalan respectivamente **la ensalada** y **la sopa**.

Cuadro resumen de la acentuación en español

PALABRAS MONOSÍLABAS
Sólo necesitan tilde para diferenciar significados

PALABRAS CON DOS O MÁS SÍLABAS		
	Terminan en vocal, -n, -s	**No terminan en vocal, -n, -s**
Agudas	Necesitan tilde	∅
Llanas	∅	Necesitan tilde
Esdrújulas (o sobreesdrújulas)	Siempre necesitan tilde	

COMBINACIONES DE SONIDOS VOCÁLICOS (Fuerte + débil o débil + fuerte)
Sólo necesitan tilde si el énfasis cae en la vocal débil

¡Atención!

PRONOMBRES INTERROGATIVOS
Necesitan siempre acento, incluso en interrogativas indirectas

PRONOMBRES DEMOSTRATIVOS
El acento es opcional excepto en casos de ambigüedad

APÉNDICE III
VERBOS USADOS CON O SIN PREPOSICIONES

Todos los siguientes verbos pueden estar seguidos de un infinitivo o un sustantivo excepto donde se especifica el tipo de palabra que acompaña el verbo.

Los verbos españoles **en negrilla** revelan una diferencia de estructura entre el español y el inglés: en una de las lenguas se necesita preposición y en la otra no (o vice-versa) o el tipo de preposición que se necesita es diferente.

1. Ordenados según la preposición que utilizan ～～～～

Verbos usados sin preposiciones:

Recuerden que el *to* de, por ejemplo, *I decided to leave* no tiene correspondencia en español: **Decidí marcharme**.

aconsejar	*to advise*
agradecer	*to be grateful for*
buscar	*to look for*
conseguir	*to succeed in*
convenir	*to be suitable*
deber + infinitivo	*ought; should*
decidir	*to decide*
dejar	*to let; to allow*
desear	*to desire*
escuchar	*to listen to*
esperar	*to wait for; to hope; to expect*
fingir	*to pretend*
hacer	*to make; to do*
impedir	*to prevent*
intentar	*to attempt*
lograr	*to succeed in*
mandar	*to order*
necesitar	*to need*
olvidar	*to forget*
parecer	*to seem*
pedir	*to ask for*
pensar	*to plan on; to intend to*
permitir	*to permit*
poder	*to be able to*
preferir	*to prefer*
prohibir	*to forbid*
prometer	*to promise*
querer	*to want, to wish; to love*
rehusar	*to refuse*
resolver	*to resolve*

saber	*to know how to*
sentir	*to be sorry for; to regret*
temer	*to be afraid of; to fear*

Verbos usados con la preposición a:

acercarse a	*to approach something*
acostumbrarse a	*to get used to*
acudir a	*to rush to help (someone)*
animar a	*to encourage to*
aprender a + infinitivo	*to learn how to*
apresurarse a	*to hurry to*
arriesgarse a	*to risk to*
asistir a	*to attend*
atreverse a	*to dare*
aventurarse a	*to venture to*
ayudar a	*to help to*
comenzar a	*to begin to*
comprometerse a	*to commit oneself to*
condenar a	*to condemn to*
conformarse a	*to conform to*
contribuir a	*to contribute to*
convidar a	*to invite to*
correr a	*to run to*
dar a	*open on; to face (building, window, etc.)*
decidirse a + infinitivo	*to decide to*
dedicarse a	*to devote oneself to*
desafiar a	*to challenge to*
detenerse a + infinitivo	*to stop to*
disponerse a	*to get ready to*
echarse a + infinitivo	*to begin to*
empezar a + infinitivo	*to begin to*
enseñar a + infinitivo	*to teach to*
equivaler a	*to be equivalent to*
exponerse a	*to expose oneself to*
faltar a	*to be absent from*
incitar a	*to incite to*
invitar a	*to invite to*
ir a	*to be going to*
jugar a	*to play (a game)*
limitarse a	*to limit oneself to*
llegar a	*to arrive in (or at); to come to; to finally do (something)*
meterse a	*to take up*
negarse a + infinitivo	*to refuse to*
obligar a	*to force to*
ofrecerse a	*to offer to*
oler a + noun	*to smell of*
oponerse a	*to be opposed to*
pasar a	*to proceed to*

persuadir a	*to persuade to*
ponerse a + infinitivo	*to begin to*
prepararse a + infinitivo	*to prepare oneself to*
principiar a + infinitivo	*to begin to*
renunciar a	*to give up*
resignarse a	*to resign oneself to*
resistirse a	*to resist*
resolverse a	*to resolve to*
saber a	*to taste of*
tornar a	*to do (something) again*
venir a	*to come (to do something)*
volver a	*to (verb) again*

Verbos usados con la preposición con:

amenazar con	*to threaten to (or with)*
casarse con	*to get married to*
contar con	*to count on*
contentarse con	*to content oneself with*
cumplir con	*to fulfill; to keep one's promise*
encontrarse con	*to meet; to run into*
enojarse con	*to get angry at*
meterse con	*to get mixed up with someone*
quedarse con	*to keep*
soñar con	*to dream about*

Verbos usados con la preposición de:

acabar de + infinitivo	*to have just…*
acordarse de + infinitivo	*to remember something*
alegrarse de	*to be glad*
alejarse de	*to go away from*
arrepentirse de	*to regret*
asombrarse de	*to be astonished at*
asustarse de	*to be frightened at*
avergonzarse de	*to be ashamed of*
burlarse de	*to make fun of*
cansarse de	*to get tired of*
carecer de	*to lack*
cesar de + infinitivo	*to stop*
cuidar de	*to take care of*
darse cuenta de	*to realize*
dejar de + infinitivo	*to stop; to fail to*
depender de + sustantivo	*to depend on*
despedirse de + sustantivo	*to say good-bye to*
disculparse de	*to excuse oneself for*
disfrutar de	*to enjoy something*
dudar de	*to doubt*
enamorarse de + sustantivo	*to fall in love with*

encargarse de	*to take charge of*
enterarse de	*to find out about*
fiarse de	*to trust*
gozar de	*to enjoy*
hartarse de	*to have enough of*
huir de	*to flee from*
jactarse de	*to boast of*
llenar de + sustantivo	*to fill with*
maravillarse de	*to marvel at*
ocuparse de	*to take care of*
olvidarse de	*to forget*
parar de	*to stop; to cease*
pensar de	*to think about = to have an opinion of*
precisar de	*to need*
prescindir de	*to do without*
quejarse de	*to complain about*
reírse de + sustantivo	*to laugh at*
salir de	*to leave (a place)*
separarse de	*to leave someone*
servir de + sustantivo	*to act as; to serve as; to be of use for*
servirse de	*to use*
sorprenderse de	*to be surprised to*
terminar de	*to finish doing something*
tratar de	*to try; to deal with*
tratarse de	*to be a matter of; to be about*
valerse de	*to avail oneself of*

Verbos usados con la preposición en:

complacerse en	*to take pleasure in*
confiar en	*to trust*
consentir en + infinitivo	*to consent to*
consistir en	*to consist of*
convenir en	*to consent to*
convertirse en	*to become*
empeñarse en	*to insist on*
entrar en	*to enter something*
equivocarse en	*to be mistaken in*
esmerarse en	*to take pains in*
fijarse en	*to notice*
influir en	*to influence*
insistir en	*to insist on*
meterse en	*to become involved in*
molestarse en	*to take trouble to*
obstinarse en	*to persist in*
pensar en	*to think of (or about) ≠ not to have an opinion*
persistir en	*to persist in*
quedar en	*to agree to*
reparar en	*to notice*
tardar en + infinitivo	*to be late in; to take time in*

Verbos usados con la preposición por:

esforzarse por	*to make an effort to*
interesarse por	*to be interested in*
luchar por	*to fight; to struggle for*
optar por	*to choose to*
preguntar por	*to ask for someone*
preocuparse por (o con)	*to worry about*
tomar por	*to take for*
votar por	*to vote for*

2. Ordenados alfabéticamente

aconsejar	*to advise*
acabar de + infinitivo	*to have just…*
acercarse a	*to approach something*
acordarse de + infinitivo	*to remember something*
acostumbrarse a	*to get used to*
acudir a	*to rush to help (someone)*
agradecer (Ø)	*to be grateful for*
alegrarse de	*to be glad*
alejarse de	*to go away from*
amenazar con	*to threaten to (or with)*
animar a	*to encourage to*
aprender a + infinitivo	*to learn how to*
apresurarse (Ø)	*to hurry to*
arrepentirse de	*to regret*
arriesgarse a	*to risk to*
asistir a	*to attend*
asombrarse de	*to be astonished at*
asustarse de	*to be frightened at*
atreverse a	*to dare*
aventurarse a	*to venture to*
avergonzarse de	*to be ashamed of*
ayudar a	*to help to*
burlarse de	*to make fun of*
buscar (Ø)	*to look for*
cansarse de	*to get tired of*
carecer de	*to lack*
casarse con	*to get married to*
cesar de + infinitivo	*to stop*
comenzar a	*to begin to*
complacerse en	*to take pleasure in*
comprometerse a	*to commit oneself to*
condenar a	*to condemn to*
confiar en	*to trust*
conformarse a	*to conform to*
conseguir (Ø)	*to succeed in*
consentir en + infinitivo	*to consent to*
consistir en	*to consist of*

contar con	*to count on*
contentarse con	*to content oneself with*
contribuir a	*to contribute to*
convenir en	*to consent to*
convenir (Ø)	*to be suitable*
convertirse en	*to become*
convidar a	*to invite to*
correr a	*to run to*
cuidar de	*to take care of*
cumplir con	*to fulfill; to keep one's promise*
dar a	*to open on; to face (building, window, etc.)*
darse cuenta de	*to realize*
deber + infinitivo	*ought; should*
decidir (Ø)	*to decide*
decidirse a + infinitivo	*to decide to*
dedicarse a	*to devote oneself to*
dejar (Ø)	*to let; to allow*
dejar de + infinitivo	*to stop; to fail to*
depender de + sustantivo	*to depend on*
desafiar a	*to challenge to*
desear (Ø)	*to desire*
despedirse de + sustantivo	*to say good-bye to*
detenerse a + infinitivo	*to stop to*
disculparse de	*to excuse oneself for*
disfrutar de	*to enjoy something*
disponerse a	*to get ready to*
dudar de	*to doubt*
echarse a + infinitivo	*to begin to*
empeñarse en	*to insist on*
empezar a + infinitivo	*to begin to*
enamorarse de + sustantivo	*to fall in love with*
encargarse de	*to take charge of*
encontrarse con	*to meet; to run into*
enojarse con	*to get angry at*
enseñar a + infinitivo	*to teach to*
enterarse de	*to find out about*
entrar en	*to enter something*
equivaler a	*to be equivalent to*
equivocarse en	*to be mistaken in*
escuchar (Ø)	*to listen to*
esforzarse por	*to make an effort to*
esmerarse en	*to take pains in*
esperar (Ø)	*to wait for; to hope; to expect*
exponerse a	*to expose oneself to*
faltar a	*to be absent from*
fiarse de	*to trust*
fijarse en	*to notice*
fingir (Ø)	*to pretend*
gozar de	*to enjoy*
hacer (Ø)	*to make; to do*

hartarse de	*to have enough of*
huir de	*to flee from*
impedir (∅)	*to prevent*
incitar a	*to incite to*
influir en	*to influence*
insistir en	*to insist on*
intentar (∅)	*to attempt*
interesarse por	*to be interested in*
invitar a	*to invite to*
ir a	*to be going to*
jactarse de	*to boast of*
jugar a	*to play (a game)*
limitarse a	*to limit oneself to*
llegar a	*to arrive in (or at); to come to; to finally do (something)*
llenar de + sustantivo	*to fill with*
lograr (∅)	*to succeed in*
luchar por	*to fight; to struggle for*
mandar (∅)	*to order*
maravillarse de	*to marvel at*
meterse a	*to take up*
meterse con	*to get mixed up with someone*
meterse en	*to become involved in*
molestarse en	*to take trouble to*
necesitar (∅)	*to need*
negarse a + infinitivo	*to refuse to*
obligar a	*to force to*
obstinarse en	*to persist in*
ocuparse de	*to take care of*
ofrecerse a	*to offer to*
oler a + noun	*to smell of*
olvidar (∅)	*to forget*
olvidarse de	*to forget*
oponerse a	*to be opposed to*
optar por	*to choose to*
parar de	*to stop; to cease*
parecer (∅)	*to seem*
pasar a	*to proceed to*
pedir (∅)	*to ask for*
pensar (∅)	*to plan on; to intend to*
pensar de	*to think about = to have an opinion of*
pensar en	*to think of (or about) ≠ not to have an opinion*
permitir (∅)	*to permit*
persistir en	*to persist in*
persuadir a	*to persuade to*
poder (∅)	*to be able to*
ponerse a + infinitivo	*to begin to*
precisar de	*to need*
preferir (∅)	*to prefer*
preguntar por	*to ask for someone*

preocuparse por (o con)	*to worry about*
prepararse a + infinitivo	*to prepare oneself to*
prescindir de	*to do without*
principiar a + infinitivo	*to begin to*
prohibir (Ø)	*to forbid*
prometer (Ø)	*to promise*
quedar en	*to agree to*
quedarse con	*to keep*
quejarse de	*to complain about*
querer (Ø)	*to want; to wish; to love*
rehusar (Ø)	*to refuse*
reírse de + sustantivo	*to laugh at*
renunciar a	*to give up*
reparar en	*to notice*
resignarse a	*to resign oneself to*
resistirse a	*to resist*
resolver (Ø)	*to resolve*
resolverse a	*to resolve to*
saber (Ø)	*to know how to*
saber a	*to taste of*
salir de	*to leave (a place)*
sentir (Ø)	*to be sorry for; to regret*
separarse de	*to leave someone*
servir de + sustantivo	*to act as; to serve as; to be of use for*
servirse de	*to use*
soñar con	*to dream about*
sorprenderse de	*to be surprised to*
tardar en + infinitivo	*to be late in; to take time in*
temer (Ø)	*to be afraid of; to fear*
terminar de	*to finish doing something*
tomar por	*to take for*
tornar a	*to do (something) again*
tratar de	*to try; to deal with*
tratarse de	*to be a matter of; to be about*
valerse de	*to avail oneself of*
venir a	*to come (to do something)*
volver a	*to (verb) again*
votar por	*to vote for*

CRÉDITOS

ÍNDICE